DEUX ANNÉES
AU BRÉSIL

PARIS. — IMPRIMERIE DE CH. LAHURE ET Cⁱᵉ
Rues de Fleurus, 9, et de l'Ouest, 21

DEUX ANNÉES
AU BRÉSIL

PAR F. BIARD

OUVRAGE ILLUSTRÉ DE 180 VIGNETTES

DESSINÉES PAR E. RIOU

D'APRÈS LES CROQUIS DE M. BIARD

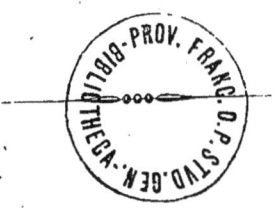

PARIS

LIBRAIRIE DE L. HACHETTE ET Cie

RUE PIERRE-SARRAZIN, N° 14

1862

Droit de traduction reservé

I

LA TRAVERSÉE

I

LA TRAVERSÉE.

Avant-propos.—Les conseillers au départ, questionneurs au retour. — Motifs de ce voyage. — Londres. — Le palais de Sydenham. — Le steamer *the Tyne* et ses passagers. — Lisbonne. — Madère. — Ténériffe. — Saint-Vincent. — Le Pot-au-noir. — Fernambouc.

« Mon cher ami, dites-moi donc, je vous prie, d'où vous vient cette idée d'aller au Brésil? C'est un pays très-malsain. La fièvre jaune y est en permanence, et on assure qu'il y a là des serpents très-venimeux qui font mourir les gens en quelques minutes.

— N'allez pas au Brésil, me disait un autre. Qui va au Brésil? On ne va pas au Brésil à moins d'être nommé empereur. Êtes-vous nommé empereur du Brésil?

— Comme cela se trouve bien! s'écria un jour mon bottier. Quel bonheur que vous alliez de ce côté! Vous pouvez me rendre un service. Figurez-vous qu'un monsieur qui se disait marquis est venu me faire une commande, et lorsque quelques jours après je lui ai envoyé sa note, il était parti pour son pays, dans un endroit qu'on appelle Bourbon. »

Je promis à mon bottier de faire tous mes efforts pour obtenir de son marquis, mon futur voisin de quelques mille lieues, la somme qui lui était due, ou tout au moins un fort à-compte. Par reconnaissance mon homme me servit encore plus mal que d'habitude.

Je n'en finirais pas si je voulais chercher dans mes souvenirs toutes les questions, toutes les demandes de service qui pleuvaient sur moi de toutes parts, et aussi tous les conseils que l'on me donnait pour me mettre en garde contre mille et mille accidents, dont je serais inévitablement la victime, si je ne faisais à la lettre ce qu'on me prescrivait. D'abord je devais mettre toujours de la flanelle, et porter sans cesse des habits blancs, à cause du soleil. Il fallait me défendre comme d'une ennemie mortelle de la toile, fût-ce de la batiste, mais en revanche il m'était permis d'user tout à mon aise de chemises de coton et de bas de coton. Surtout je devais me procurer, s'il était possible, une cabine à bâbord, parce qu'en allant en Amérique je pourrais ouvrir ma petite fenêtre pour profiter de la fraîcheur des vents alizés. Or, j'ai fait des bassesses pour jouir de cet inappréciable avantage, mais le vent a toujours été si fort qu'on n'a pu ouvrir en route que les fenêtres de tribord, et j'étouffais dans ma cabine. J'avais mis tout le magasin de la *Belle-Jardinière* à contribution. Ce qu'il y avait de plus sombre dans les nuances fut repoussé impitoyablement par la personne qui m'accompagnait : elle ne voulut choisir pour moi que les couleurs les plus tendres et bien à propos, car au Brésil tout le monde s'habille en noir, non-seulement pour aller en soirée, mais au milieu même de la journée quand le soleil tombe à plomb sur les têtes.

Depuis que je suis de retour, les questions ont remplacé les conseils.

« Vous avez dû avoir bien chaud! On dit que vous avez vécu avec les sauvages? Sont-ils méchants? Vous devez avoir rapporté de bien jolies choses. Est-il vrai que vous ayez été aussi dans l'Amérique du Nord, au Canada, au Niagara? Alors vous avez vu Blondin? Existe-t-il réellement ou n'est-ce qu'un canard? »

J'avais prévu que je serais assiégé de ces questions. Je n'avais pas oublié qu'au retour de mon voyage au pôle Nord on m'avait demandé pendant deux ans et plus si j'avais eu bien froid. Par prudence j'avais donc apporté de New-York une épreuve stéréoscopique qui représente Blondin sur sa corde. Dès qu'on prononce le nom de cet homme, je tire aussitôt de ma poche ce témoignage presque vivant d'une pose qu'il affectionne, et cela m'évite une explication. Hélas! pour l'article des sauvages, ce n'est pas aussi facile, et je ne puis emporter avec moi dans tout Paris les portraits de mes compagnons de la forêt vierge et autres lieux, que j'ai représentés avec la fidélité la plus scrupuleuse, mais non sans quelque difficulté, je l'avoue.

Je m'aperçois, du reste, qu'après avoir parlé des questions qu'on m'avait faites avant mon voyage, je n'ai rien dit de mes réponses. Pour en finir même avec ceux qui ne m'ont pas interrogé du tout, je reviens un moment sur ce point, tout en déplorant la mauvaise habitude que j'ai de quitter souvent un sujet pour passer à un autre sans nécessité apparente. Le lecteur devra s'y faire et me pardonner.

Deux causes bien différentes m'ont engagé à aller en Amérique.

Depuis bien des années j'habitais le n° 8 de la place Vendôme; j'y jouissais d'un logement que je croyais ne devoir jamais quitter; toute ma vie d'artiste s'était passée là. A chacun de mes voyages, des objets nouveaux étaient venus augmenter mon petit musée, et, comme l'amour-propre se glisse partout, j'étais fier quand on disait que j'avais, sinon le plus bel atelier de Paris, du moins le plus curieux. Comment songer qu'un jour viendrait où un propriétaire détruirait d'un mot un édifice construit avec tant de peines et de soins! C'est ce qui m'est arrivé au milieu d'un rêve commencé il y a vingt ans. Des projets d'agrandissement ont été cause que j'ai dû songer à quitter ce lieu où je comptais vivre jusqu'à la fin. J'en appelle à tous ceux qui ont été expropriés. Rien ne compense l'habitude. Je ne pouvais surmonter la tristesse qui me suivait partout. Déménager!... je ne connaissais pas cela.

Enfin, voilà le premier motif de mon voyage; un autre, très-futile en apparence, l'a décidé tout à fait, en lui donnant un but que je n'avais pas encore. Dînant un jour avec ma fille chez un de mes amis, le hasard me plaça près d'un général belge habitant Bahia depuis quelques années. Nous causâmes des merveilles qu'on trouve à chaque pas dans ce pays de féeries. « Et pourquoi ne viendriez-vous pas passer quelques mois au Brésil? me dit-il. Cette excursion vous retremperait et vous ferait oublier vos ennuis. » Il ne m'en fallait pas tant pour me faire songer à la réalisation d'un projet si en rapport avec mes goûts. En reconduisant ma fille à son pensionnat, je lui fis part de la conversation que je venais d'avoir, et, en riant, je lui dis : « Eh bien, si j'allais là-bas passer un mois ou deux, je reviendrais pour les vacances, ce serait comme si j'étais à la campagne, puisque je ne te vois pas souvent pendant l'été. »

Enfin, j'arrangeai mes petites affaires, et puisque

le bon vouloir de mon propriétaire me faisait quitter mon logement dans l'année 1859, il me parut tout simple de m'en aller en 1858. On parle toujours du courage qu'il faut dans les voyages de long cours. On cite les dangers, les privations de toutes sortes qui se présentent à chaque pas. Oui, certes, il faut du courage, mais ce n'est pas pour faire face à un danger quelconque. L'instinct de la conservation vous y oblige d'ailleurs; l'habitude émousse tout; on s'accoutume à vivre entouré de bêtes féroces; on ne pense ni à la peste, ni à la fièvre jaune, ni aux lions, ni aux ours blancs quand on a passé quelques mois dans leur voisinage. C'est ce que j'ai pu constater depuis longtemps. Je me souviens de la dernière journée passée avec ma fille, des contes de toutes sortes dont je l'ai entretenue pour lui faire supporter mon départ. Sur le point de la quitter, il fallait bien lui cacher ce que j'éprouvais. Je lui disais bien gaiement qu'il n'y avait plus de tigres ni de serpents qu'au Jardin des plantes. Puis Dieu savait les merveilleuses choses que j'allais rapporter. J'étais devenu enfant; je jouais, et quand je me suis trouvé seul, bien seul au milieu de Paris, c'est là qu'il m'a fallu du courage pour ne pas revenir sur mes pas, pour jouer la légèreté quand j'avais le cœur brisé.

Quelques affaires m'appelaient à Londres. Je fis transporter mes bagages au Havre et de là à Southampton.

Le 5 avril 1858, je m'embarquai sur un bateau

à vapeur anglais. En passant sur la Tamise, nous avons aperçu *le Léviathan*, dont la grandeur extraordinaire a produit sur quelques commis voyageurs, mes compagnons de cabine, un effet que j'étais loin de supposer à des gens qui d'ordinaire ont tout vu. J'avais fait la maladresse de porter avec moi une de mes malles, celle dans laquelle étaient les parures neuves destinées à me faire briller à Rio. Heureusement que les douaniers, après une courte explication, ont laissé entrer ces objets sans rétribution. Dès que mes affaires furent terminées, après avoir revu des amis bien chers, je suis retourné au Palais de cristal que j'avais visité déjà depuis longtemps. Tout le monde connaît les merveilles de Sydenham; tant de descriptions ont été faites qu'il n'y a rien à en dire. Ce dont on a le moins parlé c'est ce qui m'intéresse le plus. Dans la partie basse de cet immense terrain, on a placé dans des poses pittoresques, soit dans l'eau, soit sur la terre, les différents habitants des mondes qui nous ont précédés. Là se trouvent les premiers animaux, ceux dont la perfection n'est pas complète, les ptérodactyles, les plessiosaures, ces grands lézards à cou de serpent, ces êtres dont rien dans notre période moderne ne donne une idée. Puis peu à peu viennent les dinotoriums, les anoplotériums, les ours, les mastodontes, tout cela de grandeur naturelle. Ainsi on peut apprendre en promenant ce qu'il faudrait étudier, et c'est si commode de ne pas étudier. Bien des gens ne savent pas comment se forme le charbon de terre, de quelle nature sont le granit, le marbre, les grès, etc. Regardez ces couches qu'on a exprès arrangées pour vous, et dans une demi-heure vous pourrez professer. J'allai ensuite faire quelques visites, et le chemin de fer m'a conduit de Londres à Southampton. Là, dans une auberge dont j'ai oublié le nom, se trouvaient plusieurs individus partant comme moi le lendemain ; ils parlaient beaucoup d'une beauté italienne, passagère aussi sur notre steamer. N'étant guère disposé à causer, j'ai été courir la ville malgré le mauvais temps qui ne m'avait pas quitté depuis mon arrivée en Angleterre. Nous sommes partis le lendemain 9 août sur un petit vapeur qui nous a déposés pêle-mêle dans celui qui devait être notre univers pendant un mois.

Cette fois ce n'était plus la douane dont j'avais été si content sur la Tamise. On m'a fait payer avant l'embarquement, pour surpoids de bagages, 2 livres pour une foule de détails que j'ai oubliés. Enfin on est parti. Je partageais la cabine n° 21, à bâbord, avec un brave professeur, nommé Trinach, qui retournait au Brésil, où il avait vécu déjà plusieurs années. Les deux ou trois premiers jours ont été employés à s'installer, à se grouper convenablement pour les repas, les Français ensemble, les Anglais d'un côté, les Portugais, les Brésiliens de l'autre, etc. Puis il s'agissait de savoir quels étaient les compagnons avec lesquels on devait vivre.

Le bruit s'était répandu quelques heures après notre transbordement du petit vapeur sur *le Tyne* qu'un prince allemand était à bord ; il allait, disait-on, se marier à Lisbonne avec une princesse de Portugal ; rien d'apparent n'indiquait la présence du haut personnage. Les conjectures les plus burlesques, les suppositions les plus étranges vinrent compliquer ce mystère. Un prince devait être fier, devait éviter tout contact avec le vulgaire. Tous les regards se tournèrent vers un individu qui depuis notre entrée sur le navire avait déjà fait bien des pas sans parler à personne. Je ne savais trop que penser, quoiqu'il m'eût été désagréable d'apprendre que ce ridicule personnage fût le héros des suppositions de tous les voyageurs. Le prince supposé était un petit diplomate anglais allant je ne sais où prendre possession d'un poste quelconque. Le désir de savoir à quoi s'en tenir était si fort qu'on alla jusqu'à désigner un individu qui après avoir dîné lestement quittait la table et ne reparaissait plus de la journée. Ce pauvre diable était bien loin d'être prince, à ce que j'appris de son compagnon de cabine. C'était encore un Anglais qui, ayant entendu dire qu'il y avait des diamants au Brésil, s'était débarrassé du peu qu'il possédait pour payer son passage et aller chercher, lui aussi, des diamants. Celui qui me donnait ces renseignements était un jeune homme d'une figure douce et intelligente, malheureusement envoyé au Brésil comme correspondant par la direction du journal la *Revue des races latines*. Pauvre Alteve Aumont ! il fut plus tard une des victimes de la fièvre jaune qui l'an dernier a emporté tous mes amis. Il me disait que son compagnon, bien loin d'être prince, n'avait pas de linge, et qu'aussitôt après ses repas il rentrait pour se coucher afin d'économiser le peu qu'il possédait. Cependant le véritable objet de tant de suppositions était ostensiblement au milieu de nous; seulement rien d'extérieur ne faisait supposer son rang élevé, il vivait comme tout le monde avec quelques amis. On sut plus tard que ces amis étaient des aides de camp ou des officiers de sa suite : car notre capitaine vint éclaircir tous les doutes en faisant installer pour lui une petite cabane numérotée qu'on plaça près du grand mât, afin que le prince pût jouir à son aise du spectacle de la mer sans être exposé au grand air qui était toujours très-fort. On s'était bien gardé de prévenir Son Altesse que son nouveau logement avait été construit le voyage précédent pour de pauvres malades, morts, pendant la traversée, de cette terrible fièvre jaune qui alors préoccupait tout le monde.

Il y avait à bord des échantillons de plusieurs pays. J'ai passé plusieurs jours à faire des observations sans résultats, n'étant pas polyglotte. Ce n'était donc pas à leur langage que je pouvais les reconnaître. Parmi les passagers, les uns jouaient sans cesse, s'injuriaient et semblaient prêts à chaque instant à se prendre aux cheveux; puis à table ils emplissaient leurs assiettes de tout ce qui était à leur portée, arrachaient les plats des mains des domestiques, sans égard pour les personnes placées près d'eux et qui s'étonnaient toujours de les voir dévorer avec une avidité de cannibales; ceux-là, après les repas, montaient sur le pont, ôtaient leurs souliers ou leurs pantoufles pour se reposer plus commodément sur les bancs; d'autres marchaient à grands pas les mains dans les poches, coudoyaient tout le monde, ne s'excusaient jamais, ne riaient pas davantage, parlaient fort peu, contrairement à des passagers d'une autre nation qui riaient et parlaient toujours, interrogeaient à chaque instant le capitaine, les matelots, les mousses, sur le temps d'aujourd'hui et celui de demain. Si les précédents marchaient d'une manière grave et d'un pas roide, ces derniers étaient toujours en mouvement.

Dans tous les coins où il était possible de se coucher, autour de la cheminée, à l'avant sur des cordages, souvent sur le pont, d'autres individus se faisaient remarquer par une somnolence continue. C'étaient de pauvres colons allemands qui, sur la foi de promesses rarement tenues, allaient chercher dans le nouveau monde une fortune que bien peu devaient trouver. J'aurai plus tard à revenir sur ce triste sujet.

Cependant le navire marchait toujours; il faisait très-froid. La Manche et le golfe de Gascogne étaient ternes, sombres; ils sont quelquefois très-dangereux. Pour ma part, j'attendais impatiemment la latitude de Lisbonne afin de jouir de cette température dont on m'avait parlé souvent; une fois là, me disait-on, le temps changerait comme par enchantement.

Le 13, notre vapeur entrait dans le Tage, que je

ne vis pas : il faisait nuit. Nous mouillâmes de très-bonne heure devant Lisbonne.

Le navire *l'Avon*, revenant de Rio, était dans la baie depuis quelques heures. Il était en quarantaine à cause des malades qu'il avait encore à bord; plusieurs étaient morts en route. Ceux qui ont vécu dans des lieux ravagés par le choléra ou la peste peuvent seuls comprendre l'anxiété des passagers quand notre capitaine avec son porte-voix interrogea son collègue de *l'Avon*. La terrible fièvre jaune disparaissait peu à peu. Heureux ceux qui comprenaient l'anglais, mais qu'ils payaient cher cet avantage par les nombreuses traductions auxquelles ils étaient exposés. On oublia bientôt les inquiétudes, on revint à l'espérance. Cela redonna la santé, même à ceux qui avaient eu le mal de mer; on allait descendre à terre, retrouver son équilibre en marchant sur un terrain solide. Des embarcations nombreuses entouraient le navire; il n'y avait qu'à choisir. En débarquant je fus agréablement surpris de voir succéder aux tristes brumes anglaises, à ce froid que j'avais quitté depuis si peu de temps, une atmosphère de printemps. Tout près du débarcadère il y avait un jardin plein de fleurs tropicales. Ce premier moment passé et quand je me fus habitué au bien-être que donne le soleil, la terre ferme, une nature d'autant plus belle qu'on n'y est pas arrivé peu à peu, mais bien comme ici sans transition, je me sentis heureux pour la première fois depuis mon départ. J'entrai donc bravement dans la ville, disposé à tout admirer. Selon une expression de Marie Stuart : « J'aurais voulu embrasser toute la nature! » A peine eus-je fait quelques pas, j'entendis une musique militaire, puis tout un peuple courant; je courus aussi à mon tour, et je vis, au milieu d'une foule empressée, le prince, mon compagnon de route, accompagné d'un état-major nombreux, d'une compagnie des gardes, etc. Il avait conservé cette bonne grâce, cette simplicité qui avait fourvoyé les passagers du *Tyne*.

Le cortége passé, mon enthousiasme pour Lisbonne tomba comme par enchantement en traversant des rues d'un aspect fort triste. La plupart sont des rampes très-rapides dans lesquelles des buffles à longues cornes traînent péniblement des charrettes à roues pleines et massives produisant des sons criards qui s'entendent de fort loin. Je montai tout en haut de la ville; là je pus me faire une assez juste idée de Lisbonne : partout des masures tombent en vétusté dans le voisinage des palais. Le tremblement de terre de 1745 a laissé debout quelques vieilles murailles toutes prêtes à tomber; pourtant des familles entières habitent presque dessous. Comme je ne savais pas le portugais, je n'ai pu demander si de très-lourds véhicules, traînés par des mules et conduits par des postillons à longues bottes, étaient des fiacres ou des voitures bourgeoises; dans tous les cas, elles ne donnent pas envie d'y monter. Mon plaisir en allant à terre pour admirer la seule capitale de l'Europe que je ne connaissais pas s'est bien vite changé en déception. En revenant à bord et en redescendant le Tage, sans souci de la célèbre romance, je me suis retiré dans ma cabine, boudant tout le monde, le passé, le présent, et surtout mon bottier qui m'avait fait des chaussures étroites pour me forcer de penser à lui et à son débiteur!

Le bateau avançait avec rapidité. Les vents alizés soufflaient toujours un peu trop fort; ma fenêtre ne s'ouvrait pas, et je maudissais d'autant plus celui ou celle qui m'avait donné le conseil de me caser à bâbord; car la personne à qui on avait fait le passe-droit de me remplacer de l'autre côté jouissait de l'air et de la lumière qui m'étaient refusés. Vers le soir cependant je quittai mon réduit au moment même où une troupe de musiciens allemands arrivait sur le pont. Chaque individu se plaça silencieusement par rang de taille, et à un signal donné par le chef d'orchestre, vingt *kouacs* formidables ébranlèrent le navire depuis la quille jusqu'aux barres de perroquet. Je n'oublierai de ma vie une petite clarinette en *fa*. Le chef d'orchestre qui en jouait payait consciencieusement le passage qui lui était accordé, ainsi qu'à sa troupe. Moi aussi j'ai la prétention d'être un peu musicien, mais quand un passage est trop difficile, je l'exécute sournoisement un octave plus bas; ce procédé va à un amateur timide, mais ici c'était autre chose. Ma clarinette, elle, ne reculait devant aucun danger, risquait tout avec un courage qui n'était pas toujours couronné de succès. C'était alors qu'il fallait se boucher les oreilles. Le brave homme n'en continuait pas moins. Cette honnêteté à payer la dette contractée avec le capitaine me rappelait un ancien modèle d'académie engagé par un artiste à poser devant lui pendant trois jours. Quelques affaires appelant l'artiste hors de Paris, il oublia ses séances ou se résigna à les payer au retour. A l'heure indiquée, notre modèle arrive, frappe, refrappe, et ne recevant pas de réponse, croit devoir gagner honnêtement son argent quand même; il se déshabille tranquillement, et, sur le palier même, en face de la porte, prend l'attitude qui lui avait été indiquée, se reposant aux moments convenus, se dérangeant toutefois et saluant poliment les gens qui montaient et descendaient l'escalier. Le lendemain, fidèle à la consigne, on le revoyait à l'ouvrage. Les trois jours expirés il avait, comme on voit, gagné honnêtement son salaire.

Par une bizarrerie que j'ai souvent remarquée, et qui rappelle celle des petites femmes aimant les tambours-majors, les musiciens affectionnent presque toujours les instruments en désaccord avec leur taille. La petite clarinette échappait aux regards entre les doigts énormes de l'honnête et colossal Allemand, tandis que son fils, âgé à peine de dix ans, soufflait avec effort dans un trombone plus grand que lui.

Le premier jour on écouta seulement, mais le lendemain deux aimables passagers valsèrent ensemble, deux autres les imitèrent, puis on se hasarda à faire des invitations aux dames, dont les pieds battaient la mesure, et un bal, digne pendant de la musique, fut improvisé, malgré les petits accidents occasionnés par le roulis; un abîme était sous les pieds, mais qui songe à cela quand on danse! A partir de ce moment la familiarité devint plus grande. On vit les intimités éclore dans un jour comme les plantes en serre chaude.

Le vent soufflait toujours avec force et les promesses qui m'avaient été faites à Paris de trouver la mer calme et le temps très-chaud aussitôt qu'on serait à Lisbonne, ces promesses ne se réalisaient pas.

Le 14, nous avions aperçu Porto-Santo. Le 15, nous arrivions devant Madère. C'était un des lieux que je désirais le plus visiter, et malheureusement nous avions si peu de temps à rester au mouillage que c'est à peine si je pus avoir une faible idée de la ville et de ses habitants. L'embarcation, que plusieurs passagers et moi avions louée, avait été conduite, par maladresse ou par habitude peut-être, au milieu d'une plage couverte de galets. Impossible d'y aborder, car la mer déferlait de telle sorte, qu'il y avait risque d'être pris et enlevés par les lames. Nos canotiers eurent l'heureuse idée d'atteler deux bœufs à notre embarcation, et nous fûmes tirés d'affaire en peu de temps, et si bien qu'à moitié chemin nous tombâmes les uns sur les autres comme des capucins de carte, ce qui fit bien

Musiciens allemands à bord du *Tyne*

rire une foule de drôles déguenillés qui probablement s'attendaient à cet agréable spectacle, et au milieu desquels il nous fallut passer mouillés jusqu'aux os et conséquemment de fort mauvaise humeur. Il est probable que ces gens-là nous auraient suivis longtemps si heureusement une autre troupe n'était venue faire diversion en amenant des chevaux tout sellés et bridés. Chacun de nous en prit un pour commencer une ascension bien autrement pénible que celle des rues de Lisbonne, mais qui cette fois regardait nos montures. Nous allions visiter une église dont j'ai oublié le nom : de là, disait-on, nous aurions une vue magnifique. Nous passâmes, pour y arriver, entre des murs de jardins tous chargés de plantes grimpantes, dont les fleurs retombaient presque à terre de notre côté. Enfin, nous arrivâmes, moitié dégringolant, moitié galopant, au but de notre voyage. J'ai visité tant d'églises en Italie et en Espagne que je mêle tous mes souvenirs à cet égard et que c'est à peine si je puis dire où j'ai vu telle ou telle chose, excepté Saint-Pierre de Rome, les cathédrales de Séville, de Burgos et de Tolède, et encore serais-je embarrassé de faire une réponse juste à une demande directe les concernant. Si j'ai oublié l'église, le souvenir du magnifique panorama qui se déroulait sous nos yeux ne s'effacera pas de même.

Madère est un jardin; tous les fruits d'Europe, ceux des tropiques y viennent à merveille; c'est la température la plus saine du monde entier. Les médecins y envoient les malades dont on n'espère plus la guérison. Les Anglais possèdent les plus belles habitations : voilà ce que j'ai appris et vu en courant. Je cherchais de tous côtés les fameux vignobles. Ils ont été arrachés pour faire place à des cannes à sucre, dont je voyais des plantations de tous côtés. Il paraît cependant qu'on a respecté les ceps de vigne qui sont de l'autre côté de la montagne, à l'est de l'île.

Mon cheval avait le trot fort dur; il m'avait forcé à descendre et à le conduire par la bride, mais il m'a été impossible de faire vingt pas sans trébucher. La rampe que nous descendions était pavée avec des espèces de briques dont l'humidité produite par les pluies avait rendu la surface glissante comme du verglas. Il m'a fallu remonter malgré moi sur ce cheval, qui, si mauvais qu'il fût, avait par habitude le pied plus solide que le mien. A peine au bas de la montagne, la horde déguenillée s'est de nouveau emparée de nous : cette fois la gaieté avait fait place aux tons les plus lamentables. Je venais de voir les nababs anglais sur leurs terrasses élevées respirant le frais au milieu des fleurs, et maintenant grouillaient plus bas les mendiants, dont quelques-uns avaient une grande ressemblance avec celui qui demandait humblement l'aumône à Gil Blas avec une escopette.

A Madère le vin doit être excellent, disions-nous; à Madère, qui produit tant de bonnes choses, on fera un excellent déjeuner. D'abord on est à terre, on a gagné de l'appétit par cette course au clocher, sans calembour. Hélas! tout fut détestable, le vin surtout, mais on paya le triple de ce qu'eût coûté un bon repas au Café de Paris.

En retournant à bord, nous fîmes tous l'emplette d'un fauteuil en jonc, ce qui meubla parfaitement l'arrière du navire, où le cercle de causeurs auquel j'appartenais alors tenait ses séances.

Le 17, nous étions mouillés à Ténériffe. Je ne suis pas allé à terre, n'ayant que deux heures pour aller et revenir. J'ai dessiné le pic qui se voit à une grande distance. Le sommet paraît noir; le reste est couvert de neige; plus bas, des brouillards empêchaient de voir l'aspect du pays.

Je lisais dans ma chambre quand un grand bruit m'attira sur le pont; il m'avait semblé qu'un homme était tombé à la mer. Des cris se faisaient entendre, tout le monde s'agitait. Les matelots sur les vergues, dans les haubans, dans les hunes, les passagers courant de tous côtés. Une voix suppliante se faisait distinguer au milieu de tout ce bruit : *Tâchez de ne pas le tuer, il est là; non, il n'y est plus. Ah! le voilà, il est sauvage, ne l'effarouchez pas.* C'était un pauvre petit bruant échappé de sa cage. Une négresse maladroite était cause de tout ce bruit. La chasse se prolongea encore quelque temps sans succès, et chacun s'en alla vaquer à ses occupations. Il faut peu de chose à la mer pour attirer l'attention. J'ai passé autrefois bien des journées assis ou couché sur les porte-haubans à regarder les lames se succéder, à épier un poisson volant poursuivi par une dorade, ou bien une bande de marsouins, jouant et remontant le courant quand le temps était à l'orage. Le bruant était un événement. J'y pensais, quand je le vis descendre avec précaution et se diriger vers une baye remplie d'eau ; il avait bien soif, après un exercice que sa vie en cage avait dû rendre doublement fatigant. Pauvre petit oiseau, cette eau que tu espères boire a été puisée à la mer. Tu regardes tristement autour de toi. Que peuvent tes ailes maintenant ? elles te soutiennent à peine, tu vas mourir.... Cependant le lendemain, lorsque, selon ma coutume, je montai sur le pont au point du jour, j'eus le plaisir de voir le fugitif saisir les premières gouttes d'une pluie qui bientôt se changea en averse.

19. Nous étions en vue du cap Vert. Quelques heures après nous jetâmes l'ancre à Saint-Vincent. L'aspect désolé, sans végétation, me frappa d'autant plus vivement que nous venions de Madère. Pendant que des nègres embarquaient du charbon, nous descendîmes à terre. La petite population qui habite l'île est composée en partie de gens de couleur. Quelques soldats au service du Portugal font la police et sont eux-mêmes presque tous de sang africain. Je fus accueilli, en mettant pied à terre, par des œillades engageantes. Quelques négresses assez belles attendent ainsi au passage les nombreux voyageurs qui chaque mois se rendent au Brésil.

En parcourant l'île, dans laquelle je n'ai trouvé

pour végétation que des arbres rachitiques ressemblant à des genévriers, quelques enfants tout nus me suivaient à distance. J'avais soif sous ce soleil ardent. M'étant approché d'une petite citerne, j'allais solliciter de la générosité de deux vieilles négresses un peu d'eau, qu'elles tiraient à grand'peine dans leurs cruches; mais la couleur rougeâtre du liquide me fit oublier ma soif. Sur la plage, où un détritus de coquillages tient lieu de sable, un petit obélisque est élevé à la mémoire d'une femme par son mari, capitaine d'un navire naufragé dont on voit les débris épars. Ici il faisait chaud tout de bon, et mes vêtements d'été, endossés enfin, me paraissaient bien lourds.

Là aussi, à mon grand étonnement, je vis paraître sur le pont cette Italienne dont on avait parlé à Southampton. Le mal de mer l'avait jusque-là retenue dans sa chambre, et comme maintenant le temps était calme, elle en profitait pour montrer tous ses avantages. Elle fit son apparition en robe de velours vert bordé d'hermine. Cette fille était vraiment fort belle, malgré son costume hors de saison. J'appris que sa mère allait tous les ans au Brésil recueillir une succession, toujours en compagnie d'une de ses filles. Celle-ci était la quatrième. Une foule d'adorateurs se pressa autour d'elle. Ce fut le commissaire de bord qui l'emporta sur ses rivaux; pauvre commissaire !

— De Saint-Vincent à Fernambouc, le trajet est long. Il fallait, cette fois, traverser tout de bon l'Atlantiqué. Comme nous ne touchions nulle part, l'ennui ne tarda pas à se faire sentir. La chaleur devenait étouffante. Nous allions entrer dans cette région appelée par les marins le Pot-au-noir. Pour bien des gens, ce mot n'était pas rassurant. Des grains violents y viennent tout à coup remplacer le calme.

La chaleur y énerve et amoindrit tout. Je le savais déjà par mes courses dans le Grand Désert. Je m'en suis plus tard bien convaincu dans ma navigation sur les fleuves de l'Équateur. Ceux qui lisaient ne comprenaient pas le sens de ce qui était sous leurs yeux, on entendait partout de longs et sonores bâillements. Le bal n'avait plus d'attraits ; on ne s'intéressait plus à rien, même au passage d'une baleine. Alors quelques curieux se levaient avec peine, regardaient sans voir et reprenaient bientôt leur taciturnité. Quelle différence avec ces jours derniers ! Cette atonie faisait de jour en jour des progrès tels, qu'on ne songeait même plus à s'occuper des affaires du voisin.

J'attendais avec impatience les grains fréquents dans ces parages. Au moins l'air se rafraîchirait un peu ; mieux vaut être mouillé sous l'Équateur que d'étouffer par la chaleur, qui paralyse toutes les facultés. Le découragement semblait s'être emparé de tout le monde. Une secousse seule pouvait nous tirer de l'espèce de léthargie qui pesait sur tous. Tout à coup, l'équipage entier parut sur le pont. Des matelots se précipitèrent dans les embarcations, accrochées au portemanteau de l'arrière, larguèrent les amarres; puis les canots, la chaloupe, jusqu'à la plus petite embarcation furent mis à la mer. Les rames furent placées le long des bancs, d'autres coururent au sac qui contenait les lettres, le portèrent près du grand canot prêt à être embarqué le premier. D'autres s'étaient déjà emparés des pompes. On arrêta la machine. Le maître d'équipage, armé d'une hache, se plaça à la coupée du navire. C'était plus qu'il n'en fallait pour émouvoir tous les esprits abattus. Que se passait-il? quel sinistre nous menaçait? Tous les yeux étaient fixés sur le capitaine, qui donnait rapidement des ordres au second, lequel les répétait à un élève. Celui-ci courait à l'avant, répétant à son tour à voix basse ce dont on l'avait chargé. Personne n'osait parler, mais tous étaient guéris.... Ce n'était que le simulacre des manœuvres faites dans le cas d'incendie.

Le temps bientôt acheva ce que le capitaine avait commencé. Un nuage tout seul au milieu d'un ciel pur s'avança rapidement sur nous et creva sur nos têtes. On eût accepté avec reconnaissance une petite pluie, mais un grain tropical! c'était trop. Aussi tout le monde se hâta de descendre se mettre à l'abri. J'avais déjà, par une prévoyance acquise avec l'habitude, choisi entre les cages à poules un petit abri pour le cas présent, et comme nous entrions définitivement dans le domaine du Pot-au-noir, j'eus souvent l'occasion de m'en servir en égoïste, laissant les autres se pousser souvent fort brutalement vers l'écoutille.

Le 26, à 8 heures et demie du soir, nous passâmes la Ligne; quelques mouvements inusités dans la journée m'avaient fait penser qu'une cérémonie aurait lieu. Il n'en fut rien cependant. On se contenta de prélever une petite cotisation et l'on but du champagne à la santé du capitaine, avec accompagnement de hurlements : *hip! hip! hourra!* mille fois plus désagréables que les roues des charrettes de Lisbonne et les fioritures de la clarinette à *fa*. Ces cris, poussés par mes compagnons de route, me donnaient un avant-goût de la musique des sauvages.

C'était surtout quand la cloche du dîner se faisait entendre que la ressemblance était complète; on se précipitait pour arriver des premiers. Les chaises n'étant pas plus numérotées que les places, souvent quand on descendait un peu tard, on ne savait où s'asseoir. Le repas, tout préparé à l'anglaise, était détestable, surtout à la fin de la campagne; on ne se jetait pas moins avidement sur tout ce qui paraissait sur la table. Les premiers jours, par une vieille habitude de politesse, j'attendais que l'on se servît avant moi. Je ne tardai pas à reconnaître que ma réserve était un métier de dupe; chacun tirait ce qu'il pouvait sur son assiette. Malheur à celui qui était trop discret : j'ai déjà bien voyagé, mais je crois ne pas me tromper en disant que je n'ai jamais rien vu de moins convenable que ces dîners arrachés à la force du poignet.

Le 1er mai, le lever du soleil était magnifique : j'avais passé une partie de la nuit sur le pont, impressionné vivement par un effet étrange qui se renouvelait fréquemment depuis que nous étions dans le voisinage de la Ligne. Souvent, au milieu d'un ciel très-pur, paraît un immense nuage opaque, presque noir. Ce fut au-dessus d'un de ces nuages effrayants que m'apparut pour la première fois la constellation de la Croix du sud, qui n'est visible que dans l'hémisphère austral. L'étoile polaire avait disparu depuis quelques jours, plusieurs d'entre nous ne devaient plus la revoir. Cette pensée m'avait attristé. Malgré moi, en voyant ces étoiles nouvelles, je sentais plus vivement la distance qui me séparait de ceux que j'avais laissés derrière moi, et je me promettais bien de ne pas tarder à aller les rejoindre. Au milieu de toutes ces réflexions, de ces projets de retour, comme j'interrogeais fixement l'horizon, je crus voir se former un nouveau nuage qui remplaçait celui qui venait en quelques minutes de traverser l'espace. Mais il me sembla aussi entrevoir quelques oiseaux.

Mon attention redoubla : des apparences d'arbres se détachaient du fond du ciel pareils à des points obscurs nageant dans l'air. Je me dresse debout, ne respirant plus ; non, je ne me trompe pas, j'ai devant moi l'Amérique ; ces points sont les cimes des palmiers dont le tronc disparaît dans un mirage, effet de la chaleur. *Terre! Terre!* et tout ces hôtes du navire, souffrants, ennuyés, fatigués, s'élancent sur le pont, guéris cette fois bien mieux que par l'exercice improvisé du sauvetage.

Peu à peu les palmiers devinrent plus distincts, pas de montagnes, pas de seconds plans, des arbres et le ciel. Une petite voile paraissant sortir de la mer venait à nous vent arrière. Une voile seule, et rien pour indiquer où était son point d'appui. Nous cherchions à comprendre. « Ce sont des *rangades*, me dit à l'oreille un Marseillais qui habitait depuis vingt ans Buenos-Ayres, vous allez voir comme c'est solide sans que cela paraisse. » Effectivement c'était solide. Une demi-douzaine de poutres liées entre elles comme un radeau, une espèce de banc et au centre un trou, dans lequel était fixé le mât; c'était tout. Avec ces solides embarcations on ne peut chavirer, c'est vrai, mais on a toujours les pieds dans l'eau, et souvent davantage.

« Savez-vous, monsieur, reprit le Marseillais, que ces gaillards-là, si on les payait bien, seraient capables d'aller jusqu'en Europe? — Par exemple, cela me paraît un peu fort, lui dis-je, et comment s'y prendraient-ils? — En côtoyant! » Je n'en demandai pas davantage, j'étais convaincu.

Nous approchions de Fernambouc et bientôt nous jetâmes l'ancre en dehors d'une ligne de brisants si réguliers qu'on les prendrait pour des murailles. De l'endroit où nous étions il était impossible de voir la ville, bâtie sur un terrain plat. Une embarcation seule fut détachée pour porter à terre les dépêches. Personne ne se souciant de descendre dans ces rangades, qui pourraient aller en Europe en côtoyant, et surtout en voyant la mer briser sur

Port de Fernambouc.

la ligne de récifs, on attendit assez longtemps le retour du canot. Le capitaine avait déjà plusieurs fois exprimé son mécontentement; en le voyant revenir, il vint en personne recevoir les pauvres diables de matelots, qui s'étaient grisés. Ayant pris une position de boxeur, il leur assena à chacun sur le visage un coup de poing capable d'assommer un bœuf, puis on mit aux fers les coupables, probablement un peu dégrisés.

Le lendemain de notre départ de Fernambouc, quand tous les passagers étaient encore couchés, je vis amener sur l'arrière du navire les délinquants de la veille. Celui des hommes de l'équipage qui faisait office de capitaine d'armes les amarra à l'échelle des haubans de bâbord; le maître d'équipage apporta une grande pancarte, sans doute le règlement maritime. Le capitaine et le second du navire firent tout doucement la lecture des peines qui concernaient en ce moment les prévenus, ayant l'air de leur dire : « Nous en sommes bien fâchés; mais, vous le voyez, c'est écrit. » Ce petit conseil de guerre terminé en famille, on détacha les coupables repentants et on les remit aux fers paternellement.

De Fernambouc à Bahia il ne se passa rien de nouveau : des baleines, des oiseaux des tropiques, des paille-en-queue, quelques poissons volants. Pour commencer ma collection d'objets d'histoire naturelle, je priai un matelot de m'en préparer un que j'étais parvenu à attraper : il le mit d'abord dans un tonneau de saumure, et quelques heures après cette première et indispensable précaution, il l'étendit sur une petite planchette, puis à l'aide d'épingles ouvrit ses nageoires faisant fonction d'ailes, et étala cet appareil curieux, qui durcit en peu d'instants au contact de l'air. Ce fut ma première leçon de préparation.

II

RIO-DE-JANEIRO

II

RIO-DE-JANEIRO.

Bahia. — Arrivée à Rio. — Aspect extérieur et intérieur de cette capitale. — Ses hôtelleries. — Le consul de France. — L'empereur du Brésil. — L'impératrice. — Sa bienfaisance. — Le château de Saint-Christophe.

En arrivant à Bahia, il pleuvait à torrents : un brouillard épais cachait une partie de la ville; et quand plus tard il s'éleva, je ne fus guère satisfait. Tout ce que je voyais ne me donnait pas une idée de ce que j'allais chercher au Brésil; nous verrons bien si de près je change d'avis quand j'irai à terre, mais je crains que non, me disais-je. Effectivement, je restai dans les mêmes sentiments après comme avant. Arrivé à terre, pas de pittoresque : des nègres, toujours des nègres, criant, poussant; point d'inattendu dans les costumes, des pantalons sales, des chemises sales, des pieds crottés, souvent énormes, triste résultat de cette affreuse maladie qu'on nomme éléphantiasis, et qui est presque toujours causée par la débauche. J'avais entendu dire que pour voir de belles négresses il fallait aller à Bahia. J'en vis effectivement plusieurs qui n'étaient pas mal, mais tout cela grouillait dans les rues étroites de la ville basse, où vivent dans une atmosphère empestée les négociants français, anglais, portugais, juifs et catholiques. Je me hâtai de sortir de cette fourmilière, en grimpant avec difficulté, comme à Lisbonne, une grande rue conduisant à la ville haute. Là, en passant devant un jardin, je vis pour la première fois un oiseau-mouche voltigeant sur un oranger. Je le regardai comme un présage heureux; il me réconciliait avec moi-même et mes espérances; c'était lui qui, le premier, m'annonçait vraiment le nouveau monde. Peu m'importait le théâtre, la Bourse, les autres monuments publics : il s'en trouve à Bahia. Je songeais bien plus à commencer mes chasses aux insectes, aux oiseaux, aux reptiles. Ce n'étaient pas des villes que j'étais venu chercher.

Pendant les quelques heures que je passai à Bahia, j'allai serrer la main à un ancien ami, arrivé depuis deux mois seulement. Il paraissait enchanté. Je lui souhaitai bien du plaisir, mais je ne

Une rue de Bahia.

lui dis pas que, si j'avais eu la perspective de passer quelques mois dans ce pays-là, j'en serais mort de chagrin; que je me promettais bien, si la ville de Rio avait quelque ressemblance avec celle-ci, d'en partir bien vite.

Après mon oiseau-mouche, ce qui a le plus fixé mon attention, ce sont des espèces de chaises à porteurs nommées caderines; elles sont presque toutes couvertes d'une étoffe bleu foncé; deux esclaves les portent avec force cris, selon l'usage. En passant dans une rue étroite, j'en ai vu deux qui n'avançaient ni ne reculaient; une grosse mulâtresse était dans l'une et criait pour faire marcher ses nègres, mais ceux de la caderine opposée tenaient bon. L'heure du dîner approchait : je n'ai pu voir la fin du débat. L'hôtel où nous étions descendus d'abord était tenu par un M. Janvier ou Février, restaurateur à la française. A une table près de nous la belle Italienne préludait au repas qui se préparait, par quelques verres de vin, lorsque madame sa mère entra avec un beau, gros et élégant Brésilien, vêtu, comme c'est dans l'ordre sous les tropiques, d'un habillement noir complet, le tout surmonté de bagues, de breloques. C'était un parent probablement, puisque après le dîner il partit avec la plus jeune de ces dames. Cependant, à bord, le commissaire attendait, sa longue-vue à la main. L'excellente mère vint seule pour réclamer ses bagages; l'air de Bahia lui étant probablement nécessaire. Tout le monde connaît l'histoire d'Ariane abandonnée, notre commissaire dut faire un bien triste rapprochement.

Trois jours après, le 5 mai, nous entrions dans la magnifique baie de Rio-de-Janeiro.

Un négociant français avec lequel je m'étais mis plus en rapport qu'avec d'autres m'expliquait avec enthousiasme tout ce qui se déroulait devant nous, et je pouvais bien faire une comparaison avec mes impressions, souvent le résultat des tristesses qui s'emparaient de moi et me faisaient apprécier les choses tout autrement que lui. Marié à une femme charmante, ayant fait, à force de travail, une fortune qui chaque jour s'augmentait, il allait retrouver sa nouvelle famille; moi, au contraire, je quittais la mienne et je n'avais pas encore pu m'arracher à mes pensées par un travail auquel j'étais habitué ou par ces merveilles, cet inconnu que j'étais venu chercher. « Voilà Botafogo, me disait-il; au fond, de ce côté, l'hôpital; cette petite montagne qui s'avance dans la mer, où sont ces jolies maisonnettes, cachées par des arbres de toutes espèces, c'est la Gloria; et toutes ces maisons blanches et roses, c'est le Catette, le faubourg Saint-Germain de Rio; cette colline, à laquelle est adossé ce bel aqueduc, se nomme Sainte-Thérèse, un endroit fort sain. Allez loger là. On ne craint pas la fièvre jaune sur cette hauteur. Et là-haut, sur ce rocher, dans la ville même, est le castel. C'est, comme vous pouvez le voir, le lieu où on place les signaux. Chaque navire est annoncé longtemps avant qu'il soit entré dans le port. » Tous ces détails avaient pour moi un grand intérêt; c'était bien autre chose que Bahia. Aussi je me laissai gagner par l'enthousiasme de mon compatriote; il me montrait avec orgueil les moindres détails, me les expliquait à mesure que nous passions à portée. Tout cela était à lui, pour lui. Le soleil n'était bon qu'à Rio, l'air n'était embaumé qu'à Rio. Cependant, à propos de ce dernier avantage, j'aurais pu émettre quelques doutes. Nous approchions d'un quai, où se voyait une foule de nègres portant des objets dont je ne pouvais pas précisément deviner l'usage. Des myriades de goëlands voltigeaient en tournoyant. Que voulaient-ils? Je ne sais, mais il me paraissait de loin qu'une grande intimité les liait avec les nègres, surtout ceux qui arrivaient. Rien ne pouvait arracher mon guide à son admiration. Il m'avait déjà fait faire connaissance avec le rocher connu de tous les navigateurs, et qu'on a justement nommé le Pain-de-Sucre, puis avec le Corcovado, d'où on découvre le pays à une grande distance; et comme je m'étonnais de voir à son sommet une partie blanche, qui pourtant ne devait pas être de la neige, il m'expliqua que plusieurs accidents étant arrivés en traversant une espèce de crevasse, le gouvernement y avait fait bâtir une muraille. Depuis ce temps on ne courait aucun danger. Toutes les personnes qui font le voyage du Brésil vont au Corcovado admirer les vues; c'est ainsi qu'on appelle, je crois, ce qu'on aperçoit d'une grande hauteur. On va également visiter le Jardin des Plantes, non pas précisément pour les richesses d'histoire naturelle qu'il possède, mais pour voir une allée de palmiers d'une espèce particulière, remarquablement belle.

Cependant nous arrivions peu à peu. Il ne fallait pas songer à emporter les bagages; chacun fit un léger paquet pour les besoins de deux ou trois jours; le reste devait être transporté à la douane. A peine au mouillage, de tous côtés des embarcations entourèrent le navire. Les unes étaient là seulement pour prendre des passagers isolés, le plus grand nombre était rempli par les amis, les parents des voyageurs attendus. Je descendis avec ma nouvelle connaissance dans un canot, où se trouvaient les siens. M. Aumont, avec lequel je m'étais, sinon lié, du moins pour lequel je me sentais beaucoup de sympathie, était descendu à terre avant moi. Il m'avait promis de me retenir une chambre dans l'hôtel Ravaud qui nous avait été recommandé.

En débarquant, sur de grands degrés de pierre, je faillis tomber dans la mer; je crois que le lieu se nomme la Praya de los Mineros. De là on entre dans la rue Diretta, habitée en partie par des marchands portugais; dans cette rue est la douane, la poste; sur les trottoirs étaient assises les plus belles et les plus grandes négresses que j'aie jamais vues.

De la rue Diretta, nous entrâmes dans la fameuse rue d'Ovidor, rue française d'un bout à l'autre; MM. les négociants la nomment modeste-

Le Pain-de-Sucre, à Rio-de-Janeiro.

ment rue Vivienne. Toute la ville est dans cette rue. C'est là où on se promène, où les dames vont montrer leur toilette.

Enfin, ce n'était pas le moment d'étudier les mœurs du Brésil; il fallait se loger; je savais que

Négresses; à Rio-de-Janeiro.

le moins qu'il m'en coûterait serait vingt francs par jour. J'étais résigné.

En entrant dans l'hôtel, je trouvai, grâce aux soins de M. Aumont, le repas préparé; quant à la chambre, il n'en avait trouvé qu'une pour nous deux. Hélas! cette chambre n'avait pour fenêtres qu'un petit jour de souffrance percé très-haut:

nous avions, pour nous reposer d'un mois de fatigues, une espèce de cachot. Quant à des armoires, il ne fallait pas en parler; c'était assez égal à des gens dont le bagage était enfermé dans un mouchoir. Ce qui manquait, c'était de l'air; or vivre au Brésil sans air, c'est subir le supplice des plombs de Venise, c'est pire que d'avoir à endurer le calme plat sous la Ligne; vers minuit, pour échapper à la chaleur de mon matelas, je me couchai sur un canapé en jonc.

De son côté, le pauvre M. Aumont se débattait contre des ennemis inconnus. Déjà nous avions senti l'insupportable piqûre des moustiques, qui eussent suffi pour nous tenir éveillés, sans l'extrême chaleur de notre chambre. Mais c'était autre chose : ces nouveaux assaillants devaient être assez gros. La bougie allumée, une foule d'individus noirâtres, à antennes longues d'un pouce, rapides comme des étoiles filantes, disparurent à l'instant, si bien que les recherches les plus minutieuses n'amenèrent aucun résultat : mais il est vrai de dire qu'à peine la lumière éteinte le sabbat recommença. Il fallait à tout prix savoir à qui on avait affaire. J'allumai, bien doucement cette fois, notre bougie, et me précipitai sous le lit : j'écrasai sans pitié un des fuyards. Mais quelle fut mon horreur! c'était un cancrelas de la plus grosse espèce (on les nomme baratos au Brésil), un cancrelas! un des plus affreux de mes souvenirs de jeunesse. Un bâtiment de guerre dans lequel j'avais vécu plus d'une année avait rapporté du Sénégal quelques individus de cette espèce ; ils multiplièrent de telle sorte que le navire en fut infesté en quelques mois. Bien des années s'étaient écoulées, et chaque fois que ce souvenir se présentait un frisson me parcourait tout le corps. Eh bien ! maintenant le voilà revenu ce temps de frissonnante mémoire ; le cancrelas va de nouveau décolorer mon existence. C'était bien pis chez M. Aumont. Il n'allait rien moins que se disposer à passer la nuit debout sur une chaise. Le plus simple fut de ne pas nous endormir, et d'attendre le jour avec patience, après avoir illuminé notre appartement avec tout ce qui était en notre pouvoir.

Le lendemain de notre arrivée, j'allai faire une visite à M. Taunay, consul de France, pour lequel j'avais plusieurs lettres d'introduction.

Deux personnes causaient chez lui. L'une d'elles sur un ton fort élevé ; l'autre, au contraire, parlait très-bas ; et si, malgré moi, j'entendais le premier, il n'en était pas de même de celui que je prenais, à cause de son ton modeste, pour un solliciteur. Le protecteur présumé était un demandeur, l'autre, si modeste dans sa parole et dans son air, était le consul. Qu'il me pardonne si je profite de la circonstance qui me met la plume à la main pour dire ici que, de tous les hommes que j'ai connus, c'est lui dont j'honore et respecte le plus le caractère. M. Taunay ne vit que pour faire le bien. Il donne tout ce qu'il possède, même ses habits, se refusant toute espèce de commodités, faisant à pied des courses très-longues, souvent bien fatigantes. Mais il faudrait prendre et payer des voitures, et les malheureux qu'il assiste auraient une part plus petite.

M. Taunay eut la bonté de me donner une lettre d'introduction pour le majordome du palais, M. P. B.

Grâce à lui, malgré la rigueur de la douane, je ne payai pas les droits énormes imposés aux moindres objets venant d'Europe.

Quand j'ai présenté ma lettre à M. P. B., qui m'a reçu, du reste, fort cordialement, j'ai cru entrevoir que, pas plus que tous les Brésiliens, il n'approuve l'arrivée des étrangers dans son pays. Mais n'étant pas venu solliciter un emploi, et mon seul but, en touchant à Rio, étant de me renseigner sur les moyens de pénétrer dans l'intérieur, cette espèce d'éloignement qui, d'ailleurs, ne m'était pas personnel, ne me causa aucun souci; je le priai toutefois de me présenter à S. M. l'empereur, pour lequel j'avais de précieuses recommandations, ce qu'il s'engagea à faire de la façon la plus obligeante. Seulement, il me fallait attendre quelques jours. Sa Majesté habitait encore Pétropolis, résidence d'hiver, époque des plus grandes chaleurs.

En attendant son retour, j'allai, avec mon compagnon de chambre et d'infortunes, parcourir la ville pour essayer de trouver un logement. Je mis naturellement pour ces excursions les vêtements légers achetés dans les magasins de la Belle-Jardinière. Mais combien fut grande mon humiliation, quand je me vis regardé un peu comme nous le faisions autrefois d'un Arabe avec son burnous, d'un Grec avec sa fustanelle. Le noir dominait partout. Les commis de magasins, avec leurs balais, portaient déjà, à sept heures du matin, d'élégantes redingotes de drap ; quant à du blanc, je n'en vis pas de traces dans un pays où les criminels seuls eussent dû être condamnés à ce supplice de l'habit noir : croyez donc et suivez les conseils ! Toutefois, on m'en donna ici un bon ; celui de ne jamais sortir sans parapluie. En dépit de mes vêtements, il fallut continuer nos recherches. Nous passâmes d'abord sur une place où était une magnifique fontaine, bien originale surtout, car elle avait sur la façade une myriade de robinets, je n'en avais jamais vu en telle quantité. Une cinquantaine de nègres et de négresses, toujours criant, se démenant, pouvaient emplir leurs cruches sans trop attendre.

De rues en rues nous arrivâmes au bord de la mer, fréquenté par les goëlands. J'avais d'un coup d'œil apprécié, en passant près d'un nègre, la cause qui attirait ces oiseaux intelligents : ce n'était ni plus ni moins que les vases et paniers d'ordures que les noirs allaient vider sur la plage. En voyage, il faut bien faire des observations sur toutes choses.

Sur le quai, en face de la mer, est un magnifique

hôpital; en continuant, et du même côté, on passe sous une terrasse ayant aux deux bouts d'élégants pavillons; c'est le jardin public. Je ne pus ce jour-là le visiter; j'avais, ou plutôt nous avions porté nos prétentions d'habitations sur le versant d'une petite colline en haut de laquelle était une église, et qui réunissait deux choses bien désirables, la mer pour se baigner, des arbres pour échapper au soleil; rien n'était à louer, et nous continuâmes nos explorations, désireux de quitter l'hôtel aux cancrelas dans le plus court délai. Après la Gloria, c'est le nom de cette colline, on arrive au Catette dont elle fait partie. Là sont les aristocrates de noblesse et d'argent; c'est, comme je l'ai déjà dit, le faubourg Saint-Germain de Rio. De charmantes maisons, de jolis jardins, font de cette partie de la ville un séjour très-agréable; cependant, il paraît que la fièvre jaune y fait des ravages à cause du voisinage de la mer; je n'en parle que par ouï-dire. Je m'attendais, d'après ce que j'avais vu à Lisbonne et à Madère, à trouver ici les rues encombrées de fleurs : il n'en était rien cependant, et ces jardins, si agréables qu'ils soient, ne peuvent lutter avec les nôtres. Je n'y ai réellement pas vu de ces fleurs magnifiques qui croissent dans nos serres. En continuant à marcher, nous arrivâmes à Batafogo, sur le bord de la mer. La plus belle habitation appartient à M. le marquis d'Abrantès, protecteur éclairé des arts, à ce qu'on dit. Impossible de nous loger sur toute la ligne que nous

Maison de campagne près de Rio-de-Janeiro.

avions parcourue. D'ailleurs, il eût fallu acheter des meubles, louer un nègre mâle ou femelle, pour notre cuisine. J'avais, dans une seule journée, apprécié l'inconvénient d'un long séjour dans la ville. Il fut décidé qu'on s'en tiendrait à l'hôtel, si toutefois on pouvait s'y procurer une chambre à fenêtre; puis nous rentrâmes au gîte sur un petit bateau à vapeur.

Ne voulant pas attendre trop longtemps sans me présenter à l'empereur et lui remettre les lettres qui lui étaient destinées, je me disposais à faire le voyage de Pétropolis. Sa Majesté arriva elle-même sur l'entrefaite. Le lendemain, j'allai au palais de Saint-Cristophe, et vers onze heures M. B. me fit entrer dans une galerie d'une architecture très-simple, où j'attendis Sa Majesté, ne comprenant rien à ce que m'avait assuré à Paris une personne fort bien renseignée et qui m'avait affirmé que l'étiquette du Brésil défend de parler à l'empereur, mais qu'on doit s'adresser à un chambellan qui traduit votre demande si vous en faites une, ou remet votre placet qu'on lit à l'empereur, car il ne doit pas prendre la moindre peine pour les visiteurs. Si la demande ou la lettre sont de nature à avoir les honneurs d'une réponse, vous laissez votre adresse, et vous devez vous regarder comme bien favorisé si vous l'obtenez dans le courant du mois.

D'après ce qu'on m'avait appris de ce cérémonial, qui rappelle les cours despotiques d'Orient, j'étais embarrassé de ma contenance. Je cherchais de tous côtés un introducteur, quand d'une pièce au fond de la galerie, je vis s'avancer S. M. l'empereur, qui fort gracieusement reçut la lettre que je lui présentais. Après l'avoir lue, il eut l'extrême bonté de me demander quelles étaient mes intentions en venant au Brésil; il me fit beaucoup de questions sur mes voyages, parut prendre un véritable intérêt à mes réponses et particulièrement à celles qui concernaient les régions du pôle nord. Enfin, je sortis de cette audience enchanté d'une réception si éloignée de celle à laquelle je m'attendais. J'oubliais de dire que Sa Majesté, désirant voir quelques esquisses que j'avais apportées d'Europe, donna l'ordre immédiatement de me conduire au palais de la ville, et de me laisser choisir l'appartement qui me conviendrait.

On voit combien il faut se défier de certains renseignements.

Contrairement à ceux qui m'avaient été donnés, S. M. l'empereur du Brésil reçoit indistinctement tout le monde avec bienveillance. Il est d'usage qu'on se présente à lui vêtu convenablement, mais nul costume n'est de rigueur; j'ai vu souvent des gens habillés plus que simplement attendre leur tour pour lui parler dans cette galerie du palais de Saint-Cristophe, qu'il habite une partie de l'année et dans laquelle les pauvres eux-mêmes sont admis.

J'avais en m'en retournant une courte visite à

faire. M. le comte de Barral, que j'avais l'honneur de connaître à Paris, m'avait donné une lettre pour Mme la comtesse. Elle habitait une charmante villa à un quart de lieue de Saint-Cristophe, où l'appelaient chaque jour ses fonctions près de LL. AA. II. les princesses Léopoldine et Isabelle.

Mme la comtesse de Barral eut la bonté de m'offrir son appui pour le temps que je passerais à Rio, et cette offre n'a pas été un vain mot; qu'elle me permette de lui en exprimer ici toute ma reconnaissance.

J'avais été, quelques jours auparavant, chercher mes effets à la douane. On parle de la tour de Babel, que je regrette de n'avoir pas vue, afin de savoir si on s'y entendait mieux ou moins que dans ce Capharnaüm où toutes les malles, les cartons, les caisses des voyageurs avaient été empilés au hasard et sans ordre; ceux qui avaient des objets fragiles, après avoir sans succès escaladé les couches supérieures, leurs places probables, redescendaient désespérés, s'attendant à voir les cartons à chapeau, les caisses légères contenant les robes, les coiffures fraîches arrivant de Paris, succombant sous d'énormes colis. On avait tout naturellement retiré les objets légers du vapeur, parce qu'on les place ordinairement dessus les autres, et tout naturellement aussi on les avait jetés à terre d'abord; puis, successivement, étaient arrivés les plus gros. Les nègres chargés de ce service s'en débarrassaient au plus vite, et comme leur coutume est de tout porter sur la tête, la hauteur de la chute avait déformé un peu les petits. Pour ma part, j'avais trois caisses; deux avaient été assez vite découvertes, mais la troisième ne se trouvait pas; il fallut revenir le lendemain. Enfin, elle se retrouva saine et sauve, et, ainsi que je l'ai dit, je ne payai rien, tandis qu'une dame fut taxée à six francs pour un chardonneret et un serin. Toutefois, comme il faut bien un peu acheter le bonheur, je perdis mes clefs dans la bagarre.

Le jour désigné par l'empereur, j'arrangeai mes études le plus coquettement possible, et je me rappelle avec effroi ce qui faillit m'arriver. L'empereur m'avait dit qu'il serait au palais à quatre heures; il en était presque six, quand, succombant à un sommeil vainement combattu, et certain que j'attendrais en vain, je fus sur le point d'être surpris par l'empereur lui-même; heureusement que je m'éveillai en entendant en rêve des pas précipités.

Les jours suivants, je continuai à visiter la ville. Cependant je ne pouvais passer ma vie à courir les rues. En attendant divers renseignements que je n'obtenais pas, je me décidai à aller faire quelques études de paysage dans une montagne nommée Tijouka.

Pour s'y rendre, on se fait d'abord transporter en omnibus, puis on prend des mules au bas de la montagne.

On me conseilla de prendre un nègre qui porte-

Montagne de la Tijouka, vue de la route de Saint-Christophe.

rait ma malle, en m'assurant qu'elle arriverait sans que j'eusse à m'en préoccuper autrement. Les nègres font à Rio l'office de nos commissionnaires, avec cette différence qu'étant esclaves leur salaire appartient à leurs maîtres. Je n'étais pas trop disposé à laisser partir ma malle à l'aventure, et je résolus de la suivre à pied jusqu'à l'endroit où je trouverais les mules.

Toutes les personnes à qui je fis part de mon intention se récrièrent à l'envi : il fallait que je fusse fou, je n'arriverais pas vivant. Il est bon de dire que le climat rend les Européens tout aussi paresseux que les gens du Sud, peu après leur arrivée au Brésil. Ils s'affaiblissent, ne marchent plus ou attendent la nuit pour faire une petite promenade; aussi ma détermination de faire un trajet de quelques kilomètres au milieu de la journée, afin d'arriver avant le coucher du soleil, paraissait à tous un acte de témérité inqualifiable, ce qui n'empêcha pas que, vers onze heures, nous partîmes bravement, mon nègre et moi. Il devait s'arrêter dans un hôtel au bas de la montagne, où je coucherais au cas d'une trop grande fatigue. Ma malle était pesante, et au bout d'une heure, le pauvre diable ressemblait à une statue de bronze, tant sa peau était devenue luisante sous la sueur qui l'inondait de tous côtés. Quant à moi, abrité sous mon parasol, je le suivais avec peine, reconnaissant à chaque pas que je pouvais bien avoir manqué de raison, car cette marche forcée, par un soleil auquel je ne m'étais pas encore accoutumé, commençait à me donner des vertiges; nous fîmes ainsi plusieurs lieues, puis nous montâmes une côte tellement rapide, surtout pour moi, après ce que je venais de faire, que je pris sérieusement le parti de coucher dans l'hôtel. Mais où le trouver? je ne savais pas le portugais.. Enfin, je fus forcé de m'arrêter près d'une petite maison où je sonnai pour demander un verre d'eau.

Le propriétaire, que je reconnus de suite pour un étranger au Brésil, vint à moi et me parla français; c'était le consul de Suède qui, par hasard, était un amateur passionné d'entomologie, une de mes faiblesses. Pendant que je me reposais, il me fit voir ses richesses, dont je fus un peu jaloux, et que je me promis d'égaler un jour si j'échappais à la civilisation et allais vivre dans les bois.

J'appris que nous avions dépassé l'hôtel désiré; le nègre ne s'y était pas arrêté par ignorance, et nous étions à mi-côte de la Tijouka; il eût fallu le même temps pour descendre que pour monter; je pris ce dernier parti, et après avoir remercié mon hôte d'un instant, j'arrivai brisé à la porte d'un hôtel appartenant à un Anglais. On m'avait donné pour lui une lettre de recommandation. Après l'avoir lue très-gravement, il me dit qu'il ne pouvait me loger; tous les appartements étaient loués à des compatriotes dont j'enviais le *farniente*, tandis que j'étais là debout, attendant ce qu'allait faire de moi le seigneur suzerain de ce lieu. Il me fit descendre jusqu'à une maison nouvellement bâtie, destinée aux visiteurs de peu d'importance; on m'y donna une espèce de cellule.

Je payai mon nègre deux mille reis, un peu moins de six francs, et après avoir dîné, moitié à l'anglaise, moitié à la brésilienne, j'allai courir jusqu'à la nuit, admirant tout, respirant un air frais, presque froid, dont j'étais privé depuis longtemps.

Le jour suivant, j'hésitais encore sur ce que je devais peindre et je préparais mes matériaux quand plusieurs passagers, montés à dos de mule, arrivèrent pour passer le dimanche avec moi; ils étaient gais et dispos et, plus prudents, ils avaient pris l'omnibus et n'avaient pas gravi à pied la montagne. J'enfourchai, à leur exemple, une mule, et nous commençâmes à descendre pour aller voir la grande cascade, dont les eaux vont se perdre dans la mer. Ce petit voyage m'offrit comme un avant-goût de toutes les merveilles du Brésil; de tous côtés j'apercevais des plantations de café; devant chaque habitation s'étendait un grand terrain plat ressemblant à nos aires pour battre le blé; et derrière d'immenses rochers, tous unis et de couleur violette, j'entendais le bruit du torrent, caché par la végétation luxuriante à travers laquelle nous cheminions.

Une heure après notre départ, nous nous arrêtâmes dans une baraque où l'on trouve toutes choses, excepté ce dont on a besoin; laissant là nos montures, nous nous engageâmes dans des sentiers presque cachés par les herbes et serpentant entre des bananiers et des caféiers.

Bientôt nous étions en face de la chute : un énorme rocher sans végétation, supporté seulement par une pierre qui laisse voir le vide, au-dessous, se dresse à la gauche de la cascade, comme pour lui donner plus de pittoresque et lui servir de repoussoir. L'eau, après avoir glissé de rocher en rocher, s'arrête, maintenue sur une partie plate, où se forment des petits bassins dans lesquels on peut se baigner sans crainte, puis elle retrouve une pente unique et tombe d'une très-grande hauteur; en passant dans le voisinage de plusieurs habitations, elle court, comme je l'ai déjà dit, à la mer.

Tout en cheminant et regardant, j'avisai un délicieux petit coin tapissé de plantes bien fraîches, arrosé d'une eau pure et couvert d'ombre; c'était un charmant sujet d'étude : j'en pris note.

Le soir, mes compagnons me quittèrent, et je retournai à mon hôtel de la montagne. Le lieu me plaisait, et, en attendant les forêts vierges, j'avais de quoi m'occuper quinze jours au moins, car ce qui m'entourait avait, dans tous les cas, le mérite de la nouveauté; il y avait bien un petit embarras qui déjà s'était présenté plusieurs fois à Rio. Dans les pays à esclaves il est d'usage de ne rien porter; j'avais déjà vu des individus plus ou moins bien vêtus se faire précéder par un nègre, portant tels petits paquets qu'on aurait pu mettre dans sa poche. En le faisant soi-même on se serait déshonoré, et

Cascade de la Tijouka.

ici c'était bien pis ; il s'agissait de porter sur son dos un sac de soldat renfermant la boîte à couleurs, puis un gros bâton destiné à ficher le parasol en terre, et passer devant des nababs, des ladies, se faire crier « schoking » de tous côtés, et, plus que tout cela, rencontrer des nègres ne portant rien.

Malgré ces importantes considérations et comme il m'eût été désagréable d'avoir un individu tous les jours près de moi, je me fis donner la veille des vivres pour déjeuner et j'endossai le havre-sac à six heures du matin. La course était longue; j'arrivai harassé. Je pris un bain, qui me fit beaucoup de bien, et toute la journée je fis de la peinture, bien abrité par de grands arbres et au bruit de la cascade. Enfin je vivais! enfin j'étais redevenu peintre! J'avais sous les yeux une nature splendide, et pour la première fois, depuis mon départ, j'étais pleinement heureux. Pour la première fois aussi je fis connaissance avec les fourmis, qui mangèrent une partie de mon déjeuner pendant que je travaillais. Quelle bonne journée, malgré ce petit inconvénient, et comme je faisais le projet de recommencer le lendemain! Il y avait déjà si longtemps que j'attendais ce bonheur. Ma journée terminée, je repris mon sac et mon parapluie. La montée me parut bien longue. De temps en temps des esclaves que je rencontrais ouvraient de grands yeux ébahis en me regardant. C'était si énorme ce qu'ils voyaient pour la première fois! Un homme libre, un docteur peut-être (car au Brésil chaque profession a son docteur), un blanc qui pliait sous son fardeau ! Ce fut bien autre chose quand j'arrivai à la porte de l'hôtel : une foule bizarre entourait un cheval, monté par un courrier doré sur tranche. Ce courrier était là pour moi. Qu'on juge du contraste ! Un courrier du palais impérial d'une

Vêtu de blanc.

part, un portefaix de l'autre. On parlera longtemps de cette aventure inexplicable. Enfin, comme après tout la lettre était adressée à M. Biard, et que ce nom figurait dans le livre des voyageurs, il fallut bien reconnaître que j'avais le droit de décacheter ma lettre, malgré l'acte inqualifiable dont tout le monde était témoin. On m'annonçait que

Portrait de l'impératrice du Brésil.

Sa Majesté l'impératrice désirait que je fisse son portrait en pied et en grand costume, ainsi que ceux de Leurs Altesses Impériales les princesses Isabelle et Léopoldine.

Adieu donc à la cascade et à cette bonne vie d'études que j'allais quitter pour longtemps peut-être. J'avais encore deux jours à moi. Le lendemain, je retournai terminer mon travail commencé. En revenant à l'hôtel, je fus agréablement surpris de trouver deux personnes avec lesquelles j'avais déjà des relations presque intimes. Elles étaient venues pour m'emmener de suite et voici pourquoi. En mon absence plusieurs personnages éminents par leur position et leur esprit supérieur avaient décidé qu'une Société des amis des arts était une nécessité pour Rio. Mon arrivée était le prétexte naturel pour donner une première impulsion aux amateurs; la chose ensuite marcherait d'elle-même, car, avaient dit ces messieurs, l'Académie n'obtient aucun résultat satisfaisant; il y a en ce moment neuf professeurs et trois élèves. Le directeur des Beaux-Arts, homme de grand sens, très-savant comme médecin, n'a peut-être pas toutes les qualités qu'il faudrait pour donner de l'entrain aux artistes. J'ai oublié toutes les raisons qui me furent données plus tard pour me faire comprendre que j'allais rendre un immense service à la jeunesse studieuse qui n'attendait qu'une bonne direction. J'avoue qu'après cette décision je ne pus me défendre d'une certaine émotion. J'attacherais mon nom à une nouvelle renaissance dans les arts au Brésil. Ce que Debray et Taunay avaient commencé sous le roi Jean VI, je pouvais l'achever, et puisque pour un temps je devais vivre dans la ville, rien ne m'empêchait de saisir de mon côté l'occasion qui m'était offerte avec tant de grâce et d'obligeance. Une voiture attendait au bas de la montagne, ma malle fut bientôt faite et nous partîmes. Arrivé à un détour, je me trouvai en face d'un spectacle vraiment féerique : toutes les routes éclairées au gaz dans une très-grande étendue; la ville, au loin, éclairée de même. Les becs de gaz, placés sur les éminences, telles que le castel Santa-Theresa, la Gloria, se détachaient sur le ciel, se mariaient avec les étoiles, au milieu desquelles la constellation du Crusero brillait comme une croix de feu.

La ville de Rio est peut-être la seule au monde qui ait cet aspect, entourée qu'elle est de collines et en possédant plusieurs même dans son enceinte. Ces divers étages lumineux reportent la pensée vers les contes de fées, rappellent les *Mille et une Nuits*. C'est du moins ce que j'ai éprouvé en voyant ce spectacle inattendu, par une belle nuit des tropiques, où la clarté des étoiles rivalise avec le jour; où les bananiers, les palmiers, les magnolias en fleurs viennent ajouter à l'illusion.

Il y a bien longtemps, avec le digne amiral Parceval Deschênes, nous allions visiter la ville de Rosette, voir le Nil et le Delta. Je m'étais isolé à la tombée de la nuit, laissant marcher devant moi notre petite caravane, confiant à mon chameau le soin de rejoindre ses compagnons. C'était l'époque du ramadan. Je me souviens qu'ouvrant les yeux après les avoir longtemps fermés, rêvant à je ne sais quoi, je me crus transporté dans le pays des fictions : tous les minarets avaient été illuminés. La ville paraissait en feu, véritable oasis, entourée des sables du désert de Barca; excepté du côté du sud-est que baignent les eaux du Nil. Pour quelques instants je pus penser que j'étais le prince Cameralzaman ou Ali-Baba. Là, je pus rêver tout à mon aise; mon chameau avait le pied sûr, marchant dans le sable; mais ici, à la descente de la Tijouka, comme il fallait veiller à la mule, le rêve s'envola au premier pas qu'elle fit pour continuer notre route. J'ai dit qu'au bas de la montagne une voiture nous attendait. La route était large, mais, bon Dieu! quels cahots! de grosses pierres partout, des trous, des ornières à tout briser. Heureusement mon véhicule résista. Il me resta de cette course une grande considération pour le carrossier qui avait construit cette voiture, et je me promis de m'adresser à lui quand une faible partie seulement des promesses qui m'étaient faites se serait réalisée.

En attendant, j'avais commencé mes deux tableaux, celui de Sa Majesté l'impératrice et celui des deux princesses. J'allais tous les jours à Saint-Christophe, à quelques kilomètres de Rio. Le lieu des séances était dans la bibliothèque de l'empereur. La tenue de rigueur était l'habit noir; or, comme il est difficile de trouver des ouvriers qui comprissent ce dont on a besoin, j'avais pris le parti de faire tout moi-même, principalement de tendre mes toiles, après avoir eu bien de la peine à expliquer comment on fait les châssis. Ne sachant pas le portugais, il fallait passer par des interprètes, ce qui me gênait à chaque instant; et tendre des toiles en habit noir, après une promenade d'une heure et demie, était une occupation assez fatigante. Cependant je faisais toujours la route à pied; j'étudiais le portugais en chemin, je prenais des croquis, et je revenais de même, toujours lisant. Le temps me paraissait moins long. L'extrême bonté de l'impératrice pour tout ce qui l'approchait ne se démentit pas avec moi. Je garderai éternellement le souvenir de la bienveillance qu'elle me montrait, s'informant avec intérêt des nouvelles de ma famille chaque fois que le paquebot arrivait. Le profond respect que Sa Majesté m'inspira ne me permet pas d'en dire davantage en ce qui me concerne personnellement; mais si vous allez à Rio, cherchez un malheureux qui se serait adressé à elle sans être secouru, vous ne le trouverez pas.

Je ne pouvais aller que le dimanche travailler avec les princesses. La semaine était employée par elles à des études sérieuses. Je savais que l'empereur s'était réservé de leur enseigner l'astronomie, science qu'il possède au plus haut degré. Nos séances avaient lieu après le déjeuner, quelquefois avant;

malheureusement elles étaient courtes, et le jour
n'était pas très-bon dans cette bibliothèque, percée
de fenêtres de plusieurs côtés. Souvent Sa Majesté
l'empereur venait y assister, et j'étais toujours surpris de la justesse de ses appréciations.

Quant à la Société des amis des arts, elle ne fut
pas constituée pour mille causes que je crois inutile
de signaler ici. Il y eut des personnes qui en furent
tellement contrariées qu'elles allèrent jusqu'à dire
que s'il eût été question de danseuses, d'escamoteurs
ou de funambules cela eût réussi complétement.
N'ayant pas habité la ville de Rio assez longtemps,
je n'ai pu m'assurer si cette opinion était fondée.

Pendant tout le temps donné à mes courses de Rio
à Saint-Cristophe et de Saint-Cristophe à Rio, j'avais
à peine visité la ville. Je dînais en revenant, et, de
plus, je me couchais de fort bonne heure, ayant pris
le parti de rester à l'hôtel, après avoir, toutefois,
obtenu une chambre à fenêtre. Mais afin de terminer mes tableaux, je m'étais tout de bon installé
au palais; pour m'éviter l'ennui de passer dans les
cours où étaient les factionnaires, on m'avait offert
une clef qui ouvrait une porte du côté de la rue de
la Miséricorde; cette clef fut pour moi, à première
vue, l'objet de deux sentiments bien opposés : l'un
de plaisir, de pouvoir entrer et sortir à toute heure
sans contrôle, l'autre de stupéfaction en voyant la
longueur de cet instrument vraiment prodigieux;
aucune de mes poches ne pouvait le contenir. Cependant je l'acceptai avec une apparence de recon-

naissance, me réservant de faire poser une allonge à chacune des poches de mes vêtements, ce que je fis. Malheureusement, je ne pus diminuer le poids de l'instrument; parfois aussi le manque d'habitude me faisait oublier cette clef à laquelle mon existence

Une clef du palais de Rio-de-Janeiro.

était liée; alors, s'il m'arrivait de m'asseoir, on me voyait me relever vivement, comme si j'avais marché sur un serpent. Peu à peu je m'habituai à mon cauchemar.

Dans les intervalles de mes travaux, j'achevai

d'étudier la ville. J'allais tous les jours au marché ; c'est là qu'on juge le mieux les habitudes du peuple.... Chaque matin, des embarcations venant des îles voisines y apportent des provisions d'oranges, de bananes, du bois, des poissons ; c'est un spectacle amusant, où l'on ne voit que nègres qui se culbutent, crient, appellent, rient ou pleurent ; et comme ces barques ne peuvent approcher du quai à cause d'un talus en pierre descendant jusqu'à la mer, d'autres nègres, commissionnaires, armés toujours d'un panier rond, se précipitent à l'arrivée, se jettent dans l'eau, et quelquefois font la chaîne pour arriver plus tôt. Quand la marée est haute, le sabbat ordinaire augmente ; on tombe à l'eau, on gâte les marchandises ; quelques coups de poing, de bâton récompensent les maladroits. Plus loin des négresses, abritées sous des baraques faites à la hâte, distribuent, aux uns le café, aux autres des écuelles pleines de *carne secca* et de *faigeons* (haricots), nourriture habituelle des gens de couleur, et bien souvent aussi des classes plus élevées.

Sur le quai se promènent les revendeurs, attendant et guettant de loin les objets qu'ils veulent se procurer. Ce qui m'intéressait par-dessus tout, c'était des brochettes d'oiseaux magnifiques ; j'aurais voulu les acheter tous pour les conserver, mais le talent de naturaliste empailleur, que plus tard j'ai acquis, me manquait alors.

En face de ce quai si animé est le marché intérieur, entouré d'une galerie ayant des deux côtés des boutiques où l'on vend des paillassons, des nattes, des calebasses, et généralement tous les ustensiles de ménage. Là se vendent et se découpent d'énormes poissons. Là aussi sont les marchands d'oiseaux, de singes, etc. J'avais en France une volière ; ce goût me reprit en voyant les oiseaux de Brésil parés de si belles couleurs. Ce qui ne se procure pas facilement ou coûte extrêmement cher, c'est une cage solide, car toutes celles dont on se sert sont en jonc; mais, par hasard, j'en découvris une dans un grenier : elle était en très-mauvais état; les barreaux étant trop écartés, j'achetai du fil de fer, et, appelant à mon aide tout le talent dont j'étais capable dans ce genre de confection, je passai deux jours à rétrécir le passage.... puis, mon chef-d'œuvre achevé, je commençai une collection, m'étonnant toujours de voir si peu d'amateurs d'ornithologie, car de loin en loin, si on voit accrochée à une fenêtre une petite cage en jonc, on peut être sûr qu'elle renferme un serin ou un chardonneret. Il en est de même des fleurs. On ne voit presque jamais de plantes tropicales, des roses toujours.

Mon temps se passait assez agréablement, je travaillais pendant une partie du jour; de mes croisées je voyais, de l'autre côté de la rue, la chambre des députés; j'entendais sans me déranger de bien bons discours, que répétaient les journaux du lendemain; je dessinais les passants, je recevais de nombreuses visites, tous les journaux me traitaient avec bienveillance. J'avais acheté une redingote noire, j'avais chaud, mais j'étais considéré : cela eût dû me suffire. Que me manquait-il ? Logé dans un palais d'où je voyais manœuvrer la garde nationale avec ses sapeurs, dont le tablier était varié selon les régiments, les uns imitant la peau de tigre, d'autres ornés des deux plantes nationales, le thé

Vêtu de noir.

et le café, peints à l'huile d'une façon réjouissante. Je pouvais tout à mon aise voir défiler l'armée et MM. les officiers, portant sous le bras leur bonnet à poil ou leur shako. Sous mes yeux s'exécutaient des manœuvres savantes dans lesquelles je remarquais avec plaisir la prudence qui anime en tout lieu la garde nationale; chaque soldat citoyen, dans l'intérêt de son voisin sans doute, faisait feu un peu avant, un peu après le commandement, en détournant la tête.

Eh bien, quelque chose me manquait, malgré ces intéressantes distractions, troublées pourtant par plusieurs inconvénients que j'avais en vain cherché à détourner; des ennemis qui plus tard me firent bien du mal, s'acharnaient sur moi : c'étaient les moustiques et les fourmis. Dans ce palais peu habité, dans ces grands appartements étaient renfermées des myriades d'êtres affamés. Lassé de me voir dévoré en détail dans un grand lit à rideaux que j'avais bien soin cependant de fermer quand je croyais avoir chassé les moustiques, je ne pouvais dormir, pas plus que dans l'hôtel aux cancrelas; car, à peine couché, les fuyards trouvaient moyen de me harceler. Forcé de prendre un parti, je clouai l'un des rideaux au dossier et au pied du lit, me laissant un tout petit espace pour me glisser précipitamment sous mon toit de mousseline, mais qui, malheureusement trop bas, donnait à mes ennemis une grande facilité pour s'attaquer aux parties saillantes, au nez surtout.

Dégoûté de la vie d'hôtel, je vivais seul, ayant fait d'une belle toilette en marbre blanc une table à manger; on m'achetait des conserves, des bananes, des oranges. Mais à chaque repas il fallait un certain temps pour écraser les fourmis qui se glissaient dans le pain, les fruits, le sucre. Le soir arrivé, si je voulais prendre un peu le frais, quand il y en avait, je voyais en face de mes fenêtres une chambre s'éclairer, une guitare et une flûte s'accorder ; puis deux voix lamentables psalmodiaient des romances sur des airs d'enterrement. Ces chanteurs funèbres s'attendrissaient, roulaient ou levaient les yeux au plafond. Le sentiment les débordait, cela durait jusqu'à deux heures du matin. Dans de pareils moments, si quelqu'un se fût approché de moi j'aurais mordu....

Ne me souciant pas beaucoup de me lier avec des personnes que du reste je devais quitter bientôt, je vivais presque toujours seul quand je n'allais pas en soirée. A la tombée de la nuit, je montais aussitôt cette petite colline où se trouvent les signaux, et qui est dans la ville même. Je me suis laissé dire que si on la supprimait la ville de Rio y gagnerait beaucoup, car elle est un obstacle pour les courants d'air, qui se répandraient partout. Cela rapprocherait en outre les distances, en permettant de faire des rues là où aujourd'hui se trouve un obstacle, ce qui rend les communications quelquefois très-difficiles par la longueur du chemin qu'il faut faire pour aller d'un point à un autre. L'opinion générale est que la fièvre jaune cesserait dès lors ses apparitions. Une compagnie anglaise a proposé, toujours à ce qu'on dit, de faire abattre la montagne, ce qui ne serait pas difficile : le terrain est peu solide, si bien que chaque année les pluies en emportent une partie, et que pour réparer ces dommages annuels il en coûte beaucoup plus d'argent qu'il n'en faudrait pour payer les expropriations; la compagnie ne demanderait, pour se dédommager, que le terrain conquis sur la mer par les matériaux. Comme ce travail ne se fait pas, il est probable que le gouvernement ne l'approuve pas; donc, la proposition n'est pas bonne : un gouvernement ne se trompe jamais.... Je ne me permets pas d'avoir une opinion sur cette matière, pas plus que sur d'autres de même nature dont on m'a rebattu les oreilles, et j'avoue que si on eût exécuté ce projet j'en aurais été très-fâché, car j'ai passé bien des heures sur la partie la plus élevée du castel, regardant toujours avec admiration l'immensité de cette baie avec ses îles si nombreuses que la vue ne peut toutes les embrasser. Du côté de la mer, la Serra des Orgues se découpe sur l'horizon avec des formes bizarres. Quand j'avais regardé longtemps à la même place, j'allais m'asseoir à quelques pas plus loin, et toujours ce spectacle était nouveau pour moi. La nuit venait peu à peu, la plaine et la montagne se couvraient de feu, la ville s'illuminait à mes pieds.... Quelquefois je m'endormais sur le parapet d'où le moindre faux mouvement pouvait me précipiter à quelques centaines de toises, ou sur un chemin, ou sur un rocher.

Ce goût de solitude m'était venu peu à peu, je ne l'avais pas en arrivant.

Il est d'usage au Brésil de visiter ceux qui arrivent. Il me paraît de bon goût qu'on encourage celui qui ne connaît personne. Aussi je fus amplement favorisé à cet égard; si bien qu'ayant des lettres de présentation, je fus visité les premiers jours par ces mêmes personnes, qui ignoraient que je leur étais recommandé. Je ne tardai pas à être embarrassé sur le choix de mes connaissances. Si je paraissais dans la rue avec l'un de mes visiteurs, un autre me prenait à part et, avec un intérêt que je ne savais pas mériter, me prévenait amicalement d'éviter de paraître en public avec un homme que personne ne pouvait voir, et là-dessus on me disait pourquoi. Le lendemain j'étais également instruit par le premier du peu d'honnêteté du second. — Gardez-vous surtout de lui prêter de l'argent! — Enfin, je fus tellement prévenu de tous côtés, que j'eus peur bientôt de n'avoir plus personne à qui parler.... Et voilà pourquoi j'allais au castel.

Je préférais cette solitude à un café-chantant, seul lieu de plaisir à Rio, excepté le théâtre; je n'allais jamais à l'un et rarement à l'autre. Quant à me promener dans la magnifique rue d'Ovidor, je m'en gardais bien davantage; cependant c'est là réunion de tout ce qu'il y a de plus élégant; c'est là qu'étalant leurs toilettes aux lumières des boutiques, viennent les belles Brésiliennes, suivies, selon l'usage, d'une ou deux mulâtresses, deux ou trois négresses, quelques négrillons et négrillonnes, le tout marchant gravement, mari en tête. Dans ces toilettes, presque toujours de couleurs voyantes, j'aurais pu reconnaître l'esprit d'économie et d'ordre que nos Françaises n'ont pas toujours. Ces couleurs un peu exagérées étaient et sont encore, je le suppose, dans le but de braver le soleil et d'avoir, quand il aura passé là-dessus quelque temps, des couleurs plus tendres, ce qui produit chaque soir un changement de toilette sans nouveaux frais. A l'un des bouts de la rue j'aurais pu entendre une douzaine d'orgues et autant de pianos jouant ensemble, dans le but d'attirer les chalands dans la boutique de celui qui fait le plus de bruit; rien ne m'obligeait à me donner de pareils passe-temps, un peu monotones d'ailleurs; et voilà pourquoi je montais au castel, variant mes plaisirs en grimpant d'un côté et descendant de l'autre.

Je m'étais bien vite lassé de la ville et de ses distractions, puisque de ma fenêtre je voyais tout ce qu'il y avait de curieux.

Peu après mon arrivée j'avais vu la procession de Saint-Georges; tous les grands dignitaires y étaient et faisaient escorte à un mannequin à cheval, cuirassé de pied en cap, que de loin je pris pour un personnage naturel; par hasard, et pour me tirer d'incertitude, les gens chargés de surveiller le saint l'oublièrent un instant, et, à un saut que fit le cheval, il fut sur le point d'être désarçonné.

Quelques jours plus tard passait une autre procession, dans laquelle figuraient de charmantes petites filles de huit à douze ans, habillées à la Louis-quinze, avec des manteaux de soie, de velours, et surtout d'immenses crinolines. Elles dansaient en

Dames brésiliennes à Rio-de-Janeiro.

s'avançant d'un air coquet, paraissant déjà savoir qu'elles étaient les plus jolis ornements de la fête. Par contraste, plusieurs d'entre elles étaient accompagnées par des individus, leurs pères sans doute, marchant presque aussi fièrement, avec des souquenilles de toutes couleurs, leur parapluie dans la main, le cigare à la bouche. Les officiers de l'ar-

Nègre gandin, à Rio-de-Janeiro.

mée, toujours leur bonnet à poil ou leur shako sous le bras, portaient les insignes des saints et des saintes. Un tambour-major, tout rouge des pieds à la tête, précédait les sapeurs en tablier façon tigre. A l'arrière-garde, des nègres tiraient des pétards dans les jambes des curieux.

A Rio, c'est un usage indispensable de toute fête

religieuse ou autre; il y a des jours où on ne peut passer nulle part, sans se voir jeter ces projectiles dangereux, quelquefois sur vos habits, n'importe où, à la grande joie de ces messieurs; plusieurs accidents sérieux ont été les suites de cet amusement national. Il m'aurait été bien agréable de distribuer quelques soufflets quand j'étais l'objet

Nègres gandins, à Rio-de-Janeiro.

de cette fusillade. Les coupables m'ont toujours glissé dans les doigts, et, malgré moi, je riais en voyant leur grande bouche béante, leurs dents blanches et leur air satisfait; je me disais tout bas : pauvres esclaves, ce plaisir ne doit pas vous être envié; cependant, il faudrait tâcher de ne pas me crever les yeux. Ils sont bien drôles ces nègres de

Rio, le pays où ils sont, je crois, le moins malheureux. L'un des premiers jours de mon installation, je quittai malgré moi mon travail, poussé par la curiosité ; j'entendais certains sons étranges répétés d'un bout de la rue à l'autre : c'était tout

Les sapeurs de la garde nationale de Rio-de-Janeiro.

simplement un déménagement. Chaque nègre portait un meuble, gros ou petit, lourd ou léger, selon la chance; tout cela courait à peu près en mesure, en répétant soit une syllabe ou deux, soit en poussant un son guttural. Il y en avait qui portaient des tonnes vides, formant un volume trois fois plus gros que le corps ; à la queue de cette file d'une cinquantaine d'individus, venait un peu plus gravement un piano à queue, porté par six hommes. Au premier rang, l'un d'eux, faisant fonction de chef d'orchestre, tenait un objet ressemblant à une

Nègre portant des provisions, à Rio-de-Janeiro.

pomme d'arrosoir, dans laquelle se trouvaient des petits cailloux : avec cet instrument, le nègre battait joyeusement la mesure ; toutes ces têtes portaient sans le secours des mains, habitude générale des gens de couleur. Un jour, je vis trois femmes causer en gesticulant beaucoup, portant sur la tête, l'une un parapluie fermé, la deuxième une orange,

Déménagement d'un piano, à Rio-de-Janeiro.

la troisième une petite bouteille; c'est à cet usage sans doute de porter tout sur la tête que les négresses doivent d'être généralement bien faites, de porter le buste en avant, et d'avoir dans la marche une dignité que leur envieraient beaucoup de femmes des classes blanches les plus riches.

Négresses, à Rio-de-Janeiro.

J'entendis un jour du bruit sous ma croisée, voilà encore mes diables de nègres qui font leurs farces; mais l'habitude émousse tout, et je ne bougeais pas. Cependant le bruit devenait plus distinct, il me semblait que les voix étaient devenues un moment plus nombreuses; je n'y pus tenir, et je vis une chose à laquelle je ne m'attendais certes pas. Un spahis, arrivé par le dernier paquebot, avait conservé son costume, sans doute pour faire de l'effet, et il en faisait. Entouré d'une centaine de

Nègre portefaix, à Rio-de-Janeiro.

nègres, il avait le poing sur la hanche, l'air aimable du militaire français, et semblait dire : « Tas de mauricauds, en avez-vous vu beaucoup de ficelés comme ça? » A son point de vue, sans doute, c'était de l'admiration qu'il inspirait à la foule qui l'entourait, tandis qu'au mien, il me paraissait qu'on

Une vente d'esclaves, à Rio-de-Janeiro.

se moquait de lui. J'ai vu encore ce militaire une fois ou deux, et puis, je pense qu'il a pris l'habit bourgeois et s'est établi quelque part.

Quelques jours après, le 7 septembre, toute la ville de Rio était sur pied; c'était le jour de l'aniversaire de l'indépendance du Brésil; il y avait de plus, ce jour-là, pour célébrer ce grand événement, une éclipse de soleil. Des centaines de nègres criaient de toute la force de leurs poumons : *Viva l'indépendentia do Brasil!* Ainsi, les pauvres nègres, sans comprendre ce qu'ils disaient, proclamaient l'indépendance d'un peuple dont ils sont esclaves. Inutile de dire que les fusées et les pétards faisaient accompagnement, comme toujours, et que bien des vêtements furent endommagés.

J'ai assisté une fois à une vente d'esclaves dans une boutique, et dans une maison particulière, à la suite d'un décès. Je ne vis pas beaucoup de différence, sinon que dans la boutique le marchand était monté sur une caisse à fromage; dans l'autre vente, un commissaire-priseur debout sur une chaise, un petit marteau à la main; au milieu de guéridons, de fauteuils, de lampes étaient assis cinq nègres et négresses ; je m'attendais à les voir fort tristes: il n'en était rien pourtant. Ces nègres furent vendus, l'un dans l'autre, six mille francs. Un seul acheteur fit l'emplète de deux femmes, d'une table et d'un cheval.

Pendant mon séjour à Rio, on vendit sept nègres appartenant à un maître humain et généreux ; ces pauvres diables, habitués à être traités avec douceur, ne pouvaient s'accoutumer à la pensée d'être esclaves d'un autre maître ; ils se révoltèrent, se barricadèrent; mais, après avoir opposé à une soixantaine de gendarmes une défense désespérée, après avoir été blessés pour la plupart, ils furent conduits à la prison nommée Correction. C'est là que les maîtres mécontents de leurs esclaves les font enfermer et quelquefois punir de la peine du fouet. Du reste les cruautés sont devenues très-rares au Brésil; cela tient peut-être à une cause intéressée; depuis que la traite est abolie, le nègre, qui autrefois coûtait mille ou douze cents francs, coûte six à sept mille francs. En somme, la vie du nègre, au Brésil, est bien préférable à celle de la plupart des malheureux colons auxquels on tient rarement parole; car rien ne ressemble, en réalité, aux promesses que leur font les agents chargés de les arracher de leur pays. On rencontre dans les rues de pauvres gens de tous les pays, pâles, hâves, mendiant leur pain. J'ai vu deux Chinois, dont l'un était aveugle, recevoir l'aumône d'un vieux nègre. Il faut bien des conditions que probablement on ne fait pas connaître à l'avance, pour qu'un colon puisse vivre dans un pays vierge comme le Brésil : pour qu'il puisse récolter et profiter de son travail, il lui faut plus de deux ans; s'il n'est pas soutenu, il est perdu. J'en ai bien souvent rencontré, qui, après avoir vainement employé toutes leurs ressources, revenaient malades, découragés, désespérés. Il faut

Retour d'une vente d'esclaves à Rio-de-Janeiro.

beaucoup de temps pour défricher et rendre la terre propre à produire : peu de gens le savent ; je serais de même, si ma vie, au milieu des bois, ne m'avait appris toutes les difficultés qu'il y a pour s'établir, se faire une existence. D'abord, il est nécessaire d'avoir une baraque pour s'abriter, des vivres pour se nourrir longtemps ; il faut abattre des arbres immenses, attendre quelquefois plus de six mois pour brûler, et débarrasser le terrain. Les souches énormes restent forcément à terre ; partant, pas de possibilité pour la charrue. Les bestiaux n'ont pas de pâturage comme on a du foin en Europe ; il faut planter, et non semer, une herbe nommée capi, remplaçant faiblement le gazon. La végétation violente de cette nature vierge fait pousser de nombreux parasites en peu de temps. Si le capi est brûlé par le soleil, les bestiaux meurent bien vite. Je ne saurais dire au juste ce qu'il faudrait faire pour rendre la vie possible aux colons pendant les premières années, mais je sais bien que j'en ai vu auxquels on ne donnait pas assez ; d'où je conclus qu'en général le sort des nègres au Brésil est préférable à celui des colons. Quand je parle des nègres, je suis loin de faire allusion à ceux des États-Unis. Tout le monde connaît les traitements que ces derniers subissent ; la chasse qu'on leur fait avec des chiens dressés à cet effet !... Au Brésil pourtant le sort le plus doux que puisse espérer un esclave, c'est d'avoir un bon maître ; et encore ce bonheur est bien négatif ; il est toujours traversé par la pensée de le perdre soit d'une manière, soit d'une autre, d'être vendu à un mauvais, et de sentir mille fois davantage son malheur par la comparaison. Puis viennent les séparations inévitables : tel qui a besoin de la mère seulement, n'achète pas la fille. Le mari, de même, voit sa femme s'éloigner d'un côté, lui de l'autre. Ils ont vécu heureux longtemps; la mort ou des intérêts de fortune rendent leur vente nécessaire. Ces réflexions, que bien d'autres ont faites avant moi, m'ont entraîné loin de mon sujet, et j'y reviens, puisque c'est mon voyage que j'ai entrepris de raconter.

J'avais hâte de terminer les portraits de l'impératrice et des princesses. Je refusais toutes les demandes qui m'étaient faites. Je n'avais plus qu'un but : voyager, faire des études et retourner en France au plus vite.

Cependant l'heure de la liberté n'avait pas sonné encore. L'empereur vint un jour voir mes trois portraits terminés, et après m'avoir donné quelques avis sur la ressemblance, il me dit qu'il fallait aussi faire le sien. Je recommençai donc mes promenades à Saint-Christophe, ce qui me valut de devenir un peu plus savant en portugais, parce que je me remis à étudier en chemin.

L'empereur fut toujours pour moi invariablement bon et gracieux, et si je ne dis pas tout ce que je pense à cet égard, c'est également le respect qui me retient.

Je fis le portrait de Sa Majesté en simple tenue

Portrait de l'empereur du Brésil d'après le tableau de Biard.

de ville, mais ensuite je le priai de me prêter son costume de cérémonie, celui qu'il ne porte que deux fois l'année, à l'ouverture et à la fermeture des Chambres. Il voulut bien m'accorder cette faveur, d'autant plus grande que cette fois c'était pour moi seul que je travaillais, désirant emporter ce portrait en Europe. Des nègres du palais de Saint-Christophe m'apportèrent plusieurs malles en fer-blanc (c'est le procédé qui est employé généralement au Brésil pour se préserver des insectes), contenant le manteau de velours vert doublé de drap d'or, la tunique en soie blanche, ainsi que la ceinture, le sceptre, enfin tout ce qui m'était nécessaire.

J'allai immédiatement à l'Académie pour y emprunter un mannequin, ne pouvant, par convenance, mettre les habits de Sa Majesté sur le corps d'un modèle vivant. D'ailleurs, ce modèle eût été difficile à trouver : l'empereur a six pieds moins deux lignes. Le mannequin disponible était de beaucoup trop petit, un autre se trouvait chez un artiste; celui-là remplissait toutes les conditions voulues, mais on ne pouvait me le prêter que dans le cours de la semaine. J'étais fort contrarié que ma demande n'eût pas mieux réussi, ayant dans ma chambre des objets de si grande valeur.

Ce jour-là je rentrai fort tard, ayant dîné et passé la soirée chez M. le ministre des affaires étrangères. Par oubli et par mégarde je m'étais assis plusieurs fois sur ma clef : c'était pour moi presque toujours le présage de quelque petit malheur. La porte refermée, je me trouvais dans un couloir sombre et humide, puis au bout de ce couloir je montais une rampe d'escalier, en face de laquelle était la porte de mon appartement. Il m'arrivait souvent de me dire en montant dans l'obscurité que si quelqu'un voulait me faire un mauvais parti, cela serait très-facile. Le long corridor à l'extrémité duquel se trouvait mon appartement était éclairé, tout à l'autre bout, par une lampe dont la lumière était ce soir-là près de s'éteindre. Je me sentais le cœur serré. « Il n'y aurait rien d'étonnant, me disais-je, que quelques malfaiteurs eussent conçu le projet de faire main basse sur les costumes et les insignes impériaux, et s'ils me rencontraient avant d'avoir dévalisé ma chambre, qui les empêcherait de se débarrasser de moi d'un coup de poignard ou en m'étranglant sans bruit? » Cette idée-là, qui n'était pas autrement extravagante, n'avait rien de bien rassurant. Je dois l'avouer, j'avais peur ; ma main tremblait; je ne pouvais trouver ma serrure, ce qui ne m'était pas encore arrivé. Tout à coup je crus sentir une haleine chaude près de moi; certainement il y avait là un homme; son corps interceptait par moments la faible lumière du corridor. Il était évident que cet individu s'approchait vers moi; il cherchait l'endroit où il devait me frapper pour m'abattre d'un seul coup sans que j'eusse le temps de pousser un cri. Dans ce moment critique, j'eus la force de demander d'un

Une lutte nocturne dans le palais de l'empereur du Brésil

ton qui m'effraya moi-même davantage : « Qui va là? » Ne recevant pas de réponse, je répétai ma question en portugais, même silence. Il est des moments où une détermination est vite prise. Je n'avais pas d'armes. J'avais oublié la clef qui était dans ma poche, et certain d'être tué, je me souvins à propos que j'avais autrefois pratiqué la boxe avec quelque succès; dirigeant donc mon poing fermé à la hauteur du visage de l'assassin, je l'envoyai tomber à quelques pas de moi, puis je me précipitai aveuglément sur lui, et je lui assenai.... Mais le bruit de la chute ayant attiré aux portes du corridor quelques habitants du palais munis de bougies, je fus surpris, hélas! luttant avec un mannequin dont je venais de faire voler la tête et de casser le nez en m'écorchant les doigts. J'appris alors que vers la fin du jour on m'avait envoyé ce mannequin, et les porteurs, ne me trouvant pas chez moi, l'avaient posé près de ma porte. C'était une galanterie du secrétaire de l'Académie, qui, aussitôt après ma visite, avait réclamé pour moi le susdit mannequin à l'artiste qui s'en servait. On s'imagine aisément combien cette ridicule histoire fit rire à mes dépens.

Le portrait de Sa Majesté terminé, je fis demander un nègre pour remporter le mannequin. Les esclaves du palais n'étaient pas gens à se soumettre à pareille besogne; ils allèrent donc chercher un commissionnaire, tout aussi noir qu'eux, mais moins élevé dans l'échelle sociale. Le mannequin était né pour produire de grands effets, car aussitôt que ce pauvre diable vit ce dont il s'agissait, il jeta son panier, enfonça sur sa tête un reste de chapeau de femme qu'il s'était arrangé, mettant le devant derrière, puis prenant, comme on dit, ses jambes à son cou, il se perdit en hurlant dans l'immensité des corridors.

Nègre commissionnaire, à Rio-de-Janeiro.

III

PROVINCE D'ESPIRITO-SANTO

LA RIVIÈRE SANGOUASSOU

III

PROVINCE D'ESPIRITO-SANTO.

LA RIVIÈRE SANGOUASSOU.

Les Indiens. — El senhor X.... — Traversée de Rio à Victoria. — Le navire incendié. — Victoria. — *Tenho patiencia!* — Nova-Almeida. — Santa-Cruz. — Un portique de cathédrale vu de face et de profil. — La rivière Sangouassou. — Scènes et paysages.

Bien des fois j'avais demandé aux Français résidant depuis longtemps au Brésil où il faudrait aller pour trouver des Indiens, et je n'avais reçu aucune réponse satisfaisante. D'après la plupart de ces messieurs, les Indiens n'existaient presque pas, c'était une race perdue; cependant il me semblait qu'il devait en rester un peu quelque part. J'en voulais à tout prix; des nègres j'en avais vu en Afrique. Il y a des nègres à Paris. Je n'y tenais pas. Enfin, un jour, j'appris qu'un Italien, qui habitait depuis une huitaine d'années dans l'intérieur du Brésil, avait acheté des terrains dans les forêts vierges de la province d'Espirito-Santo et faisait le commerce de bois de palissandre. Celui-là devait savoir à quoi s'en tenir sur la question des Indiens. J'exprimai le désir de le connaître et on me promit de me présenter à lui dès qu'il viendrait à Rio. Effectivement, on l'amena dans mon atelier, précisément un jour que je faisais le portrait en pied d'une charmante et spirituelle Brésilienne, la fille du ministre des affaires étrangères. La circonstance était bonne pour mon hôte futur, qui naturellement avait besoin de protection. Je fis de mon mieux pour lui payer d'avance l'hospitalité qu'il était heureux, disait-il, de m'offrir. J'intercédai en sa faveur plus que je ne l'aurais fait pour moi-même, et s'il n'obtint pas tout à fait l'avantage qu'il pouvait tirer de la bonne volonté qu'on voulait bien me témoigner, ce fut un peu de sa faute. Il n'épargna aucune des formules de la reconnaissance la mieux sentie pour me remercier. Je n'avais qu'à me fier à lui pour écarter de ma route tous les embarras du voyage; tout ce qui était à lui serait à moi et il s'empresserait de mettre son logis et tout son monde à ma disposition. Ce qu'il appelait tout son monde était des Indiens. J'étais enchanté. Il fut décidé que je m'engagerais dans les contrées les plus sauvages sous la direction et la protection du senhor X....

Sur le point de partir, il me vint en tête de faire une chose dont je n'avais aucune idée : de la photographie. J'achetai des instruments dépareillés, des produits avariés, plus un livre que j'étudierais en route.

Le 2 novembre, nous nous embarquâmes sur le navire *le Mercury*, traînant à notre remorque un petit vapeur destiné à remonter le fleuve du même nom. La mer était mauvaise; il ventait. Ce navire retardait visiblement notre marche. La plupart des passagers étaient des colons allemands allant grossir le nombre de leurs compatriotes déjà installés sur les bords du fleuve. Notre navire n'était pas très-grand, et plusieurs de nous couchaient dans des espèces d'armoires construites sur le pont. J'étais dans l'une d'elles, et comme le roulis était très-fort, j'avais pris le parti de rester dans la position horizontale toute la journée; ce n'était pas précisément cette seule cause qui me retenait couché : j'étais malade depuis quelque temps par excès de travail et aussi à cause de la façon dont je vivais, mangeant beaucoup de fruits et de salaisons. Depuis quelque temps déjà le sommeil m'avait abandonné, et, ainsi que tout le monde me l'avait dit, il était temps de quitter la ville. A l'entrée de l'hiver la terrible fièvre jaune fait fuir tous ceux à qui leur position de fortune le permet. Cependant la troisième nuit de notre navigation le sommeil, dont je ne connaissais plus depuis quelque temps les douceurs, venait de me surprendre, quand une détonation épouvantable m'éveilla en sursaut : une grande lueur paraissant sortir de la mer refléta sur nos mâts et nos cordages un éclat sinistre; des cris se firent entendre à bord du navire auquel nous étions liés; à ces cris succédèrent des gémissements, à la lumière rougeâtre succéda aussi l'obscurité la plus profonde. Des embarcations furent mises à la mer, malgré le danger qu'il y avait de les faire couler bas.

Il fallut un peu de temps pour être en mesure d'aller apprendre la nature du sinistre. Il faut savoir que les navires brésiliens sont en partie composés de matelots nègres; le service ne s'y fait pas très-promptement, malgré la bonne volonté des officiers. Un homme se plaça près des amarres, une hache à la main, et, malgré le vent et l'obscurité, je vis s'éloigner enfin une première embarcation, qui se perdit tout à fait dans les ténèbres les plus épaisses; l'autre ne put quitter le bord : elle fut repoussée avec force par les lames et fut sur le point d'être brisée.

On voyait avec effroi des petites étincelles s'élever de seconde en seconde au-dessus du navire. Bien loin de nous alors nous entendions un bruit confus, des plaintes lointaines; le vent les emportait; des voix lamentables, se mêlant au bruit des flots, venaient d'instant en instant porter le trouble dans

Incendie en mer.

nos âmes. Enfin, un point s'éleva entre deux lames, se perdit, reparut, et, au milieu d'un silence de mort, nous vîmes hisser vers nous trois corps n'ayant presque plus forme humaine. Nous apprîmes alors que, pour ne pas retarder la marche de notre navire, les hommes qui étaient à bord du petit bâtiment remorqué, avaient chauffé outre mesure, ce qui avait fait éclater la chaudière. Un incendie commençait à se propager quand, heureusement, les matelots de l'embarcation arrivèrent assez tôt pour l'éteindre en coupant quelques parties déjà endommagées, et en donnant les premiers secours à leurs malheureux camarades. Ces hommes n'étaient pas morts, comme on l'avait cru d'abord; on les enveloppa dans des draps humectés avec de la cachassa, eau-de-vie de canne à sucre. La douleur les rappela à la vie, on les coucha avec le plus grand soin. Il fut décidé qu'on les déposerait à Victoria. Le docteur du bord espérait en sauver deux ; le troisième, un nègre, n'était qu'une plaie de la tête aux pieds. Celui-là non plus ne mourut pas; je le revis longtemps après ; sa peau était tigrée. En le retrouvant ainsi, j'ai appris une chose que j'aurais sans doute toujours ignorée, c'est que les brûlures sur les peaux noires deviennent blanches.

Cette triste aventure nous avait fait perdre bien du temps : car, pour permettre aux embarcations d'aller au petit vapeur, il avait fallu arrêter la machine, et quand nous pûmes reprendre notre marche, ayant de nouveau une charge à remorquer, mais bien plus lourde cette fois, puisqu'elle était complétement inerte, il fallut mouiller en pleine mer pour ne pas aller nous briser en essayant d'entrer à Victoria pendant la nuit.

Ce fut seulement vers huit heures du matin que nous arrivâmes, et, bien avant d'entrer dans la ville, on échangea quelques paroles avec un personnage monté sur un affût de canon et armé d'un porte-voix. Nous passions devant la forteresse, et je ne sais si c'est un effet d'optique, mais le drapeau qui flottait au-dessus me parut plus grand que la forteresse elle-même.

Mme la comtesse de Barral avait eu l'obligeance de me faire donner des lettres de recommandation; car au Brésil, où souvent on ne trouve pas un gîte en payant, l'hospitalité devient une nécessité, et personne ne la pratique aussi noblement que le Brésilien.

Je ne m'attendais certes pas, en débarquant à Victoria, de trouver des compatriotes. Cependant deux Français étaient sur le quai, attendant l'arrivée du vapeur; j'avais dîné à Rio avec l'un, je ne connaissais pas l'autre, mais une bonne et engageante physionomie me prévint de suite en sa faveur. Le brave M. Pénaud, après avoir essayé divers moyens de faire fortune, avait eu l'idée de se faire boulanger, il avait réussi. L'autre avait obtenu des terrains et allait coloniser.

Mon hôte italien alla s'enquérir par la ville d'un

Le drapeau de la *Fortalesca* dans le port de Victoria.

hôtel. Il y en avait un, et quel hôtel! et surtout quel lit! Je fis mettre un matelas sur un billard, et, au grand désappointement de quelques habitués, je coupai court aux réclamations en tirant un verrou qui eût pu rivaliser avec ma clef du palais. Brisé de fatigue par ma désagréable navigation, par des émotions qu'il est facile de comprendre, j'aurais dormi je crois sur mon billard, même sans matelas, lorsque vers huit heures du soir des cris, ou plutôt des hurlements qui n'avaient rien d'humain, me firent sauter brusquement à terre, et me poussèrent à la fenêtre, d'où je pus voir une foule se dirigeant vers un grand bâtiment. Ces cris étaient les chants religieux d'une troupe de gens de couleur, qui sont coutumiers du fait, et qui en hurlant se figurent qu'ils chantent leurs prières.

Le lendemain, mon hôte futur vint avec moi présenter mes lettres de recommandation, au président de la province, au chef de police et à quelques riches particuliers. Dès le début, je vis avec plaisir que le signor X.... savait tirer parti de tout; cela me donna bonne opinion de lui. Ces lettres me concernaient particulièrement, et quand on les avait lues il me traduisait quelques mots de compliments, d'offres de services, puis, sans transition et longuement, il entretenait ces messieurs de ses intérêts, se recommandait à leur bienveillance, leur expliquant avec détail les projets merveilleux qu'il avait, dans la seule pensée d'être utile au pays. Cela fait, nous partions, moi me demandant si c'était bien le but que

Mme la comtesse de Barral s'était proposé en prenant la peine de demander pour moi à de hauts protecteurs ces lettres dont un autre se servait à son profit.

Cependant je dois reconnaître que grâce à l'une de ces épîtres bienveillantes, on nous prêta des chevaux pour nous porter et un nègre pour les ramener du lieu où nous nous proposions de nous rendre. Nous devions laisser nos bagages à Victoria, où, dès notre arrivée à Santa-Cruz, on enverrait des canots pour les prendre. Ne partant pas immédiatement, j'allai courir la ville et les environs. Là je vis pour la première fois des Indiens agglomérés dans une sorte de faubourg. Ces Indiens sont assez nombreux; ce qu'ils habitent ne pourrait s'appeler une maison, ce n'est pas non plus une case; ceux-là, pour mon goût, étaient déjà trop civilisés. J'entrai dans plusieurs de ces habitations; dans presque toutes, les femmes faisaient de la dentelle de fil; dans toutes, une perruche était attachée à un bâton fiché dans le mur. Je vis dans cette promenade quelques perroquets à l'état sauvage.

Le lendemain les chevaux étaient à notre porte; on n'avait oublié que les selles, et pour se les procurer il avait fallu courir de nouveau, ce qui n'est pas toujours facile, certains quartiers étant sur des hauteurs; les rues bien souvent ne sont que des rochers sur lesquels on glisse à chaque pas. Enfin, après bien des demandes qui avaient été renvoyées d'une maison à une autre, après avoir entendu répéter mille fois, avec des gestes de désespoir, par mon compagnon : *um cavallo sam sellim!* et chacun de répéter en s'en allant, en levant les yeux au ciel, *um cavallo sam sellim!* Aucun n'oubliait de nous consoler par ces deux mots, qui sont le fond de la langue portugaise, comme le *goddem* en Angleterre, le *dam* en France : *Tenho patiencia.*

Ce malheur qui nous frappait étant devenu presque une calamité publique, des officieux se répandirent de tous côtés, et deux selles ornées de leurs étriers nous furent apportées triomphalement, et nous partîmes, cette fois, tout de bon.

Le pays que nous parcourûmes dans la première journée était loin de ressembler à celui que j'avais rêvé. La nature, bien loin d'être vierge, avait déjà subi de grandes modifications. Nous passions au milieu de défrichements entrepris depuis longtemps et abandonnés. Souvent il nous fallait entrer dans l'eau avec nos chevaux, et malgré toutes les précautions on se mouillait, nos montures enfonçaient jusqu'au ventre, il fallait se mettre presque à genoux; une fois, étant resté en arrière, quand je voulus traverser une grande pièce d'eau, je ne pris pas le bon chemin, mon cheval fut forcé de nager un instant. Le bain fut complet; malheureusement l'eau était sale, sans cela j'en aurais pris parfaitement mon parti, car la chaleur était grande. Je souffrais beaucoup des pieds, les étriers, selon la coutume du pays, étant si étroits que je ne pouvais y placer que le petit bout de mes souliers. Le cheval de mon hôte avait plusieurs fois bronché et avait failli souvent s'enfoncer quand nous passions au milieu de ces marais que nous rencontrions trop souvent, ce qui fit qu'après nous être reposés quelques instants dans une baraque, mon compagnon eut la complaisance de monter mon cheval, dans l'intention de m'être agréable, étant, disait-il, habitué plus que moi à ces sortes d'étriers; il est vrai que mon cheval était solide. Je fus sensible à cet intérêt, qui me faisait troquer une bonne monture contre une mauvaise.

On nous avait donné pour collationner en route un pain dans lequel on avait mis des tranches de saucisson. La pâte était si épaisse que, le saucisson aidant, j'aurais, après en avoir goûté, donné tout au monde pour un verre d'eau ; non pas de cette eau fréquentée par les chevaux, les bœufs, etc., mais de l'eau fraîche et pure. Je laissai mon hôte marcher devant, et ayant appelé près de moi notre conducteur nègre, je tâchai de lui faire comprendre, en mauvais portugais, que j'avais soif; il comprit sans doute une partie de mon discours, car peu de temps après il me fit remarquer à une petite distance quelque chose de blanc à travers les grandes herbes au milieu desquelles nous étions alors. De l'eau! de l'eau! et me voilà parti au galop. Le petit fugitif du navire *le Tynes* me revint forcément à la pensée, car, hélas! ce que je vis c'était un bras de mer dont l'eau salée ne me convenait pas.

Le naturaliste à cheval.

Le souvenir récent du Bruant mourant de soif au milieu de l'eau n'était pas le seul qui alors se présentait à ma pensée. Je me rappelais le premier jour d'une traversée dans le désert, en compagnie d'Anglais. Au déjeuner on avait mangé des crevettes et bu du champagne. Vers midi la soif s'en mêla ; on commençait à sentir la valeur d'un verre d'eau, et on se dirigea gaiement vers un beau lac reflétant d'une manière très-distincte quelques palmiers semés çà et là dans le sable. Quel fut notre désappointement, c'était le mirage ! Toutefois on en prit assez bien son parti, car plus loin c'était de l'eau tout de bon. Un troupeau de jeunes chameaux trébuchant sur leurs longues jambes en passaient si près qu'ils se doublaient d'une façon très-distincte dans cette eau transparente comme un miroir : hélas ! c'était le mirage encore, devant nous, derrière nous, à côté, toujours ces lacs fantastiques. Le soleil abattait notre courage, et pourtant, sûrs d'être trompés encore, nous nous trompions toujours, car on se disait : si pourtant cette fois c'était de l'eau. C'est ainsi que se passa cette première journée, commencée avec des crevettes et du champagne.

Maintenant la pâte au saucisson avait produit le même besoin, et le lieu ne donnait pas davantage la possibilité de le satisfaire. Quelques Indiens attendaient là avec des canots, car de Santa-Cruz à Victoria, c'est, je crois, le seul passage. On attacha nos montures à l'embarcation, et cette petite traversée se fit sans accident. Comme nous étions mouillés, l'inconvénient de remonter à cheval fut peu de chose, nous avions la chance de prendre d'autres bains forcés.

J'avais déjà remarqué de magnifiques insectes; quelques-uns voltigeant, d'autres posés sur les feuilles. Je fis venir mon nègre près de moi, et alors la monotonie du terrain s'effaça, car je commençai une chasse qui devint très-fructueuse, non-seulement par les individus que j'indiquais, mais par ceux que le nègre découvrait lui-même, avec cet instinct de bête fauve, cette justesse de coup d'œil qu'ont ordinairement les gens de couleur.

Tout en collationnant, nous avancions malgré les flaques d'eau; il nous fallut entrer plusieurs fois dans de très-petits sentiers ombragés, et en ressortir pour marcher un certain temps au bord de la mer. Là, nouvelle chasse, nouveau rudiment de collection; après les insectes, venaient les coquillages. Si je n'apaisais pas ma soif, du moins ces distractions me la faisaient oublier autant que possible.

Enfin, nous aperçûmes de la fumée entre les arbres, il était temps d'arriver; ce n'était pas le tout, il fallait descendre de cheval; j'étais brisé de cette première course; de plus, celui-ci que m'avait si obligeamment substitué mon hôte se trouvait, par hasard, très-vicieux, ce dont sans doute il ne s'était pas aperçu; cela m'avait tenu sur mes gardes et avait ajouté à la fatigue causée par le soleil et une marche forcée; quand je voulus mettre pied à terre, j'y trouvai une grande difficulté. Les étriers étaient trop bas, mon compagnon les avait accommodés pour ses jambes, plus grandes que les miennes. Et, comme je ne voulais pas réclamer des services qui eussent fait rire à mes dépens, je profitai de la nuit pour faire tous les efforts, accompagnés de grimaces qui en étaient la conséquence, et qui pourtant furent, au bout d'un quart d'heure, couronnés d'un grand succès, car je tombai enfin sourdement à terre. Nous étions dans le village indien de Nova Almeida, habité jadis par les jésuites. Au milieu de la place, il y a encore une grosse pierre à laquelle ils faisaient attacher les Indiens coupables de quelque délit. Leur influence et l'empire qu'ils avaient pris sur ces pauvres sauvages, à peine instruits des premières notions du christianisme, étaient tels qu'ils se sont perpétués dans cette province de génération en génération, en se reportant sur les padres dont les Indiens respectent profondément les arrêts.

Ma première action, comme on peut le penser, avait été, en me relevant, d'aller boire et me laver dans une fontaine, où je restai quelque temps, ne pouvant me rassasier de cette jouissance tant désirée. Après ce bain, car à peu de chose près je puis nommer ainsi les innombrables immersions que je m'étais prodiguées, je commençai à songer que l'heure du dîner était déjà passée depuis longtemps. Avec la fatigue de la route, et la disparition de la pâte, dont j'avais donné la moitié à deux chiens que j'avais rencontrés, l'appétit m'était venu; mon hôte avait une connaissance dans le village, il vint me dire qu'on nous donnait un lit, mais, quant à manger, le maître du logis étant pauvre, il y aurait de l'indiscrétion à demander la moindre chose. Il en parlait d'autant plus à son aise qu'il avait mangé religieusement sa ration de pâte ; je l'avais

Bain dans une auge.

surpris grignotant quelque chose, enfin il pouvait attendre. Pour moi, je me disposai à aller rôder dans le village, pour demander l'aumône de quelque morceau de pain ; il me pria de n'en rien faire, sous peine de mécontenter celui qui nous donnait si généreusement l'hospitalité ; c'était son compatriote. — Mais ne vous inquiétez pas, dit-il, au point du jour nous ferons des provisions avant de nous mettre en route. — Je trouvais bien que c'était dur de se coucher ainsi sans souper, surtout quand on n'a pas dîné. Il me semblait déjà bien un peu que le compagnon, dans les mains duquel je m'étais mis si légèrement, n'avait pas précisément tous les égards que, dans un cas pareil, j'aurais eus pour lui; mais j'étais engagé, il fallait en prendre mon parti.

Le lendemain, fidèle à sa promesse, il vint frapper à ma porte à trois heures du matin : ne voulant pas le faire attendre, je fus vite sur pied; j'allai seller mon cheval, et quand je rentrai dans la maison, le signor X.... n'y était plus; je le cherchai inutilement. Heureusement, je n'avais pas oublié ce mot : *Tenho paciencia*. J'attendis jusqu'à sept heures, puis je me mis de nouveau à parcourir le village où sans doute il avait des connaissances qui lui faisaient oublier que j'étais prêt depuis quatre heures. Je commençai à concevoir quelque crainte, quand on le trouva sur son lit dormant d'un sommeil profond. Il est inutile de dire que je lui fus de plus en plus reconnaissant.

La route, comme la veille, se fit moitié sur le sable de la mer, moitié sous les arbres des sentiers. Mais à mesure que nous avancions le pays prenait un aspect plus pittoresque; je vis ce jour-là, pour la première fois, des orchidées accrochées aux arbres. Nous passâmes entre des espèces d'allées bordées de cactus géants dont la tige a quelquefois trente à quarante pieds de hauteur; c'est par elle qu'on remplace le liége; on la vend par morceaux dans les marchés de Rio ; et comme personne ne m'avait prévenu, j'en apportai une provision avec moi. Si elle était légère, par compensation elle tenait beaucoup de place. Comme le jour précédent, mon compagnon marchait devant; je le laissai aller, et, toujours accompagné de mon nègre, devenu passionnément entomologiste et conchyliologiste, je continuai mes collections sans descendre de cheval. On avait déjeuné assez bien avec des haricots et de la *carne secca;* par précaution, on avait pris non-seulement du vin, mais encore une cruche d'eau, fort à propos cette fois; car nous rencontrâmes ce jour-là plusieurs sources d'eau très-fraîche. La chaleur était, vers le milieu du jour, devenue accablante, et c'était avec bien de la peine que je me voyais forcé de quitter l'ombre pour regagner le bord de la mer. Je me ressentais encore de mes souffrances de Rio, ayant le principe peu rassurant d'une maladie qui dans les pays chauds devient souvent mortelle; il me tardait d'arriver. Le reste de mon voyage devant se faire en canot, je fus bien heureux quand j'aperçus au loin, de la plage où nous étions, un clocher se dessinant sur le ciel; ce ne pouvait être que Santa-Cruz. J'allais trouver le *far niente* pour quelques jours, puisqu'il fallait attendre le départ et le retour des canots qui apportaient nos bagages. Comme on ne m'avait pas prévenu que j'allais dans un lieu important et que je pensais que Santa-Cruz était tout bonnement un village indien, ce ne fut pas sans étonnement que je vis une église imposante au premier aspect. Il fallait rentrer sous les arbres pour arriver dans la ville, et quand nous

L'église de Santa-Cruz vue de face.

débouchâmes dans la plaine, je vis bien des huttes couvertes avec des branches de palmier, quelques maisonnettes peintes à la chaux ; je vis bien des pêcheurs, des femmes couleur de pain brûlé, vêtues de robes orange, roses, jaunes, et marchant nu-pieds; par-ci par-là quelques messieurs en habit noir, en cravate blanche et les mains sales.

Quant au clocher, il avait disparu, et cependant, comment pouvais-je m'y tromper? il avait la forme ordinaire des clochers espagnols, portugais et brésiliens. J'avais bien remarqué de loin à l'aide de ce soleil qui fait distinguer une mouche à cent pas, qu'il était peint en blanc, qu'il avait des ornements, des vases sculptés et des cloches; j'étais d'autant plus sûr de l'existence de celles-ci que je les avais entendues. Que penser de l'absence d'un objet que je n'avais certes pas rêvé. Ne pouvant demeurer dans cette incertitude, je me décidai pourtant à demander à mon compagnon le mot de cette énigme : il me montra un mur de trois pieds d'épaisseur que j'avais déjà remarqué à cause de sa hauteur, mais dont je ne m'étais pas occupé, étant à la recherche du monument devenu invisible pour moi. J'allais émettre un doute bien naturel sur la réponse de mon voisin, mais nous étant encore rapprochés, tout un poëme se déroula devant mes yeux, et je vis le chef-d'œuvre le plus complet de l'orgueil, dans sa plus naïve expression. Ce mur était bien effectivement l'église destinée à faire de l'effet sur le vulgaire, car si, de profil il n'avait que trois pieds d'épaisseur, par devant il avait la forme d'une façade. Au travers des fenêtres supérieures se voyaient deux cloches laissant soupçonner celles qu'on ne voyait pas. Des ornements, des vases sculptés donnaient à ce monument un extérieur grandiose, préface des richesses d'art qui ne pouvaient manquer de décorer l'intérieur. Voilà ce que j'avais entrevu : et voici ce que je vis placé d'un autre côté. Ce mur si bien orné de face était

L'église de Santa-Cruz vue de profil.

seul; il était étagé par des contre-forts qui le défendaient contre le vent; ceux qui étaient entrés dans l'épaisseur du mur en montant les marches de cette cathédrale, en redescendaient par derrière pour rentrer dans l'église, triste baraque un peu plus grande que les autres cases. Ceux qui avaient vu les cloches dans l'intérieur du clocher, quand ils étaient placés devant la façade, pouvaient voir, du profil un échafaudage de maçon, sur lequel le sonneur était placé commodément pour carillonner. On avait si bien fait les choses uniquement pour la gloriole, que l'épaisseur du mur du côté de l'arrivée était seule enduite de plâtre; le revers n'offrait aux yeux que des pierres brutes, mais qu'importe? l'honneur, ou plutôt l'orgueil était satisfait.

Mon hôte avait une petite maison dans la ville; mais tellement encombrée de caisses, de paquets, que, ne voulant pas les déranger, il emprunta pour moi, à un voisin, une grande pièce humide servant de magasin à plâtre. On balaya la place de mon matelas, et on me fit une toilette d'un tonneau de morue.

Pendant qu'on prenait ces soins, je crus pouvoir me mettre à l'aise, malgré la somptuosité de l'église, malgré quelques habits noirs portés par des individus qui sont des personnages, puisque, dans leur boutique, on trouve des vases toujours ébréchés, de la poudre toujours avariée, des allumettes invariablement humides.

Malgré toute l'apparence aristocratique des habitants de Santa-Cruz, j'eus l'inconvenance de me débarrasser de mes bottes, et de m'en aller promener sur l'herbe qui croît abondamment dans les rues ; et de là, sur le bord de la mer, pour me coucher sur le sable, sous des mangliers que j'avais aperçus de loin. J'avais la faiblesse de croire encore qu'on peut dormir en plein air au Brésil; à peine étendu, je fus assailli par des insectes de toute espèce : le moyen de fermer l'œil, ce dont pourtant j'avais grand besoin? Je quittai donc ce lieu forcément, et je revins me mettre sur le matelas qui m'avait été préparé ; et comme on venait de balayer la place, ainsi que je l'ai dit, il me fallut supporter un nuage de plâtre. Mon hôte, dont l'extrême convenance ne se démentit jamais, vint m'apprendre avec empressement que MM. les marchands avaient deviné de suite que j'étais ou un colon, ou un nouveau domestique destiné à remplacer sa cuisinière, dont il n'était pas content. Comme on le pense bien, il me fut très-agréable d'apprendre quelle place flatteuse j'occupais dans l'opinion publique.

Le lendemain de notre arrivée, on avait envoyé chercher des Indiens pour nos bagages restés à Victoria. Malheureusement le temps était contraire ; de légers canots formés par un tronc d'arbre ne peuvent lutter contre le vent ; il fallait attendre. Je fis alors connaissance avec le padre, jeune homme sans préjugé, ne reculant pas devant quelques bouteilles de porto et d'eau-de-vie, pas plus que devant beaucoup d'autres choses. Mais comme après quelques jours il avait déclaré à ceux qui m'avaient méconnu que je paraissais avoir quelques connaissances sur diverses matières, quoique Français, je bornerai là mes observations. Mon padre me prêta un fusil, et munis de poudre et de plomb, nous partîmes un jour de très-grand matin pour une partie de chasse dans laquelle nous fîmes assaut de maladresse. Si depuis ce temps je suis devenu excellent chasseur, ne faisant jamais un pas sans mon fusil, par agrément d'abord, puis plus tard par nécessité, il n'en était pas encore ainsi. L'éloignement pour la chasse m'était venu autrefois à la suite d'un accident où j'avais presque tué un de mes compagnons.

Me doutant instinctivement qu'il viendrait une époque où j'aurais besoin d'adresse, j'allais tous les jours dans la campagne m'exercer en tirant à la cible; si bien que quand arriva notre départ, j'étais en mesure de faire des merveilles.

Le vent toujours contraire fit retourner les Indiens dans la montagne en attendant un changement. Pendant ce temps j'allais de case en case, regardant tout, me faisant expliquer l'usage de chaque objet, me promenant sur la plage et cherchant des coquillages, toujours suivi par une bande d'enfants qui, dès qu'ils eurent compris ce que je cherchais, se mirent à leur tour à l'ouvrage. C'est ainsi que, par le moyen de leurs yeux, meilleurs que les miens, je trouvai un petit espace tout rempli de coquillages microscopiques dans un état parfait de conservation. Grâce à mes aides en histoire naturelle, j'augmentai ma collection d'insectes. Plusieurs même, ayant pris au trébuchet des oiseaux, vinrent me les offrir. Je n'étais plus un étranger pour eux;

mais si je gagnais en importance auprès des Indiens grands et petits, j'en perdais auprès des blancs, ce dont je me souciais fort peu.

On sait déjà que la ville de Santa-Cruz possède la devanture d'une cathédrale. Je n'y ai pas vu d'autre monument digne d'être cité, sinon une fontaine nouvellement construite. Le reste est peu de chose : des maisonnettes placées sans symétrie, de l'herbe poussant partout dans les rues, un petit port abrité par des brisants. Pendant mon séjour forcé, j'entendais chaque jour les équipages de trois navires en chargement de bois chanter des airs bien monotones, soit en virant au cabestan, soit en hissant des pièces de bois. J'avais pris le parti, quand j'étais forcé de passer près de là, de me boucher les oreilles, afin de ne pas retenir ces notes dans ma mémoire ; vaine précaution, car aujourd'hui, en écrivant, je m'aperçois que je les chante d'inspiration. Généralement ce sont des bois de palissandre qu'on envoie à Rio, et de là en Europe ; on les nomme dans le pays jacarandas.

Les possesseurs de terrains qui font ce commerce se bornent plus spécialement à cette espèce ; on n'apporte de l'intérieur à Santa-Cruz que les troncs coupés à la hauteur des premières branches. Là on les scie en deux avant de les embarquer.

Le temps étant devenu favorable, on envoya chercher les Indiens. Il fallut courir de plusieurs côtés ; ils vinrent avec répugnance, et je vis que ce voyage ne leur plaisait pas plus que celui qui les envoyait. Mon Italien paraissait ne pas jouir parmi eux d'une bien grande considération. Les canots partirent enfin; le vent fut excellent pour aller, mais, comme il ne changea pas pour revenir, ce fut autre chose au retour.

Trois semaines se passèrent. Chaque jour je consultais le vent : toujours le même. Enfin, arriva celui dont nous avions besoin. Les canots revinrent, mais dans quel état! Nos effets détériorés, nos malles pleines d'eau. On ne se donna pas le temps d'attendre, et le jour de l'arrivée fut celui du départ, et cette fois c'était pour longtemps. Trois canots furent chargés des divers effets. J'en avais apporté de Victoria, sur lesquels il fallut se placer d'une façon assez incommode. Ce que voyant, mon hôte, et toujours dans mon seul intérêt, alla se mettre dans un autre canot, me laissant dans le mien, qui était le plus encombré.

Nous remontions à force de rames la rivière de Sangouassou, encore sous l'influence de la mer, ce qui était facile à voir, car des forêts de mangliers s'étendaient avec leurs racines entrelacées bien avant dans l'eau. Une demi-heure après le départ, des grains, répétés de quart d'heure en quart d'heure, vinrent fondre sur nous; mon parapluie fut cassé, mes malles inondées, et le canot rempli de telle sorte que si un des Indiens ne se fût empressé de le vider, nous eussions coulé bas inévitablement. N'ayant sous la main ni écope ni vase pour ce cas urgent, il eut l'heureuse idée de se servir d'un

– Entrée de la rivière de Sangouassou.

verre, en même temps que les autres poussaient le canot à terre.

Nous arrivâmes heureusement, et nous attendîmes que le temps devînt meilleur. N'ayant plus à craindre un bain forcé, j'employai la demi-heure que nous passâmes accrochés à un rocher, à calculer combien de jours il eût fallu pour vider notre embarcation avec le verre dont s'était servi notre Indien, et il me fut démontré que trois eussent suffi.

Enfin le ciel devint bleu, et nous continuâmes notre route. Nous approchions cette fois des bois vierges. La rivière était large; de loin je voyais de grands oiseaux blancs, c'étaient des aigrettes, des hérons à bec couleur bleu de ciel et ornés de panaches retombant de chaque côté de la tête, des martins-pêcheurs géants, etc.

Près de nous passa une petite pirogue montée par un jeune couple, le mari au gouvernail, la femme placée au milieu, tenant dans ses bras un buisson servant de voile. C'était un charmant sujet de tableau; ce petit canot, poussé ainsi par le vent, disparut en peu de temps.

Je touchais enfin à ces forêts vierges tant désirées. J'allais voir cette nature à peu près inconnue où jamais la hache n'a passé. Les pieds humains n'ont pas foulé cette terre. Il me semblait qu'une vie nouvelle s'était révélée à moi; cette tendance à saisir le côté ridicule de ce que j'avais vu jusqu'alors faisait place à des pensées graves, à

10

un recueillement presque religieux; chaque coup de rame, en me rapprochant davantage de ces scènes grandioses, effaçait peu à peu le souvenir du passé. La rivière se rétrécit sensiblement, les deux bords se rapprochent, les mangliers disparaissent, l'eau douce remplace l'eau salée, des plantes aquatiques cachent le rivage, puis viennent des arbres immenses, tout couverts de parasites en fleurs, de ces orchidées nommées si justement les filles de l'air, vivant sans racines, suspendues souvent à des lianes, sans qu'il soit possible de comprendre comment et pourquoi le hasard les a placées là.

Le lit de la rivière devient peu à peu si étroit qu'il est nécessaire de se baisser afin d'éviter les arbres penchés par l'action de l'eau, qui a ôté à leurs racines leur point d'appui. A chaque instant nous passons sous des arcades formées par des myriades de palmistes aux troncs si frêles, si élancés, qu'il semble, en les voyant de loin, que le moindre souffle de vent doive les briser.

Mon hôte ne comprenait pas mon admiration quand je m'extasiais à la vue des formes bizarres que les plantes grimpantes chargées de fleurs donnaient aux arbres qu'elles enveloppaient, au point de leur faire prendre toutes les figures que l'imagination la plus riche puisse concevoir. Ce n'étaient pas seulement les sensations que j'éprouvais qui me faisaient voir des temples, des cirques, des animaux fantastiques, effacés à chaque pas que nous faisions pour être remplacés par d'autres images; car, dans

La rivière Sangouassou.

cette partie de la rivière, chaque arbre était devenu la proie des lianes, qui l'enlaçaient de tous côtés, montant jusqu'à son sommet, redescendant en grappes entrelacées, puis remontant pour redescendre encore, formant de toutes parts des réseaux inextricables, toujours verts, toujours fleuris.

Du sommet de ces arbres tombaient, comme les cordages d'un navire, d'autres lianes, tellement régulières qu'on les eût prises pour des œuvres d'art; à ces lianes se pendaient des familles de ouistitis que notre présence ne faisait pas fuir, et qui nous regardaient avec curiosité en poussant de petits cris pareils à des sifflements.

A toutes choses il y a des contrastes. C'en était un que ces affreux crabes qui à notre approche s'enfuyaient à grand effort de leurs pattes formées de pinces formidables, et ces crapauds de la grosseur d'un chat, dont le regard est pourtant si doux, sous une enveloppe repoussante. Il vint un moment où d'un côté nous aperçûmes une clairière. On avait abattu les arbres en défrichant, mais on en avait laissé une rangée debout. La rivière, ainsi préservée de l'éclat du soleil, devenait le lieu du monde le plus agréable pour le baigneur : un sable fin et jaune comme de l'or m'invitait à profiter de l'occasion, mais ce fut un désir qu'il me fallut cette fois réprimer, nous étions arrivés au terme du voyage.

Mes impressions poétiques se dissipèrent tout à coup en mettant pied à terre. Je vis d'abord sur un coteau une case plus grande que celles des Indiens de Santa-Cruz, un grand terrain plat, coupé par des flaques d'eau et couvert d'une mauvaise herbe, puis, aussi loin que ma vue pouvait s'étendre, des bois vierges, dont l'aspect ne m'intéressait plus. Pour faire le défrichement dont je viens de parler on avait brûlé de tous côtés les arbres abattus, ainsi que les plantes parasites de ceux qui restaient debout. Aussi ces derniers me paraissaient-ils maigres et décharnés. Comme l'enthousiasme n'est pas un état normal, à force d'admirer je n'admirais plus; puis la vue de l'hôte chez lequel j'allais passer six mois aurait suffi pour refroidir mon imagination; enfin, sans m'expliquer pourquoi, je me sentais triste et désenchanté au moment de la réalisation de mes plus chers désirs. Les Indiens appartenant à l'habitation vinrent enlever les effets, qu'il était assez difficile de monter sur l'herbe glissante. Ils emportèrent d'abord tout ce qui appartenait au maître, d'après son ordre. Quant à moi, assis sur un tronc d'arbre, je contemplais en silence les attentions délicates dont je me voyais l'objet. Mon tour vint toutefois. On me conduisit dans mon nouveau logement; il se trouva que la chambre dont on me faisait hommage était encombrée de caisses, de tonneaux et de paquets de *carne secca*. Impossible d'y entrer.

Je me retirai donc et j'allai m'asseoir de nouveau sur l'herbe, oubliant ce qui m'était arrivé à Santa-Cruz : une nuée d'insectes vint me le rappeler. Forcé de revenir au gîte, j'allai, en attendant le dîner, visiter l'intérieur et l'extérieur de la case. Dans la cuisine, d'une saleté impossible à décrire, une vieille Indienne faisait cuire, étendu sur des charbons, un tatou, que je crus destiné à notre repas. Le foyer, au milieu de la pièce, se composait d'une douzaine de pierres; à droite et à

La chambre que m'a réservée mon hôte.

gauche du feu étaient des bancs, sur lesquels dormaient les Indiens qui avaient fait notre déménagement. Je me trompais à l'égard du tatou : notre dîner était préparé à part; une jeune mulâtresse en était chargée. Mon hôte, oubliant que je ne savais où me caser, peut-être même que j'existais, causait avec son *feitor* ou, comme on dit aux colonies, son commandeur. Je continuai donc ma visite, et après la cuisine j'eus le loisir d'examiner tout à mon aise la salle à manger, où je trouvai un petit ouistiti méchant et mordant tout le monde, six à huit chiens étiques, autant de chats grands et petits, des poules, des canards et des cochons vivant familièrement avec les maîtres et commettant, comme j'ai pu m'en assurer plus tard, bien des actions répréhensibles au milieu des repas. Enfin le maître de ce lieu vint me dire d'une façon tout aimable : « Mon brave, allons dîner ! » Je fus flatté de l'épithète, et j'allai dîner.

Après le repas, il n'y avait rien de mieux à faire que de se coucher. C'est alors que la fatigue me fit trouver un matelas étendu sur le sol aussi bon que le meilleur lit. L'emplacement où on m'avait déposé momentanément avec d'autres colis n'offrait, comme tout le reste de la case, pour se garantir du soleil ou des insectes, qu'un morceau d'étoffe blanchâtre en coton accroché avec des clous.

Cette première nuit j'entendis des cris de tous côtés; plusieurs me furent très-désagréables.... surtout celui d'un oiseau dont on m'avait parlé. Cet oiseau, que les Indiens nomment *saci* parce qu'il semble prononcer ces deux syllabes, est pour eux un objet de superstition; ils pensent que sous cette forme subsiste l'âme de quelqu'un de leurs parents. J'ai passé plus tard bien des jours à le chasser : guidé par son cri, je m'avançais doucement, avec précaution, retenant mon haleine; un instant il se taisait, et quand je faisais un pas de plus le cri se répétait, mais derrière moi. Je n'ai jamais pu le voir. Disposé comme je l'étais à la tristesse depuis mon arrivée, ce cri, que j'entendais pour la première fois, m'impressionna beaucoup. Ne pouvant dormir je me mis à la fenêtre; j'en fus bien récompensé par le spectacle qui s'offrit à mes yeux.

Sur l'ombre que projetaient au loin les forêts dont nous étions entourés, depuis la base de la montagne jusqu'au sommet, des myriades de mouches lumineuses brillaient comme autant d'étoiles. J'oubliai bien vite le saci, les cris aigus des hérons, les hurlements des chats sauvages, en face de ces feux d'artifice naturels, devant lesquels j'aurais bien passé le reste de la nuit, si les insectes de toute espèce ne m'eussent obligé à déguerpir et à me réfugier derrière mon rideau et ses clous.

Le lendemain je priai mon hôte de faire débarrasser la chambre qui m'était destinée. Il trouva que rien n'était plus juste, mais il n'en persista pas moins à s'occuper du soin de faire vider ses malles et d'emménager tout ce qui était à lui. Plusieurs jours s'écoulèrent ainsi. J'eus le temps de songer à tous les services que j'avais rendus à ce personnage pour m'assurer de ses bons procédés. Ne m'étais-je pas enhardi jusqu'à exposer et recommander ses plans de colonisation à l'empereur? Il m'avait dissuadé d'emporter mon argent, se chargeant, me disait-il, de me défrayer de toutes choses. Il devait revenir avec moi à Rio, et alors je le rembourserais. J'étais donc à sa merci. La perspective n'était pas riante. Je me trouvais sans secours, sans argent, ne pouvant m'en retourner sans m'adresser à celui

Mon hôte.

que je voulais quitter, pour avoir soit des canots, soit des hommes, ou bien encore pour payer mon passage au retour; toutes ces pensées, cette position, cette impasse dans laquelle j'étais acculé, m'avaient complétement arraché au bonheur que je m'étais promis. Ne pouvant supporter plus longtemps une conduite aussi inconvenante, j'allai le soir du troisième jour interrompre une conversation commencée avec son feitor, et lui déclarai que j'avais assez de son hospitalité, ce qui l'étonna fort; et je ne l'étonnai pas moins en lui affirmant que s'il eût été à ma place et moi à la sienne, la première chose que j'eusse faite eût été de m'occuper de ses affaires et non des miennes. Il n'en revenait pas; car, disait-il, n'avait-il pas été convenu que nous agirions sans façons? C'était vrai. Mais comme la partie n'était pas égale au sujet du sans-façon, je lui demandai de me donner les moyens de revenir sur mes pas. Cette première discussion n'eut d'autre résultat que de me faire rendre à de mauvaises raisons, et je restai au logis.

Le lendemain j'obtins le secours d'un ouvrier qui, armé de marteaux et surtout de vrilles, vint m'aider à confectionner un tout petit laboratoire pour mes premiers essais de photographie. Si j'ai mentionné spécialement des vrilles, c'est que les bois du Brésil ne permettent pas, tant ils sont durs, aux clous seuls de les entamer. Ce qui se nomme planche au Brésil pèse comme nos madriers en Europe. La petite pièce destinée à me servir de cabinet, d'atelier, de chambre à coucher et de laboratoire pour l'histoire naturelle n'était éclairée que par la porte. Le toit, couvert avec des branches de palmier, s'avançait très-loin et donnait de l'ombre plus qu'il n'en fallait; mais ce qui était dans un certain cas un inconvénient se rachetait par l'agrément d'éviter un peu le soleil. Dans mon installation, les planches massives et les tonneaux vides jouèrent les rôles principaux. Deux tonneaux servirent de table, et j'eus pour chaise une caisse à chandelles. D'une vieille natte je me fis une

Mon installation.

porte. J'avais tout juste de quoi entrer et sortir, mais rien de plus. Sur toute la longueur de ma chambre je disposai en tablettes les deux plus grandes planches, et les deux plus grands tonneaux vides furent remplis de mille objets nécessaires. Tout autour du cabinet s'étalaient mes habits, qui achevaient de boucher les vides des planches, déjà remplis en partie par du papier. J'arrangeai alors mes outils pour chacun des états que j'étais venu exercer dans les bois. Je disposai carrément sur les planches de petites bûches pour former des casiers, dans lesquels je mis en première ligne la boîte à couleurs, les papiers préparés pour le dessin et destinés à composer plus tard un album. Venaient ensuite les flacons, les épingles à insectes, les planchettes à aloès que j'avais sciées et passées à la râpe. Le troisième casier contenait les scalpels, les ciseaux, le savon arsenical pour conserver les produits de mes chasses; enfin dans un quatrième se trouvaient les produits chimiques, les balances, et ce livre dans lequel je devais apprendre les premiers éléments de la photographie, art auquel j'étais alors aussi étranger qu'à celui de préparer les animaux, qui d'ailleurs n'étaient pas encore tués.

Mon hôte, avec lequel j'avais fait la paix, avait choisi entre plusieurs fusils neufs, de fabrication belge, qu'il vendait aux Indiens, le seul qui n'était presque bon à rien, ne voulant pas être assez mon ennemi pour mettre dans mes mains un fusil à deux coups, car on peut se blesser si, par mégarde, on met double charge dans le même canon. Il me recommanda surtout, quand je chasserais, de bien regarder devant moi, car souvent ses bœufs se couchant dans l'herbe, je pourrais ne pas les voir, et, en tirant sur un oiseau, commettre innocemment un grand malheur. Pour ne plus revenir sur ce sujet, j'ajoute à cette série d'excellents conseils un autre qu'il me donna plus tard en me voyant monter à cheval, c'était de lâcher la bride à ma monture quand elle voudrait boire, afin qu'elle pût se baisser.

Une fois mes diverses branches d'industrie classées, il s'agissait de travailler; mais tout n'était pas terminé. J'avais voulu faire l'économie de la tente nécessaire à la photographie; il ne me fallut pas longtemps pour me convaincre que c'était impossible. Le premier jour je cassai mon verre dépoli, et comme les pluies étaient venues, l'humidité fit décoller tous mes instruments. Je passai quinze jours à réparer ces malheurs et à me faire une tente, au moyen de quelques étoffes que je trouvai dans mes malles et de jupons achetés à la vieille cuisinière. La tente terminée et cousue avec soin, je l'adaptai à mon parasol de paysagiste, j'attachai à chaque baleine une ficelle, puis à l'aide de pieux que je fichai en terre, je fis en sorte que mon appareil ne fût pas trop agité par le vent, qui, au Brésil, souffle régulièrement tous les jours vers huit heures du matin. Ainsi, avant huit heures trop d'humidité, après huit heures trop de vent : le moyen de rien faire de bon, surtout quand on n'a que des feuilles à reproduire? Tout bien considéré, il fallut abandonner la photographie et revenir à la peinture, d'autant plus que les pluies, qui alors tombaient à torrents, ne permettaient pas de sortir. J'avais des Indiens sous la main, je résolus de composer un tableau; mais j'avais compté tout de bon *sans mon hôte*. Au premier mot sur ce sujet il commença à me faire des objections. Les Indiens sont superstitieux, ils ne voudraient pas poser; et quant à lui, il trouvait délicat de le leur proposer. Je parvins néanmoins à persuader et à peindre un de nos Indiens domestiques. Il ne fallait pas songer à en persuader un second; le premier s'était déjà montré fort mécontent, à ce que m'assura le signor X....

J'avais désiré avoir un canot et un homme pour me conduire dans cette rivière d'où, pendant les premiers jours de mon arrivée, j'avais tant rapporté de souvenirs. J'attendis en vain; l'homme et le canot ne vinrent point. J'avais voulu, pour éviter le vent, aller dans l'intérieur des bois faire mes expériences photographiques; pour cela encore me fallait-il un homme pour porter mon bagage. Impossible de trouver cet homme.

Un jour cependant je rencontrai un Indien; je lui prêtai mon fusil, de la poudre, du plomb; il tua quelques oiseaux; alors je lui proposai adroitement de me servir, lui expliquant qu'une fois mon bagage dans le bois il serait libre de chasser en m'attendant. Je dois reconnaître, au reste, que c'était mon hôte qui m'avait suggéré cette idée d'engager pour ce service quelqu'un à mes frais. J'avais accepté, tout en trouvant ce procédé original chez un individu qui devait mettre tout son monde à ma disposition, et pouvait sans se gêner me céder un esclave pour quelques heures.

Bientôt je m'aperçus, aux regards étonnés de l'Indien, qu'il ne m'avait pas compris; je lui fis signe de venir à la case, espérant que là tout s'arrangerait, mais aussitôt mon hôte le fit travailler pour lui-même, me disant que c'était un paresseux qui ne me convenait pas. Ainsi tout me manquait, tout m'échappait, grâce à l'hospitalité du signor X.... Je n'avais de ressource que la chasse, quand la pluie me permettait de sortir. J'y devins en peu de temps fort habile. De retour à la case, je préparais mes oiseaux, mes mammifères, mes serpents. Quant aux insectes, il fallait des boîtes pour les renfermer et j'avais oublié d'en apporter. Heureusement les boîtes à cigares n'étaient pas rares; je sciai des petites planchettes de cactus, je les collai au fond, et mes collections trouvèrent à se placer. Mais il fallait se hâter, car si je laissais par malheur un de mes sujets quelques heures sans le préparer, les fourmis, dans quelque lieu qu'il fût placé, le disséquaient en peu d'instants, en commençant toujours par les yeux. Je passai ainsi la fin de novembre et le mois de décembre à des occupations autres que celles qui pour moi avaient de l'importance; il m'était impossible d'aller dehors faire des études, avec ces pluies qui avaient détrempé tous les sentiers. Je ne pouvais aller peindre les arbres de la rivière, à moins d'entrer dans l'eau jusqu'à mi-corps, car elle était débordée à cette époque. J'avais l'habitude d'aller pieds nus, et j'y gagnai des plaies qui pendant plusieurs mois me gênèrent beaucoup pour marcher; elles étaient occasionnées par des essaims de petites mouches, qui s'attaquaient aux jambes, faisaient venir à chaque piqûre une gouttelette de sang; ces piqûres multipliées, superposées, dégénéraient en plaies, d'autant plus difficiles à guérir que, continuant de marcher pieds nus, d'autres insectes, outre les diptères, auteurs du mal, venaient chaque jour l'irriter, sans parler des plantes armées de crocs et d'épines.

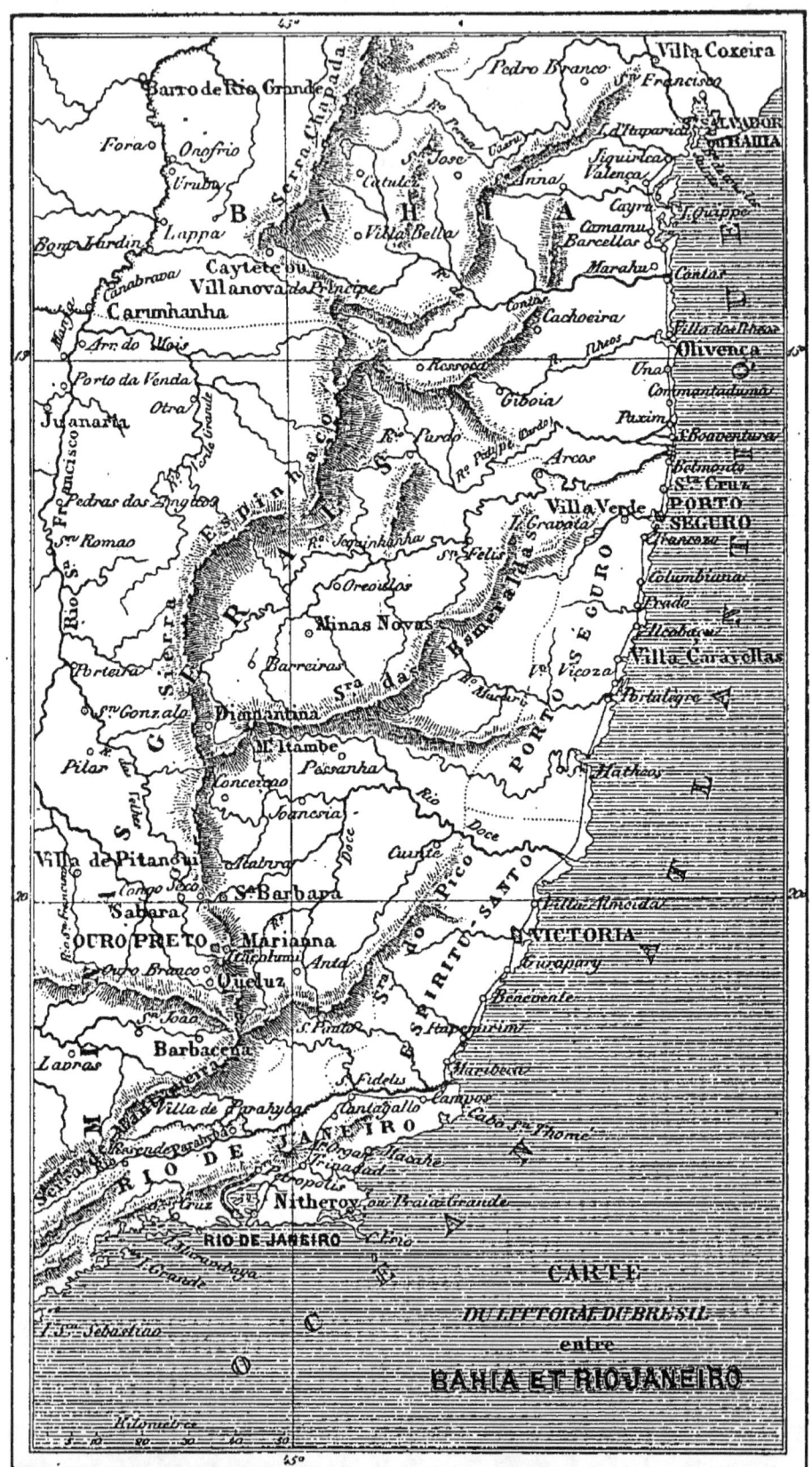

IV

PROVINCE D'ESPIRITO-SANTO

LA FORÊT VIERGE

IV

PROVINCE D'ESPIRITO-SANTO.

LA FORÊT VIERGE.

Le crapaud. — Le crabe. — Ma première journée dans l'intérieur des bois. — Les Indiens. — Le nègre fugitif. — Le bœuf deux fois vendu. — Le *pulex penetrans*. — L'araignée migale. — Une émigration de fourmis. — La fête de saint Benoît. — Incendie de forêt. — Le croquis incommode. — Le souroucoucou. — Mort d'un Indien. — Tribus indigènes de la province. — Une soirée dans les bois. — Le chat sauvage. — Les onces. — Retour à Rio.

Ne pouvant peindre des Indiens, j'aurais voulu faire du paysage. J'attendais le retour du beau temps avec bien de l'impatience, d'autant qu'à mes études en histoire naturelle j'avais ajouté celle des orchidées, ces plantes parasites que j'espérais conserver jusqu'à mon retour en Europe. Je voulais aussi collectionner les coquillages terrestres, et de tous ces désirs aucun ne pouvait être satisfait. J'avais cependant commencé un second tableau. Le sujet était un naturaliste entouré des produits de ses explorations. Au premier moment d'embellie, je prenais ma course et j'allais au plus près choisir quelques fleurs, seules choses que je pouvais peindre en attendant mieux. Un soir, revenant de la provision, j'en rapportais, selon ma coutume, quelques-unes pour le lendemain. Cette fois j'avais été bien loin. La pluie m'avait surpris, je descendais dans un sentier qui, alors, était changé en torrent ; j'avais de l'eau à mi-jambe, et, comme toujours, les pieds nus. La nuit approchait rapidement, car dans ces pays entre les tropiques, il n'y a pas de crépuscule, le grand jour y est suivi sans transition de la nuit. Sautant de pierre en pierre pour éviter d'enfoncer au milieu des détritus de toutes espèces que les eaux emportaient, je marchai sur un objet gluant et mou; c'était un de ces énormes crapauds nommés par les Indiens *sapo-boï* (crapaud-bœuf). Déjà un peu familiarisé avec certaines rencontres, je jetai sur lui ma veste, puis je mis le pied dessus, et, malgré sa résistance, je l'attachai par les pattes de derrière; une fois dans cet état, il me fut facile de l'apporter en le suspendant en l'air pour éviter ses morsures. Les Indiens, après leur travail, se reposaient à la porte de la case : ce fut une grande occasion de

Une rencontre dans la forêt.

plaisir pour tout le monde que ce crapaud, dont la colère était portée au plus haut paroxysme, car une fois à terre il se lança sur moi, en ouvrant une gueule formidable et en jappant comme un chien. J'aurais bien voulu conserver intact un individu aussi intéressant, mais je ne savais comment le tuer sans le détériorer; pour me tirer d'embarras, le feitor, qui était présent et avait pris sa part de la gaieté inspirée par les grâces de mon crapaud, trouva un moyen aussi simple que possible : ce fut de lui briser la tête avec une pierre. Je l'aurais battu; le malheureux avait gâté mon sujet. Cependant, à force de soins, j'ai rendu celui-ci à sa première forme; il fait partie de mes collections.

La pluie avait cessé; il faisait un peu de jour encore, et, mon crapaud mis en sûreté pour cause de fourmis, j'allai voir ce que faisait un groupe d'Indiens. Dans une espèce de parc où on enfermait les bœufs, mon hôte en avait nouvellement acheté, et, pour les empêcher de se blesser entre eux, on était occupé à leur scier d'abord les cornes. Je fus bien surpris quand je vis par quel procédé : c'était tout simplement une ficelle qui faisait l'office de scie, et le bout de la corne tomba. J'ai vu depuis lors renouveler plusieurs fois cette opération, et j'avoue que j'aurais eu de la peine à croire à son efficacité sur le simple témoignage d'autrui.

On m'avait parlé bien souvent, depuis que j'étais au Brésil, d'un affreux serpent, le plus grand des trigonocéphales, connu sous le nom de souroucoucou, et quand j'avais exprimé à mon hôte le désir d'en tuer un, ses cheveux, je crois, s'étaient dressés sur sa tête. « Que Dieu vous préserve d'une pareille rencontre, c'est la mort certaine, car, non-seulement le monstre a un dard dans la gueule, mais il en a encore un autre à la queue! » Il répétait une chose que tous les Indiens affirmaient de bonne foi. J'avais donc, sauf le dard de la queue, la certitude que ce serpent était très-dangereux, qu'il avait des crochets à venin dans la gueule et qu'il ne fuyait jamais, se fiant à sa force prodigieuse et à celle du poison qu'il distille par la plus légère morsure. Un jour, je guettais quelques oiseaux; enfoncé jusqu'aux genoux dans les hautes herbes d'une prairie, j'aperçus tout à coup une tête et deux yeux flamboyants dirigés sur moi. En vrai citadin d'Europe, j'éprouvais encore une sorte de frayeur rien qu'à voir un reptile, quelque petit qu'il fût. C'était bien pis depuis que j'avais entendu dire du souroucoucou, qu'il s'élance sur tout ce qui passe à sa portée. Aussi, reculant précipitamment, je commençai à mettre une distance raisonnable entre l'animal et moi. Me trouvant à peu près en sûreté, je me mis à délibérer si je devais quitter tout de bon la place ou revenir sur mes pas. Ce dernier parti était chanceux; on m'avait prévenu que si par malheur on manquait son coup, le serpent, lui, ne manquait pas le sien. Tout en délibérant, j'avais glissé deux balles dans mon fusil. La tête avait disparu, mais certaines ondulations dans les herbes supérieures me révélaient sa présence. Après avoir regardé derrière moi pour m'assurer du chemin à prendre en cas de retraite, je tirai sur une touffe sous laquelle je venais d'apercevoir à l'instant l'énorme tête du reptile. La difficulté était de s'assurer s'il était mort ;

Autre rencontre.

il pouvait n'être que blessé. Rien ne bougeait; j'attendis au moins un quart d'heure avant d'approcher, et ce ne fut qu'après avoir rechargé mon fusil qu'enfin je me décidai tout de bon à connaître à quel ennemi j'avais eu affaire. Décidément j'étais un brave; autrefois un mannequin était tombé sous mes coups, aujourd'hui je venais de tuer un crabe! Mais que faisait ce crabe dans une prairie, loin de la rivière, et pourquoi avait-il un morceau de liane à la patte? Avec un peu de réflexion je m'expliquai bientôt ce phénomène. Les Indiens avaient rapporté la veille une très-grande quantité de crabes de la pêche, et, selon leur coutume, les avaient attachés par les pinces. Probablement celui-ci s'était esquivé chemin faisant, et ne savait que faire de sa liberté quand je l'avais rencontré : on ne peut échapper à la destinée! On comprendra que je ne fus pas très-empressé à me vanter de ce nouvel exploit.

Depuis plus de deux mois j'avais essayé de pénétrer dans l'intérieur de la forêt, que je ne connaissais pas encore, et j'avais toujours été arrêté par un grand amas d'eau stagnante qui, n'ayant pas d'issue, formait un petit lac qui ne devait s'assécher que peu à peu, quand les pluies auraient cessé.

Jusque-là ce que j'avais vu, excepté le premier jour de l'arrivée, en remontant la rivière, n'était pas très-intéressant; il me manquait quelque chose.

Enfin arriva le jour où je pus continuer mes excursions; j'avais fait des provisions pour la journée. Le livre de croquis, le plomb, la poudre, tout était en bon état, même les flacons destinés à enfermer les insectes. Un carnier était rempli de tout ce qui pouvait être nécessaire. Je me mis en route avant le lever du soleil. Les eaux avaient considérablement baissé, je n'en avais que jusqu'à mi-cuisse. Pour la première fois, dix mois après avoir quitté

Première excursion dans une forêt vierge.

Paris, je voyais se réaliser complétement ce que j'avais rêvé.

En commençant ce récit, j'ai fait une comparaison entre le courage qu'il faut pour quitter les êtres qui nous sont chers et celui dont on a besoin en présence des dangers probables dans certains voyages ; ainsi je m'étais senti bien plus seul dans les rues de Paris qu'au milieu de ces forêts sans issues, sans chemins frayés, où à chaque pas je pouvais faire une mauvaise rencontre, où j'avais mille chances de m'égarer pour ne plus revenir.

Je suis bien embarrassé d'exprimer ce que je ressentais alors ; il me semble que c'était un mélange d'admiration, d'étonnement, peut-être de tristesse. Combien je me sentais petit en présence de ces arbres gigantesques qui datent des premiers âges du monde ! J'aurais voulu peindre tout ce que je voyais et je ne pouvais rien commencer. Hélas ! faut-il le dire, les moustiques me dévoraient : ils règnent en maîtres dans ces bois qui laissent à peine pénétrer quelques rayons de soleil, sur le sol où l'ombre épaisse entretient une humidité perpétuelle.

Là jamais ne passe aucune créature humaine ; il faut se frayer des sentiers à coups de sabre. Si on s'arrête un instant, on est assailli de tous côtés.

De ce premier jour de mes grandes excursions dans les forêts du nouveau monde je conserverai longtemps le souvenir. J'entends encore le cri des perroquets perchés aux plus hautes branches, ainsi que ceux des toucans. Je vois encore ramper sous l'herbe ce joli reptile paré du plus brillant vermillon, qu'on appelle le serpent corail, et qui donne la mort aussi sûrement que la vipère et le crotale. Toujours coupant les lianes, toujours gagnant du terrain, non pied à pied, mais pouce à pouce, j'arrivai dans une espèce de clairière. Une douzaine d'arbres brisés, peut-être par le tonnerre, avaient donné passage au soleil. Des insectes voltigeaient sur ces fleurs immenses qu'on trouve à chaque pas; j'en fis une riche moisson en dépit des moustiques. Il n'en fut pas de même d'un bel oiseau que j'allais viser, que je voyais déjà dans ma carnassière, car au moment où je le mettais en joue, un affreux moustique m'entra dans l'œil, et quand je m'en fus débarrassé, l'oiseau était parti.

Comme pendant ma chasse aux insectes j'avais oublié de prendre les précautions nécessaires pour reconnaître la direction que j'avais suivie, j'eus quelques instants un affreux serrement de cœur. Se perdre dans ces bois inextricables, c'est courir mille chances de mort. En cherchant bien je retrouvai heureusement non-seulement la place d'où j'étais parti pour entrer dans la clairière, mais quelques pas plus loin un sentier déjà caché en partie par les herbes, puis à l'aide du soleil je continuai à m'orienter. Je m'étais donné la journée pour aller à l'aventure. J'étais armé d'un bon coutelas, fer tranchant d'un côté, scie de l'autre; j'avais des balles toutes prêtes, dans le cas possible d'une mauvaise rencontre, car si en Amérique on ne trouve pas de lions ni de tigres, les jaguars, les ours et les chats-tigres sont en grand nombre.

Je marchai longtemps, toujours escorté de mes ennemis les moustiques, sans pouvoir me décider, à cause d'eux, à faire le moindre croquis. Il faut l'avoir éprouvé pour comprendre combien cette lutte incessante paralyse toutes les facultés. J'arrivai, après une descente très-rapide, près d'un torrent, où j'allai bien vite me désaltérer et me laver les pieds et les mains. Cette eau, coulant sous les arbres et toujours dans l'ombre, était pourtant presque tiède. Ce torrent était, à ce que j'ai su plus tard, la limite d'une certaine quantité de terrain accordée par le gouvernement à une petite tribu indigène, les Puris. En ce moment j'étais sur leur territoire. Je vis quelques plantations de ricins, des orangers, des citronniers et des champs de manioc.

Qu'on me permette une parenthèse, pour expliquer ce qu'est la racine du manioc, comment on la travaille pour obtenir un aliment qui, dans toute l'Amérique du Sud, remplace le pain non-seulement pour les classes pauvres, mais même pour les plus élevées. Cette racine a une grande ressemblance avec la betterave; on la fait tremper plusieurs jours dans l'eau, puis on la fait cuire dans un four, qui, chez les Indiens, est tout simplement un vase en fer de la forme d'une assiette; au sortir du four on la pile dans une espèce de mortier, taillé le plus souvent dans un tronc d'arbre, puis on la remet au four une seconde fois à l'état de farine grossière ; elle se mange généralement sèche, mais les gourmands la mêlent avec de la graisse de porc. On fait également avec le manioc du tapioca et de l'amidon.

Quand je parus dans le voisinage des cases, les femmes et les enfants se sauvèrent à toutes jambes ; les hommes, plus hardis, tinrent ferme, mais parurent très-étonnés de me voir chercher et prendre des insectes, chose inusitée jusqu'à ce jour parmi eux. Je ne remarquai d'ailleurs rien d'hostile dans leur façon de m'examiner ; bien au contraire, en voyant que, profitant de la trêve que me laissait l'éloignement des moustiques, j'allais préluder à mon déjeuner en ramassant quelques oranges tombées sur le sol, deux de ces Indiens vinrent à moi, armés d'une grande perche et abattirent une demi-douzaine des plus belles qu'ils m'offrirent de la meilleure grâce du monde. Le repas que j'allais faire avait été bien gagné. Dès que je me fus assis sous les orangers, mes deux nouveaux amis osèrent s'approcher encore plus près de moi qu'ils ne l'avaient fait en me donnant les oranges. Mon couteau de chasse, mes flacons pleins d'insectes, mon couteau à plusieurs lames les préoccupaient beaucoup.

Il était déjà tard ; le soleil avait fourni les deux tiers de sa carrière, et moi j'avais un long chemin à faire pour revenir au gîte. Je rentrai dans la forêt, où, malgré les sentiers et les remarques que j'avais faites pour m'orienter, j'eus de la peine à retrouver ma route. Je tuai par-ci par-là quelques oiseaux et un joli petit singe. Tout en marchant je cherchais aussi ce qu'il y avait de plus intéressant à peindre pour les jours suivants.

De retour à la maison, j'appris qu'un nègre, auquel j'avais donné la veille un paletot de caoutchouc, avait profité de l'occasion, indépendamment de quelque autre motif, pour se sauver, au grand désappointement de M. X.... Il ne pouvait se consoler de cette perte, d'autant plus grande que le fugitif était devenu gros et gras de maigre et malade qu'il était quand on l'avait acheté à bon marché, comme qui dirait pour un morceau de pain. Ce départ était une perte de quelques mille francs. Mon hôte écrivit de nombreuses lettres et envoya tous ses domestiques à la recherche d'un homme assez ingrat pour fuir celui qui l'avait engraissé. Je faisais tout bas des vœux pour que les recherches n'eussent aucun résultat et je pensais qu'ils avaient été exaucés, quand un jour je vis amener, par un Indien et un mulâtre, ce pauvre diable les mains serrées dans des menottes de fer. Le nègre savait du reste qu'il avait encouru une peine grave : sa pauvre tête se penchait, des larmes coulaient sur ses mains, qu'il avait croisées sur sa poitrine. J'attendais avec anxiété ce qu'on allait ordonner, me réservant de prendre le parti d'intervenir si la punition était trop sévère. Heureusement que le coupable se souvint à temps d'un usage qui permet au maître d'être indulgent sans déroger à sa dignité. Il se recommanda à la clémence du feitor, qui, par ce fait, devint sa caution, et demanda la grâce de son pupille, devenu pour un temps donné son débiteur. Celui-ci fut seulement condamné à recevoir dans la main quelques coups de palmatora, espèce de férule destinée aux petites corrections domestiques. Dans cette maison, un petit événement venait chaque jour rompre la monotonie de ma vie intérieure; les animaux y jouaient presque toujours le principal rôle : c'était un rat qui avait rongé les souliers, un chien mangé le dîner, un cochon renversé la marmite; des poules indiscrètes, qui, entrant et voltigeant sur les meubles, brisaient les objets fragiles quand on les poursuivait; enfin diverses générations de chats des deux sexes, qui, après avoir commis des délits de toutes sortes pendant le jour, se répandaient la nuit sur les toits et faisaient un tapage à réveiller un mort. Tout autour de la case les trois cochons se plaisaient à venir grogner, ce qui m'était fort désagréable, surtout quand ils se plaçaient en face de ma porte. J'avais trouvé une espèce de massue en bois de fer que je faisais agir à propos au milieu du groupe; celui-ci, en fuyant, réveillait les bœufs endormis, qui, à leur tour, se sauvaient, poursuivis par une terreur panique, en renversant tout ce qui se trouvait sur leur passage; alors les chiens mêlaient leurs voix aux grognements et aux mugissements. Le signor X..., croyant la case attaquée par des hordes sauvages, mettait prudemment la tête à la fenêtre, à l'abri de son rideau. Comme je ne me souciais pas de paraître au milieu d'une pareille bagarre, dans laquelle j'avais joué un rôle si important, je me recouchais bien vite, décidé à ne me réveiller à aucune démonstration. Mais le lendemain on me voyait prendre un intérêt bien naturel au récit de ces aventures de nuit. Les bœufs étaient destinés à jouer de grands rôles dans mes impressions de voyage; ainsi, un jour mon hôte en ayant acheté une douzaine qu'il fit partir pour l'intérieur, l'un d'eux, après avoir mangé d'une plante vénéneuse, creva au bout de quelques heures. Les Indiens le rapportèrent dans un canot, et arrivés à terre, en face de l'habitation, jetèrent la tête dans un buisson, après avoir dépouillé l'animal. Le maître du logis était absent; mais la mulâtresse, espèce de sous-maîtresse, fit mettre dans un tonneau, qui peu de temps auparavant contenait du vin, des morceaux de chair dont on avait enlevé les os d'une façon à faire soulever le cœur, et si bien préparés qu'en moins de deux jours les vers s'en étaient emparés; une semaine après on m'en faisait manger encore.

Comme il s'agissait de faire des économies et que mon hôte m'avait souvent parlé de la cherté des vivres, la mulâtresse s'était bien gardée de me prévenir de quel accident le bœuf était mort. Pendant quarante-huit heures, tous les compagnons de celui qu'on me faisait manger se rassemblèrent près de sa tête sanglante et poussèrent nuit et jour des cris lamentables auxquels vinrent se mêler les rugissements des jaguars; puis accoururent des centaines de vautours noirs nommés urubus (prononcez ouroubous). Étranges contrastes, au milieu de cette nature si riche, si brillante! c'était sous des orangers en fleurs que je me cachais pour tirer ces affreux oiseaux qui se disputaient les restes d'un bœuf dont je faisais mes délices, sans me douter toutefois du genre de sa mort.

Cependant au bout de trois jours, malgré la sauce au piment dont on assaisonnait le défunt, je commençais à sentir le besoin d'une autre nourriture. Inutile de dire que quand mon hôte rentra au logis, il ne goûta pas à ce mets, bon seulement pour une personne à qui on donne l'hospitalité.

Je croyais bien n'avoir plus affaire avec les bœufs morts ou vivants: je me trompais, car s'il en avait perdu un, il venait d'en acheter un autre à Santa-Cruz. Le jour où on devait l'amener, les fils du vendeur, rapportant l'argent reçu, vinrent seuls excuser leur père qui, par une cause indépendante de sa volonté, avait été forcé de céder l'animal à un autre. Mon hôte, à cette nouvelle, fut cruellement désappointé, car l'acheteur était sa bête noire, son cauchemar; c'était, me disait-il chaque jour, un homme sans foi ni loi. Comme, après tout, je n'avais aucune raison de penser le contraire, j'oubliai en cette circonstance ce dont j'avais à me plaindre, et je conseillai au signor X.... de pousser cette affaire vigoureusement, lui proposant d'être de la partie. J'avais à cela quelque mérite, car les plaies que j'avais aux pieds ne me permettaient pas de mettre des chaussures. Je dus attacher mes éperons sur la chair vive; nous chargeâmes soigneusement des pistolets et nous partîmes. En route, passant près d'une case, des chiens firent peur à mon cheval : il se dressa tout debout, et reculant d'un pas, rencontra une souche qui le fit tomber à la renverse. Dans moins d'une seconde je vis le mouvement, je compris le danger : fort heureusement, j'avais été en Laponie ! Voilà qui devra paraître un peu étrange : se réjouir d'avoir été en Laponie à propos d'un cheval qui se cabre dans les forêts du Brésil, de manière à vous laisser le temps de voir qu'il va vous écraser dans sa chute ; pourtant, rien n'est plus vrai. Un jour mon cheval enfonça dans une tourbière, et, en se débattant, me fit tomber ; un de ses pieds se posa sur ma main gauche et tous deux nous allions disparaître, quand mes gens vinrent à notre secours, et, à l'aide de perches et d'un mât qui servait à élever ma tente, parvinrent à nous remettre sur pied, dans un triste état cependant. Depuis ce moment, dans la crainte de me voir enterrer tout vif, au moindre faux pas que faisait ma monture, je levais lestement ma jambe, et, soit dans l'eau, soit dans un buisson, soit sur des pierres, je coulais doucement, à peu près comme ferait un sac de blé mal attaché : ce jeu s'était renouvelé trois ou quatre cents fois dans un rayon de cent lieues.

Il y avait au moins dix jours que je marchais ainsi sur la terre ferme quand j'arrivai dans le lieu où Regnard dit, en beaux vers latins, qu'il s'est arrêté là où la terre finit. On nomme peut-être ces espèces d'erreur des licences poétiques; je décline donc mon incompétence, et comme toujours, dans les choses que je ne comprends pas, je prends le parti de m'abstenir. Donc, mes études lapones pour tomber de cheval proprement ne me furent pas inutiles au Brésil. Dans le cas présent, je fis un mouvement si brusque que le cheval, au lieu de me briser la poitrine en tombant en plein sur moi, ne me fit qu'une légère contusion à l'estomac; il est vrai que je me donnai en outre une entorse au pied déjà malade. Malgré cela je remontai à cheval.

Nous allâmes d'abord chez le mulâtre afin de savoir comment et pourquoi, après avoir reçu le prix de son bœuf, il avait ensuite fait affaire avec un autre. Le brave homme était très-embarrassé; il paraît que l'autre acheteur s'était présenté longtemps avant, et croyait avoir engagé ledit mulâtre avec une promesse. Enfin, tout cela était très-embrouillé; il n'y avait plus qu'à aller chez le nouveau possesseur du bœuf, et d'après sa réponse marcher droit à l'animal innocent et lui casser la tête, quitte à se la casser après avec le détenteur. En arrivant près de l'habitation, mon hôte fut désagréablement surpris de voir tous les serviteurs nègres et indiens assis devant la porte, et le patron debout, les bras croisés, attendant son adversaire. Celui-ci descendit de cheval, ce que je ne pus faire. Il est impossible de dire tout ce que mon hôte eut à supporter d'insultes de tous genres : il était un voleur, un calomniateur, un homme dangereux. Il avait voulu perdre l'orateur en répandant sur celui-ci les bruits les plus fâcheux.

Je crus alors devoir intervenir, et tendant le bras avec beaucoup de majesté, je fis entendre, au milieu d'un silence solennel, ces paroles, que n'aurait pas désavouées Sancho Pança :

« Depuis quelques instants j'écoute attentivement tous les griefs qui viennent d'être dirigés contre mon hôte ; déjà les mêmes griefs m'avaient été exposés par lui contre celui qui l'attaque. Ce qui se passe en ce moment me prouve que tout ce malentendu vient de différents bavardages colportés de l'un à l'autre et embellis, selon l'usage, d'une foule de commentaires. Allons, messieurs, serrez-vous la main et donnez-vous parole que le premier à qui on fera un rapport ira trouver loyalement le second à l'instant. Quant au bœuf, on va le tuer, le saler, et il sera partagé pour le bonheur de chacun. »

Mon discours fut traduit et un tonnerre d'applaudissements fut ma récompense : l'homme blanc avait bien parlé.

Le beau temps était revenu. Le soleil perdait de sa chaleur ; le vent chaque jour se levait plus frais vers huit heures du matin. J'avais été plusieurs fois peindre dans la forêt, avec laquelle je me familiarisais, sans rien perdre de mon admiration. Déjà je connaissais tel tronc d'arbre, telles plantes que je me proposais de copier. Je portais toujours mon déjeuner avec moi et une partie de la journée se passait à l'ombre, toujours harcelé par les moustiques, toujours défendant mon déjeuner contre les fourmis. J'avais ajouté à mes collections les orchidées; une fois, j'en rapportai un si grand nombre que j'y gagnai une courbature. Je me disais chaque jour que décidément je ne retournerais plus dans les bois : il en coûte trop cher de travailler, dévoré par les insectes. Et puis, quand j'entendais chanter le coq, je me levais et je partais. Au retour j'allais passer une heure dans la plus délicieuse petite rivière qui soit au monde : un sable très-fin, des arbres touffus au-dessus de la tête, des fleurs pendant de tous côtés! Comme c'était toujours l'après-midi que je revenais des bois, le soleil descendait, et je pouvais, après le bain, me reposer ou faire la chasse aux insectes. Dans l'impossibilité où l'on m'avait mis de peindre des Indiens, ou d'aller faire de la photographie, faute d'avoir des gens pour porter mon bagage, je réparais alors le temps perdu en faisant du paysage. Puis, quand j'étais fatigué d'un exercice non interrompu depuis bien avant le lever du soleil, je m'asseyais sur l'herbe et je dessinais des feuilles. La variété ne manquait pas, et pour ajouter à la vérité de mes crayons, je mettais ces mêmes feuilles dans un herbier, précaution dont plus tard j'ai apprécié toute la valeur quand, de retour en France, j'ai voulu peindre en grand une forêt vierge.

Pendant que je profitais du retour du beau temps, mon hôte eut l'idée d'agrandir sa demeure. C'était bien naturel, d'autant plus que cet agrément n'avait d'inconvénient que pour moi, car, pour lier la toiture nouvelle avec l'ancienne, qui précisément recouvrait mon gîte, il fallait au préalable enlever celle-ci. Mais on remplaça mon toit absent par une peau de bœuf, laissant de tous côtés passer le vent, la pluie, et malheureusement tous les insectes attirés par la chandelle dont, par parenthèse, je me servais modestement afin de n'être pas indiscret. Comme je me levais de grand matin, je ne restais éveillé le soir que pour me faire faire une opération bien douloureuse. Il existe au Brésil un insecte infiniment petit : *le pulex penetrans* ou *bicho do pé*, sorte de tique imperceptible qui se glisse sous les ongles des pieds, dans les doigts et quelquefois dans d'autres parties du pied ; cette tique une fois introduite, souvent assez profondément dans la chair, pond des œufs par millions dans une poche qui grossit énormément. Si on les laisse éclore dans la plaie, des désordres très-graves en sont le résultat. On m'a affirmé qu'un savant, ayant voulu emporter en Europe un échantillon de ces tiques avec les œufs, n'avait pas voulu les faire enlever et était mort pendant la traversée. Ma case était, comme je l'ai dit, fort malpropre; chaque soir je m'étendais sur mon matelas et on faisait la visite de mes pieds avec une épingle et un canif, afin d'enlever adroitement la poche entière : si on la crève les œufs restent dans la chair. Un jour, ennuyé de cette opération, je ne voulus pas m'y soumettre. Le lendemain on me trouva onze nids dans le pouce du pied droit. Il est facile de comprendre l'effet que produisent ces trous, dans lesquels se glissent plus facilement d'autres fléaux du même genre, et qu'il faut agrandir toutes les fois qu'on enlève un nouvel insecte. Pendant qu'on me disséquait par en bas, toutes les espèces attirées par la chandelle à travers mon toit à jour, venaient s'exercer sur le reste de ma personne de manière à me rendre presque fou. J'avais, au-dessus des hanches, de chaque côté, une place toute rougie par des morsures provenant d'un insecte si petit qu'on ne peut le distinguer, sinon au microscope ; il se nomme *maroui*. Je trouvais souvent, un peu partout, une affreuse bête, cousine du *pulex*, nommée carapate, qui vivait à mes dépens et grossissait à merveille, soit sur les jarrets, soit ailleurs. Les puces de poules étaient fort désagréables aussi, et il y en avait beaucoup. Outre mes plaies aux pieds, les moustiques m'avaient fait enfler les yeux et le nez : un jour ayant frôlé par hasard un nid de guêpes, tout l'essaim en fureur, s'était rué sur moi, et comme je m'étais rasé la tête, c'était là qu'elles s'étaient attaquées d'abord.

Voilà pour les êtres malfaisants; restaient les cu-

Opération désagréable.

rieux, les visiteurs inoffensifs. D'abord des milliers de coléoptères nommés *brooks*, s'attaquant à tout, perçant avec leurs mandibules même le bois, si bien qu'ils firent un trou à un tonneau, dont le vin se répandit. Ils s'abattaient par masses sur les objets brillants, et comme la lumière servait pour m'opérer les pieds, il fallait les prendre à poignées et les jeter dehors. Les hannetons, les papillons nocturnes me visitaient en tourbillons. Je dois citer une chose assez curieuse : les cancrelats, ces affreux cancrelats, avec leur enveloppe molle, leurs grandes antennes, couvraient les murs de ma case à la tombée de la nuit. Un jour, j'avais peint une fleur rouge et un oiseau dont le ventre était également rouge; le lendemain, cette couleur avait disparu. Je réparai le dommage. Le fait se renouvela encore. Ne sachant à qui m'en prendre, je pendis mon tableau, et ayant éteint ma chandelle, j'attendis ; à un petit bruit venant de ce côté, j'allumai vivement et je reconnus les cancrelats. Je n'avais pas besoin de ce dernier trait pour leur vouer une haine à mort. Comme je ne suis pas chimiste, il m'a été impossible de comprendre pourquoi cette bête, ma bête noire, s'attaquait au rouge seulement. Quand l'opération des pieds était terminée et que la chandelle était éteinte, d'ordinaire les visiteurs s'en allaient, excepté les moustiques. Depuis que la peau de bœuf abritait mon grabat, j'étais éveillé chaque nuit par des rats, grignotant ce mets un peu coriace; si je faisais du bruit, ils décampaient pour revenir. J'eus une idée heureuse, et à la massue, réservée aux porcs, mes voisins, je joignis mon grand bâton ferré de paysagiste pour combattre les rats; quand ils étaient bien acharnés après ma toiture, mon bâton enlevait la peau dans les airs avec tous les convives. Il faut bien se distraire un peu quand on ne dort pas, et ce jeu ajouté à l'exercice de la massue me faisait oublier les morsures de ceux de mes ennemis que je ne pouvais pas contrarier aussi un peu.

Un matin que la pluie m'avait rendu paresseux, j'étais sur mon matelas, moitié endormi, moitié éveillé; un objet horrible me fit lever précipitamment en m'arrachant à ce *far niente* auquel je me livrais rarement : une migale était près de moi. Cette araignée, large de neuf à dix pouces, velue par tout le corps, est pourvue de deux crochets, dont la piqûre occasionne la fièvre pendant plusieurs jours; elle guette et mange des petits oiseaux; le dégoût ne m'empêcha pas cependant de la joindre à mes collections. J'avais déjà fait connaissance avec le scorpion.

Un jour, je peignais un tronc d'arbre entouré de lianes; elles l'enveloppaient comme des cercles de tonneau. Leur volume était bien plus gros que cet arbre, qui d'abord paraissant énorme, n'était pourtant en réalité qu'une tige frêle en comparaison des parasites dont il était la proie. Tout en travaillant, je voyais des insectes, des lézards passer près de moi et se diriger du même côté; j'entendais derrière des cris d'oiseaux se rapprochant

Présages d'une invasion de fourmis.

insensiblement. Ma première pensée fut de terminer promptement mon étude, car ce ne pouvait être autre chose qu'un orage qui se préparait, et comme j'avais à peu près une lieue à faire, j'allais quitter l'endroit où j'étais, quand tout à coup je me trouvai enveloppé des pieds à la tête par une légion de fourmis. Je n'eus que le temps de me lever, renversant tout ce que contenait ma boîte à couleurs, et je m'enfuis à toutes jambes, en faisant tous les efforts possibles pour me débarrasser de mes ennemis. Quant à aller chercher les objets que j'avais été forcé de laisser à terre, il ne fallait pas y songer. Sur une largeur de dix mètres à peu près et tellement serrées qu'on ne voyait pas un pouce de terrain, des myriades de fourmis voyageuses marchaient sans être arrêtées par aucun obstacle, franchissant les lianes, les plantes, les arbres les plus élevés. Des oiseaux de toute espèce, des pics surtout, suivaient, en volant de branche en branche, les émigrantes et se nourrissaient à leurs dépens. J'aurais bien voulu avoir mon fusil que j'avais oublié dans ma précipitation; mais c'était impossible, car pendant trois heures je n'aurais pu trouver une place pour poser mon pied. Enfin, peu à peu il se fit, dans la masse émigrante, des petits sentiers, sur lesquels je me hasardai à sauter, en évitant de mettre le pied à côté : j'aurais été de nouveau escaladé. J'attrapai bien quelques piqûres, car mon fusil n'était pas seul, et retournant à cloche-pied comme j'étais venu, je me mis de nouveau hors de portée. Je tuai quelques oiseaux, et quand l'armée innombrable des fourmis eut laissé le passage libre, ma chasse s'était transformée en squelettes : tout ce qui était mangeable en elle avait été dévoré, même les plumes. En revenant à la case, j'appris qu'une autre troupe était entrée dans ma chambre et l'avait quittée après avoir procédé de même que celle qui m'avait dérangé de mon travail d'une façon si intempestive. Cette troupe était bien moins nombreuse que la première, et comme je n'avais que des oiseaux préparés, le savon arsenical n'avait eu pour elles aucun attrait. Mes collections n'avaient pas tenté les fourmis fort heureusement. Il n'en était pas de même de moi. J'avais été piqué de plusieurs côtés, cela m'avait exaspéré le système nerveux, déjà fort irrité par mes combats de nuit, et au lieu de m'endormir, je me mis en embuscade, armé de ma massue, décidé à tout exterminer, quand j'entendis dans le lointain un bruit confus; on frappait sur quelque chose comme un tambour dont la peau serait mouillée. Que pouvait signifier un pareil bruit dans ces solitudes? Je restai éveillé presque toute la nuit. J'appris le matin que c'était la fête de saint Benoît, en grande vénération parmi les Indiens. Ils s'y préparent six mois à l'avance et en conservent le souvenir six mois après. Du moment où le tambour a commencé à battre, il ne s'arrête ni jour ni nuit. Le jour de la fête, j'allai avec mon hôte me réjouir à la vue de la cérémonie; elle avait lieu dans un petit village nommé, je crois, Destacamento. Dans chaque case où nous entrions on buvait du câouêba et de la cachasse; on ne chantait pas, on hurlait. Les hommes étaient assis, ayant entre les jambes leur tambour primitif; petit tronc d'arbre creux recouvert à une extrémité seulement d'un morceau de peau de bœuf; d'autres grattaient avec un petit bâton un instrument fait d'un morceau de bambou entaillé de haut en bas. Au bruit de ce charivari, les plus vieilles femmes dansaient dévotement un affreux cancan qu'auraient désapprouvé certainement nos vertueux sergents de ville.

Quand on avait bien dansé, bien bû, bien hurlé dans une case, on allait recommencer le même sabbat dans une autre.

Dans l'une des cases je fis preuve d'un bien grand courage en buvant à même d'une calebasse pleine de câouêba, politesse inspirée seule par mon désir de me rendre populaire et d'attraper plus tard quelques portraits. Pourtant je n'ignorais pas de quelle manière se préparait cette boisson. Je savais que les vieilles femmes (car toujours ce sont elles qui remplissent les fonctions importantes) mâchaient des racines de manioc avant de les jeter dans une marmite; je savais qu'elles crachaient l'une après l'autre dans le vase et puis laissaient fermenter le tout. L'amour de l'art l'avait emporté sur le dégoût. De cette case trop hospitalière j'entrai dans une autre; dans celle-ci il n'y avait point de femmes; un Indien chantait, en s'accompagnant d'une guitare, un air doux et monotone : il avait un charme tout particulier. J'allai m'asseoir en face de lui, et je fus bien surpris quand je me vis l'objet de ses improvisations, dont le refrain était :

Su Bia ao sertao guerea
Matar passarinhos
Su Bia ao sertao
E tambem souroucoucou:

M. Biard dans la montagne
Désire tuer petits oiseaux,
M. Biard dans la montagne
Cherche aussi serpent dangereux.

Tous les auditeurs étaient enchantés de me voir rire aux éclats de cette cantate en mon honneur, malgré ses petites imperfections.

Enfin, bientôt arriva le moment désiré par tout le monde : deux personnages importants parurent sur la place. Le premier, un grand Indien revêtu d'une souquenille blanche, imitant de fort loin le surplis d'un enfant de chœur, tenait d'une main un parapluie rouge, orné de fleurs jaunes; son autre main portait une boîte, déjà soutenue par un vieux châle à franges, placé en façon de baudrier. Dans la boîte était saint Benoît; qui, je ne sais pourquoi, est nègre. Cette boîte renferme aussi des fleurs; de plus, elle est destinée aussi à recevoir les offrandes. Le second personnage, digne d'appartenir à l'ancienne armée de l'empereur Soulouque, était

La fête de saint Benoît dans un village indien.

vêtu d'un habit militaire en indienne bleu de ciel, avec collet et parement en indienne également et imitant le damas rouge; ses petites épaulettes en or retombaient par derrière comme celles du général la Fayette; sur sa tête se dressait un chapeau à cornes, phénoménal de longueur et de hauteur, surmonté d'un plumet jadis vert, et portant pour cocarde une étiquette ayant au centre trois cerises du plus beau vermillon. Ce second personnage est le capitaine. Pour être digne de ce poste, il faut avoir un jarret d'une force supérieure à celle de toute la bourgade, car le capitaine ne doit pas cesser de danser pendant toute la cérémonie. Il ouvrit donc la marche en dansant, tenant délicatement devant lui et perpendiculairement une petite canne de tambour-major, que je pris d'abord pour un cierge. Le bedeau et le saint, l'un portant l'autre, suivaient, parasol au vent, en guise de dais; les musiciens, sur deux rangs, venaient immédiatement; tout autour du saint les vieilles dévotes dansaient le cancan. De loin en loin on voyait de jeunes et jolies têtes regarder, cachées derrière les fenêtres et les portes. On s'arrêtait devant la case de chaque invité au banquet; le capitaine, toujours dansant, entrait, faisait le tour intérieur de la maison. La musique allait son train, ou hurlait et on repartait pour une autre case d'invité; enfin on entra dans l'église, où des palmiers avaient été arrangés par les décorateurs du lieu; des calebasses contenant de la graisse étaient disposées en guise de lampions.

La table était mise devant l'autel; on avait prudemment tendu au-dessus des draps cousus ensemble, pour cause sans doute d'araignées et autres bêtes malfaisantes. On enferma saint Benoît dans la boite, après en avoir retiré les offrandes, et nous partîmes.

En chemin, j'avais arrangé dans ma tête une composition de cette fête grotesque. Pour l'exécuter, il fallait me procurer bien des détails, et comment y parvenir sans le secours de mon hôte?

Cette fois il eut l'air de s'intéresser à ce travail projeté et me promit de faire son possible pour le faire réussir. Effectivement, il me prêta encore un de ses Indiens; je dis un de ses Indiens, parce qu'il est d'usage, dans la province d'Espirito-Santo, de les prendre jeunes, quand, encore soumis à une administration, ils sont comme qui dirait des enfants trouvés; on s'engage à les élever, et on doit les garder jusqu'à un certain âge, non comme esclaves, mais en qualité de serviteurs. Le premier moment passé et le premier modèle fourni généreusement, il en fut comme de mon précédent tableau; les modèles de détails, comme le parapluie rouge, les tambours, la casaque, le chapeau à cocarde cerise, je ne pus rien obtenir et fus encore obligé de suspendre mon travail.

Il est facile de comprendre le chagrin que me causaient toutes ces entraves, le temps s'écoulait. Enfin, un jour je reçus une lettre de l'excellent M. Taunay, le contraste le plus complet de la nature malveillante de mon Italien. Un instinct de cœur, car ce ne pouvait être que cela, lui faisait m'envoyer, à tout hasard, de l'argent. Je disais, la première fois que j'eus le bonheur de le voir, que souvent, pendant ce récit, son nom reviendrait se placer sous ma plume : c'est que jamais, dans mes relations avec ce digne homme, il ne s'est trompé un instant dans ce qu'il faisait pour moi. La somme qu'il m'envoyait n'était pas suffisante pour m'en aller ailleurs et quitter le lieu où je trouvais si peu d'aide et de ressources : mais précisément quand je pris le parti définitif d'en finir, une autre somme plus forte m'arrivait, et peu après une troisième. Toutes les occasions avaient été saisies pour me les faire parvenir en détail, afin de n'être pas trop embarrassé si par malheur l'une d'elles n'arrivait pas à sa destination. Enfin, j'étais riche ; il ne fallait plus que des canots et des hommes pour me tirer de mon guêpier. En attendant l'occasion, qui ne tarda pas à venir, je collectionnais toujours. On avait abattu des arbres dans une assez grande étendue de terrain ; c'était là que j'allais chercher des insectes, le soleil les attire bien davantage que l'intérieur des bois. On devait bientôt y mettre le feu, qui terminerait ce que la hache avait déjà commencé ; pour cela, il fallait plusieurs conditions : une journée très-chaude et un certain vent d'est, je crois. Un matin on vint me prévenir que je pouvais me préparer ; j'allai de suite chercher une place pour voir et peindre en même temps un spectacle dans lequel, indépendamment de l'intérêt de curiosité, se trouvait un sujet de tableau. Tous les domestiques de la case, d'autres attirés par la curiosité, et sans doute pour prendre leur part de la cachasse, qui, dans cette occasion, se distribue à profusion, vinrent en même temps sur plusieurs points à la fois voir l'incendie. Je n'eus, en peu d'instants, que l'embarras du choix. Ces amas de branches, ces vieux troncs d'arbres, ces feuilles desséchées par le soleil depuis six mois, tout s'enflamma en même temps. Chaque serviteur, armé d'une torche, se portait où le feu languissait. Ces hommes rouges, noirs, s'agitant à travers la fumée, ressemblaient à des sorciers assistant à une scène de sabbat. La flamme, en serpentant au sommet des arbres que la hache n'avait pas abattus, simulait d'innombrables torches gigantesques. Je ne savais par où commencer, tant s'élevaient, s'élançaient, se mêlaient et se succédaient avec impétuosité les tourbillons de feu et de fumée. Je m'étais adossé à un arbre abattu depuis bien longtemps ; il était si gros qu'on l'avait laissé à la place où il était tombé autrefois. Il fut sur le point de m'être fatal; car au moment où, bien installé derrière lui, je peignais rapidement l'incendie, le vent changea tout à coup; en un instant les flammes furent poussées de mon côté. Je fus un instant couvert d'étincelles brûlantes qui m'entrèrent dans les yeux ; ce n'était pas le cas de les fermer, il fallait s'échapper bien vite ; cet immense tronc ne pouvait se franchir, car il avait plus de quatre mètres d'épaisseur et plus de

Incendie dans la forêt vierge.

vingt de longueur. Cependant le seul parti à prendre était de courir parallèlement à lui, ce que je fis, abandonnant mon chapeau et mon siége de campagne. Je sauvai heureusement ma boîte à couleurs et mon papier, et j'arrivai couvert d'une poussière noire dont j'eus beaucoup de peine à me délivrer. Une petite pluie vint retarder l'effet de l'incendie; bien des souches restèrent à moitié consumées.

Je revins dans la nuit, et cette fois, assis tout à mon aise, je pus contempler sans péril un admirable spectacle; parmi tous ces arbres brûlés, plusieurs étaient encore debout, n'attendant que le moindre souffle de vent pour s'écrouler, le feu rongeant la base peu à peu. Je fermais à moitié les yeux, suivant les progrès du feu, qui alors brûlait lentement, me donnant pour tâche de ne les ouvrir tout à fait que quand un arbre perdait son point d'appui. Alors d'immenses nuages de cendre s'élevaient, le bruit de la chute se répétait au loin; des cris perçants y répondaient, c'étaient les chats-tigres et les singes, fuyant ces lieux autrefois leur asile.

Déjà l'homme sauvage avait cédé le pas à la civilisation, c'était le tour des animaux. Peut-être un jour d'autres envahisseurs viendront-ils prendre à leur tour la place des défricheurs d'aujourd'hui sur le petit espace que j'occupais. En voyant tomber de tous côtés ces arbres brûlés, mes pensées suivaient un cours bien étranger à ce qui se passait sous mes yeux.

J'avais été souvent témoin de discussions politiques auxquelles je n'ai jamais rien compris. On disait qu'un jour le Brésil serait la proie des flibustiers américains ; d'autres, que le nord se détacherait du sud et deviendrait république, et plus tard, probablement, le sud aussi. On disait surtout que l'impossibilité de renouveler la race noire rendrait ces choses inévitables, surtout si l'on n'aide pas davantage les colons. Les bras manquent; que faire d'une terre qui ne produirait pas. J'avais entendu dire bien d'autres choses : peut-être tout le monde avait raison. Depuis que j'habitais les bois, l'expérience me venait et je faisais aussi de la politique à ma façon; elle se rattachait, cette fois, à mes réflexions sur les envahisseurs.

Le Brésil a été conquis par les Portugais; les Hollandais y ont dominé quelque temps, puis les Portugais les ont de nouveau remplacés : de l'alliance de ces derniers avec les indigènes est sortie la race brésilienne. Depuis longtemps les tribus sauvages sont reléguées dans l'intérieur, et on dit qu'un jour viendra où d'autres peuples remplaceront les Brésiliens. Moi je pensais que si cela arrive, des ennemis inévitables feront fuir vainqueurs et vaincus et s'empareront de ce beau et magnifique pays. Des légions innombrables creusent depuis longtemps des mines souterraines; des armées plus nombreuses que les sables de la mer se répandent partout sans qu'on puisse les dompter; chassées d'un côté elles reviennent de l'autre, plus acharnées, plus invincibles. Voilà les ennemis véritables du Brésil;

ceux qui déjà ont réduit des tribus entières à abandonner leurs demeures, le sol qui les avait vus naître : ce sont les fourmis! Et je parle sérieusement : j'ai vu des meubles massifs, d'énormes portes en bois dur comme le fer tomber en poussière ; j'ai vu des plantations dévastées dans une nuit. Les fourmis se séparent en deux troupes, l'une grimpant aux arbres, coupe les feuilles, l'autre les emporte. Elles en construisent des nids à faire reculer d'horreur par leur immensité, dont aucune description ne peut donner l'idée. Une fois, chez mon hôte, on fit de grands préparatifs pour attaquer un monticule, siége d'une tribu voisine tellement nombreuse qu'à un quart de lieue de là on trouvait des sentiers souterrains y aboutissant. A la tombée de la nuit, par chaque issue, des armées partaient et revenaient chargées de butin ; on prépara pour cette expédition des papiers, des matières combustibles mêlés avec de la graisse, et à un signal donné plusieurs Indiens, armés de longues et fortes perches, découvrirent le sommet du monticule, et un cratère s'ouvrit, laissant voir au fond les œufs, formant un volume au moins aussi grand qu'un éléphant ; une partie de la nuit fut employée à brûler ces œufs. Les fourmis se sauvaient par les issues sans nombre qu'elles s'étaient préparées. Je me sentais frissonner en entendant le bruit que faisaient ces œufs en brûlant!... un mois après le nid était reconstruit.

On ne peut faire dix pas dans le bois sans rencontrer des processions de feuilles vertes ; je les ai prises d'abord pour des insectes; ces feuilles, souvent très-grandes, paraissent marcher toutes seules, et on trouve à tout moment des petites bandes de fourmis voyageuses vous barrant le chemin. Si une branche traverse un sentier, on les voit se suivre une à une pendant des heures entières sans interruption. Si on veut se procurer une orchidée, il faut bien se garder d'y toucher avant d'avoir sondé le terrain. J'ai appris cela à mes dépens : un nid est presque toujours renfermé dans ces fleurs; on voit de tous côtés, soit à terre, soit sur les arbres, des objets durs, noirs, gros et hauts de trois, quatre et six pieds; faites-y un trou, et des légions armées de mandibules dangereuses vont sortir. On ne saurait croire tous les procédés qu'il m'a fallu employer pour garantir mes collections, mes repas, l'eau que je buvais; les fourmis se glissaient partout; j'eus plus tard une bien triste preuve du mal que ces détestables bêtes peuvent faire. Une fois, en voulant prendre un nid, je m'en suis vu couvert de la tête aux pieds. En voilà assez sur ce sujet maintenant; je n'aurai que trop tôt l'occasion d'y revenir.

Je fis un jour la partie d'aller dans l'intérieur du Sertaô, du côté du *Rio doce* et des Botocudos. Je savais que les difficultés ne manquaient pas, et je pris mes précautions en conséquence. Nous marchâmes deux journées, toujours à travers bois, mais dans des chemins un peu frayés. Il fallait d'abord rejoindre les Indiens qui devaient faire le voyage. Si, de Victoria à Santa-Cruz, j'avais dû entrer souvent dans l'eau, cette fois c'était dans la boue ; plusieurs fois nos chevaux faillirent y rester, car ils en avaient jusqu'au ventre.... Plus nous avancions, plus les arbres, et la végétation en général, me paraissaient grandir; nous passions dans de certaines clairières où chaque arbre était couvert de fleurs. Je descendais souvent de cheval pour tirer quelques oiseaux. Nous couchâmes dans une baraque faite à peu près comme celles que font les cantonniers des grandes routes, et malgré les inconvénients ordinaires, je dormis parfaitement au bruit d'une cascade. Enfin le second soir nous arrivâmes dans une case où habitaient quelques Indiens cherchant du bois de palissandre ; ces bois, dont ils faisaient des madriers, étaient tirés par des bœufs jusqu'au bord d'une petite rivière. Autour de cette case on avait planté du capi pour les bœufs; ces animaux sont tellement nécessaires et ce mode de nourriture si imparfait que mon hôte préférait se priver de lait plutôt que d'avoir une vache qui eût mangé la part des bœufs.

Comme j'allais quelquefois à pied pendant la route, j'avais confié mon cheval à un Indien; il était parti en avant et n'avait pas jugé à propos de revenir me le rendre; et comme j'ai dit que les chemins étaient détestables, j'arrivai couvert de boue de la tête aux pieds, et, de plus, très-fatigué; ce qui ne m'empêcha pas de préparer divers oiseaux tués en chemin. Je me couchai sur quelques planches; les Indiens ajoutèrent à la chaleur ordinaire celle d'un feu considérable, autour duquel ils se couchèrent; j'étouffais et j'eus d'affreux cauchemars. Au point du jour on partit, cette fois pour explorer des bois bien plus impraticables que ceux qui étaient près de mon habitation ordinaire. Chacun de nous, armé d'un grand sabre nommé machette, coupait, taillait à droite et à gauche. Les araignées, en très-grand nombre, qu'on dérangeait, s'accrochaient partout à nos personnes; j'en avais des douzaines quelquefois, tantôt sur le corps, tantôt sur le visage.

Après avoir marché assez longtemps de cette façon, en montant légèrement, nous arrivâmes à des pentes si rapides qu'il eût été impossible de les gravir sans le secours des arbres et des lianes.

Pendant que nous faisions ces montées et ces descentes, une troupe de chiens, qui nous avaient suivis, chassaient en amateurs; il vint un instant où ils firent tant de bruit que nous jugeâmes qu'ils avaient trouvé à qui parler. Effectivement, c'était un coati qui, avant d'être tué, avait ouvert le ventre à deux de ses agresseurs.

Comme le temps était précieux et que nous avions beaucoup de chemin à faire dans la journée, les Indiens furent bien contrariés de ne pouvoir abattre un arbre dans lequel étaient des mouches à miel. Elles avaient fait à l'arbre, pour entrer, une petite embouchure comme le pavillon d'une trompette. Plus nous marchions, moins nous pouvions avancer. Les bras se lassaient à force de couper; nous étions

Chacun de nous coupait, taillait à droite et à gauche.

au milieu d'une forêt de bambous tellement serrés qu'après y avoir ouvert un passage on s'y déchirait tout le corps et surtout les pieds, en marchant sur les tiges innombrables qui hérissaient, à une grande hauteur, le sol, jonché en outre de grandes feuilles armées de pointes aiguës.

Nous arrivâmes ainsi au bord d'une rivière sans nom ; elle coulait fort bas au-dessous de nous. Pour l'atteindre il fallut se suspendre aux branches des arbres, au risque de se briser la tête si les points d'appui eussent manqué. J'avais déjà pris mon parti des contusions ; mes pieds étaient à peu près guéris ; je fis le saut comme les autres. Arrivé en bas tout le monde était harassé, on ne pouvait faire un pas de plus, et nous allâmes nous asseoir en plein soleil, sur une butte de sable, pour nous reposer et déjeuner.

Il fut décidé pendant cette halte que si on ne pouvait retourner dans les bois on essayerait de remonter la rivière. Je n'avais, d'abord, de l'eau que jusqu'aux hanches; mais au bout de quelque temps je fus forcé de quitter mon dernier vêtement, d'en faire un paquet et de le placer sur mon fusil, attaché en travers sur mes épaules. Ce n'était guère commode pour voyager, d'autant que je fus forcé d'augmenter mon paquet de tout mon attirail de chasse que j'aurais bien voulu n'avoir pas apporté. D'ailleurs il ne fallait rien mouiller, ce qui était fort difficile ; je suivais de loin mes compagnons, et quelquefois, quand je n'avais de l'eau que jusqu'au cou, en élevant les bras, je faisais bien lestement un croquis, regrettant de n'avoir pas derrière moi un collègue qui pût, à son tour, en faire un autre; ma pose, avec les bras en l'air, mes habits et mon fusil sur la nuque et le reste de ma personne immergé, devait être assez pittoresque. Je ne m'arrêtais pas aux choses qui avaient de l'analogie avec celles que je connaissais déjà; mais quand nous passions sous l'ombre d'une forêt de bambous qui formaient au-dessus de nos têtes d'immenses arcades parfaitement régulières; quand au haut de cette voûte de verdure je voyais pendre des masses d'orchidées se balançant au souffle du vent comme les lustres d'une cathédrale, et dont la frêle liane qui les suspendait en l'air échappait aux regards par sa petitesse, alors malgré moi je m'arrêtais; j'indiquais seulement la disposition, la proportion relatives de chaque rive, car avec les bras élevés au-dessus de l'eau la lassitude venait bientôt et me forçait d'abandonner mon travail à peine commencé.

Après quelques heures de cette promenade aquatique, nous rencontrâmes des obstacles : des troncs d'arbres brisés, d'immenses pierres arrachées à la montagne. Il fallut rentrer dans le bois, et comme les eaux, à l'époque où elles sont grosses, détrempent la terre pour longtemps, quand nous voulions monter sur un terrain qui nous paraissait solide, nous étions exposés à nous y enfoncer jusqu'à mi-cuisse, bien heureux quand nous rencon-

Le croquis incommode.

trions quelques-uns de ces petits sentiers que font les tapirs pour aller boire à la rivière. Nous étions obligés, avant de retourner dans l'eau, de marcher dans ces bois impraticables, sans pouvoir faire usage de nos sabres; et comme en ces occasions mon costume était des plus simples, mon corps se couvrait d'égratignures ; aussi, quand l'obstacle qui nous retenait hors de la rivière était franchi, pareils à une compagnie de canards, nous nous précipitions dans l'eau, où nous pouvions marcher tant qu'elle ne nous arrivait que jusqu'à la lèvre inférieure.

La journée se passa ainsi à remonter le courant, avec des intermèdes de marche dans le bois, au risque d'enfoncer d'abord dans la vase et se déchirer ensuite. Dans une de ces dernières promenades, l'Indien qui me précédait m'arrêta en étendant la main, ce que j'allais faire de moi-même, car un immense tronc d'arbre barrait le passage. Cet homme n'avait que son fusil à préserver de l'eau; il ne l'avait pas quitté, l'élevant seulement de temps en temps pour ne pas le mouiller; il visa un objet que je ne voyais pas, et à bout portant il tira sous le tronc d'arbre que j'allais essayer de franchir. Ce qui en sortit me fit reculer précipitamment. Je tombai à la renverse au milieu d'un tas d'épines. La douleur me fit relever d'autant plus vivement que j'étais en présence, pour la première fois, de ce serpent si dangereux, le souroucoucou. Il était blessé à mort. Le monstre paraissait long d'une douzaine de pieds; il brisait avec sa queue tout ce qui était à sa portée; sa tête, grosse comme un grouin de cochon, se dressait, et il faisait des efforts pour se lancer sur nous, mais vainement : il avait la colonne vertébrale brisée. Je me souviens, comme si c'était d'hier, de l'effet que produisit sur moi cette gueule ouverte, étalant deux crochets à venin, dont la moindre atteinte nous eût donné instantanément la mort. Il se débattit une demi-heure. Les Indiens voulaient l'achever, mais mon parti était pris : je voulais l'emporter et ne pas le détériorer. Je le vis s'affaiblir insensiblement; quand il ne fit plus de mouvement, je coupai une forte liane, car il ne fallait pas songer à demander aux Indiens de m'aider, et je m'approchai avec précaution; je le touchai à la tête avec une branche, et sûr qu'il était mort, je lui passai la liane au cou en faisant un nœud. Les Indiens regardaient en silence. Je traînai longtemps le monstre, ce qui n'était pas facile; d'ailleurs, outre les divers objets attachés sur mes épaules, son poids était fort lourd. Cependant celui qui l'avait tué, et qui, par parenthèse, avait été mon seul et unique modèle, m'offrit de m'aider, ce dont je fus fort aise, car je ne sais si mes forces m'eussent permis de continuer la route. Enfin, nous arrivâmes dans un lieu où il fallait décidément quitter la rivière. J'avais les pieds tellement enflés que j'eus bien de la peine à mettre mes bottes; de plus, malgré les soins que j'avais pris, tout mon bagage était mouillé et ma poudre perdue.

Le souroucoucou.

La nouvelle traversée sous bois pouvait être longue ; je dus reprendre mes vêtements, hélas! tout dégouttants d'eau; puis il fallut recommencer la lutte avec les lianes et les épines. Comme toujours, les Indiens, avec l'instinct de la bête fauve, nous dirigeaient, tout en taillant notre chemin, malgré la nuit; souvent on tombait, arrêté de tous côtés par des obstacles. On entendait fuir des êtres invisibles ; les chiens se tenaient près de nous; partout on voyait des objets de nature à effrayer ; entre autres des lueurs pareilles à ces feux follets qui égarent les voyageurs. J'eus la curiosité de connaître par quelle cause ils étaient produits. Je mis la main sur de vieilles souches pourries, et j'y pris quelques parcelles brillantes comme de longs vers luisants. Plus tard, quand je voulus en revoir l'effet, le phosphore avait disparu.

Cependant je tirais toujours après moi mon serpent, moitié seul, moitié avec l'Indien, et quand nous trouvâmes une éclaircie dans le bois, quand nos guides eurent reconnu qu'ils étaient à peu de distance d'une case, ils me prièrent de laisser là mon butin afin de ne pas attirer d'autres individus de la même espèce, qui d'ordinaire suivent la trace du sang. J'accédai à leur demande; mais le lendemain, au point du jour, armé du scalpel et de mon fidèle coutelas, je vins me mettre de tout cœur à l'opération que j'avais projetée. J'attachai à une haute branche le souroucoucou, après lui avoir coupé la tête, que je mis aussitôt dans un gros flacon rempli d'esprit-de-vin.

Quand les Indiens eurent compris ce que j'allais faire, ils se sauvèrent dans les bois, et tout le temps que je mis à dépouiller et retourner la peau du serpent, ce qui fut très-long, je pouvais voir caché derrière quelques troncs d'arbres des yeux effrayés.

L'Indien Almeida.

L'opération terminée, tout le monde rentra à la case, et malgré l'assurance que je mis à déclarer que je n'avais pas trouvé de dard à la queue du reptile, personne ne fut convaincu.

A la suite de cette opération, j'eus la douleur de m'apercevoir que j'avais perdu mes lunettes. J'avais eu l'imprudence de n'en pas apporter d'autres avec moi, mais seulement des verres, et au retour je m'épuisai en vains efforts pour les ajuster. J'avais bien confectionné mon siége de voyage pour remplacer celui que le feu avait brûlé; mais mes ressources d'opticien étaient à bout quand on me rapporta les lunettes que je regrettais si justement. Quelques jours après cette excursion, la case inhospitalière qui m'abritait reçut de nouveaux hôtes. On y apporta, étendu dans un hamac, un des Indiens dangereusement malade, à la suite de cette course dans l'eau, puis un autre presque mort; c'était le pauvre Almeida, celui qui avait tué le serpent, celui qui m'avait aidé à le traîner. Deux jours après il était mort. J'appris en me levant qu'on avait fait prévenir les parents et qu'on viendrait bientôt enlever le corps. Comme je n'avais pu peindre des Indiens vivants, je résolus de profiter de la triste circonstance qui me permettait de peindre un mort; j'allai immédiatement dans le petit réduit où on l'avait étendu sur deux planches. Son lit ordinaire était une vieille natte; il était là couché, les mains serrées l'une contre l'autre. On l'avait enveloppé dans une vieille blouse bleue; ses jambes et ses cuisses étaient nues. Tout à côté était la cuisine. Ses camarades, que je voyais par les interstices de la terre dont on enduit les cases, riaient et causaient entre eux. Un grand feu était allumé; ils y faisaient cuire des poissons. Près du défunt se tenait sa mère, la vieille Rose; elle marmottait à voix basse le chant de mort, chassant les mouches du visage de son fils, lui ouvrant les yeux par intervalles, et de temps en temps aussi, interrompant son chant monotone et lent pour mordre dans un poisson qu'elle allait prendre à la cuisine. J'avais dit en allant faire cette étude que je m'éloignerais aussitôt que les parents viendraient, et j'avais été cependant très-étonné de voir que la mère non-seulement n'avait rien trouvé à redire quand je m'étais mis à peindre le mort, mais encore qu'elle m'avait arrangé divers objets dont je l'avais priée : donc cette supposition qui arrêtait tous mes projets de travaux n'était pas réelle. Cependant j'avais promis et je ne perdis pas un instant. Mon travail touchait à sa fin quand j'entendis qu'on disait : « Voilà les Indiens; » j'allais à mon grand regret quitter la partie, lorsque mon hôte, se précipitant dans le lieu où j'étais, me dit avec un ton plus que grossier : « Allons, allons; il faut finir; dépêchez-vous. » Et sur ma réponse que, puisque la mère ne trouvait rien à redire à ma besogne, je ne voyais pas pourquoi les parents éloignés seraient plus difficiles, il sortit et je l'entendis crier en se promenant de long en large : « Qu'il termine son ouvrage une autre fois; croit-il que je vais me brouiller avec les Indiens pour lui? » Je suis féroce quand on me trouble dans mon travail; il n'en fallut pas tant pour faire déborder le vase.

L'indignation contenue depuis longtemps se fit jour, et prenant à la hâte tout ce que j'avais apporté dans cette chambre mortuaire, je passai en

L'Indien Almeida mort et la vieille Rose sa mère.

silence près de cet homme qui m'avait si souvent entravé, me jurant de mourir dans les bois, plutôt que de vivre un jour de plus sous son toit. J'entrai dans ma chambre, je préparai mes malles en silence ; je mis la clef dans ma poche, et je m'éloignai pour ne plus revenir. « Oui ! disais-je, quand je devrais mourir de faim, de soif, de fatigue, je préfère tout à l'ignoble hospitalité que je fuis. » J'avais la veille ramassé, en chassant, une vingtaine de goyaves ; j'allai m'asseoir près du torrent, et après avoir pris un repas bien frugal, je me remis en marche ; j'errai longtemps dans les hautes herbes. La nuit approchait ; déjà j'entendais des cris bien connus ; j'étais brisé de fatigue. L'émotion qui m'avait soutenu pendant quelque temps avait cédé à notre pauvre nature. Si je ne sortais pas de la forêt avant la nuit, il fallait coucher à terre, ce n'était pas gai et peu rassurant. Par bonheur j'entrai dans une grande clairière, les arbres étaient coupés ; on en avait déjà brûlé des parties parmi lesquelles commençait à pousser une plantation de manioc.

Une case tout à jour comme une cage était commencée, mais je ne vis ni entendis personne. Je fis fuir plusieurs animaux en y entrant, ils se perdirent dans les ténèbres, car la nuit était venue tout à coup.... Enfin j'avais un gîte. J'allai m'étendre dans le seul endroit qui fût couvert, et là, malgré la faim qui me pressait, je dormis parfaitement jusqu'au matin, où je fus éveillé par une grande chauve-souris qui, en me frôlant le visage avec ses ailes, me fit lever précipitamment pour essayer de la prendre, car un individu de cette espèce manquait à mes collections. J'oubliai un instant ma fâcheuse position, et je ne fus rappelé au sentiment de mon isolement que par le mauvais résultat de ma chasse. Je savais que de ce côté il y avait quelques cases disséminées, mais je n'y étais pas allé encore, cela m'inquiétait, et je regrettais presque de ne pas avoir pris un chemin un peu connu de moi; j'en avais été détourné par le désir de ne pas me rencontrer à l'avenir avec l'individu que je quittais.

Me voilà parti à la recherche d'une habitation; j'eus le bonheur de trouver tout près du lieu où j'avais couché des arbres chargés de goyaves; j'en fis un repas copieux, et je remplis mes poches pour le cas où je ne trouverais rien de mieux plus tard. Enfin, des aboiements se firent entendre; je dirigeai mes pas du côté d'où ils partaient, et bientôt je me trouvai près d'une case d'où s'échappait de la fumée. Je fus assailli par une demi-douzaine de chiens hargneux, mais si poltrons que je n'avais qu'à me retourner pour les faire fuir en hurlant. J'entrai sans autre obstacle dans l'intérieur, mais il n'y avait personne; pourtant les maîtres du logis ne devaient pas être bien éloignés, car je voyais sous de la cendre chaude cuire doucement de ces grosses bananes qu'on mange rarement crues. Si j'eusse rencontré la veille un mets pareil, quand j'avais si faim, j'en aurais pris probablement sans demander permission, mais aujourd'hui, je pouvais attendre. On me laissa seul pendant une demi-heure. Au bruit que firent les chiens de nouveau, je compris que j'allais avoir de la société. Effectivement, deux hommes armés de fusils entrèrent en escortant trois femmes dont une très-vieille, celle qui sans doute préparait le festin qui cuisait sous la cendre. Ces gens-là parlaient le portugais. Je leur dis bonjour le mieux qu'il me fut possible, et comme j'avais entendu dire qu'un vieil Européen habitait de ce côté, je leur demandai s'ils le connaissaient. J'eus assez de peine à me faire comprendre; était-ce de ma faute ou de la leur, c'est ce que j'ignore. Les hommes se consultèrent pendant que les trois femmes, certaines d'avoir des défenseurs, attisaient le feu, retournaient les bananes, et en mettaient deux des plus belles dans une feuille de manioc; l'une d'elles vint me les offrir, en même temps que les hommes déposèrent leurs fusils. Il semblait que les chiens attendaient cette preuve de confiance de la part de leurs maîtres pour cesser les hostilités; ils avaient toujours grogné depuis mon arrivée; ils entrèrent alors l'un après l'autre, la queue basse. Cependant j'attendais ma réponse, que les Indiens ne s'empressaient pas de me faire. Enfin l'un d'eux me fit comprendre qu'il n'avait pas bien saisi ma demande. Alors je crus devoir ajouter à mon portugais un peu mêlé une pantomime savante et animée, pour indiquer le blanc que je cherchais; je me montrais modestement, je portais le bout de mon doigt contre mon visage, et je disais dans un langage un peu rudimentaire : « Où demeure celui qui est blanc comme moi?...» J'oubliais que j'étais aussi noir que mes auditeurs, et je me vantais.

Enfin, il paraît ou que mes gestes appropriés au sujet, ou que des mots de mon faible répertoire furent compris, car l'un des hommes reprit son fusil et me fit signe de l'accompagner. Après une heure de marche, au milieu d'un terrain qui paraissait avoir été cultivé, mais qui avait été abandonné, à ce que j'ai su plus tard, à cause des fourmis, mon guide frappa à la porte d'une baraque d'où sortit un bonhomme que j'aurais embrassé, car il me demanda en français ce que je voulais. Nous causâmes longtemps. Je lui parlai de ma résolution d'aller vivre dans les bois, si je trouvais à me loger. Il me découragea, me disant que c'était impossible. Enfin, je le décidai à venir avec moi dans un endroit où il y avait deux cases seulement. Là au moins, je serais bien seul avec les Indiens, comme je le désirais. Quand nous arrivâmes, on ajoutait à l'une de ces cases une petite pièce. Sans fenêtre, elle se composait, selon l'usage, de quelques légers troncs d'arbres, d'une porte, d'un toit recouvert en branches de palmier. Les murailles étaient faites avec une quantité de petites branches placées horizontalement et attachées par des lianes à des poteaux perpendiculaires. Entre ces petites branches, on pose à la main de la terre mouillée qui en se séchant forme une espèce de crépi, mais au moindre mouvement tombe en morceaux. C'était du sol même de cette petite pièce qu'on avait extrait la terre détrempée, si bien qu'en y entrant j'enfonçai jusqu'à la cheville. Quand on eut dit au propriétaire qui habitait l'autre case, que je voulais demeurer là, il répondit que je voulais donc me faire mourir. « Personne, me dit-il, ne peut habiter avant un mois dans

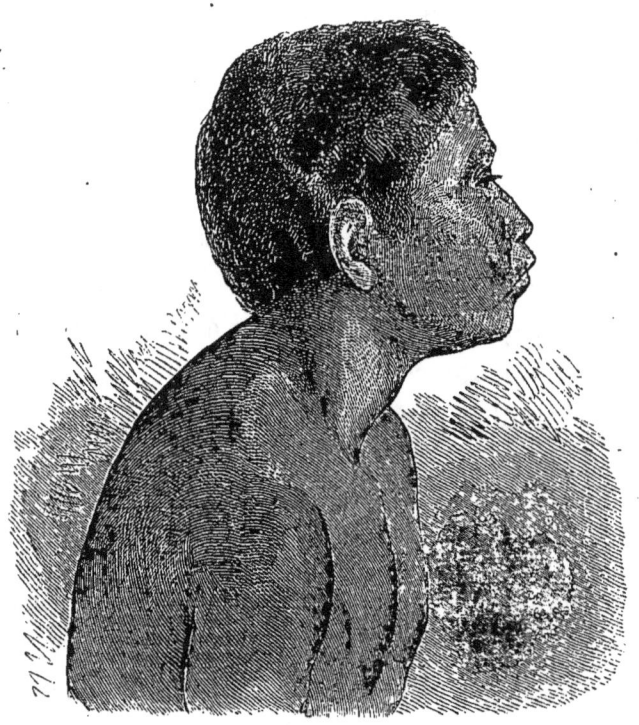

Le petit Manoël, mon cuisinier.

ce lieu, la nuit surtout, sans un grand danger. » Mais tout me semblait préférable à ce que je quittais. Et comme cette affaire me regardait seul, ce trou humide me fut octroyé sans rétribution; de plus, grâce à mon interprète, je me fis amener un jeune garçon nommé Manoël. Il voulut bien me servir de domestique, remplir les fonctions de cuisinier, et surtout porter une partie des objets photographiques quand j'étais dans les bois. On me donna trois hommes et deux canots pour aller chercher mes malles, car, sans m'en douter, j'avais employé presque deux jours pour revenir dans le voisinage de la rivière dont je me croyais fort éloigné. Cette circonstance simplifiait bien mon déménagement, en m'enlevant une grande inquiétude; car, tout en courant les bois, je me demandais comment je pourrais faire transporter ces effets assez nombreux au milieu des difficultés semées à chaque pas. Enfin j'avais déjà réalisé en perspective les projets d'étude si longtemps caressés en vain. Déjà, en une heure, j'avais trouvé un logement, un domestique, les hommes et les canots désirés! J'allais vivre au milieu de nombreux modèles : j'étais certain de les rendre moins superstitieux au moyen de la cachasse, dont je me promettais de faire ample provision. En attendant, le bonhomme me donna un banc pour coucher et quelques bananes pour me faire digérer un morceau de lard complétement gras. Il me fallut, cette fois, me contenter de farine toute sèche, ce qui ne me plut pas trop, car chez mon premier hôte j'en avais fait faire des petites galettes mêlées avec de la graisse et cuites sur des cendres chaudes. Mais ce n'était pas le moment de faire le difficile.

Les canots partirent de très-bon matin; ils revinrent le lendemain avec mes effets. J'appris qu'on avait fait courir après moi le jour de mon départ;

ma fuite avait d'assez graves conséquences; mon ci-devant hôte s'était fait des ennemis de tous côtés. S'abritant de ma personne contre eux, il avait répandu partout que j'étais un grand personnage, bien en cour, et fort à ménager. Ce mensonge n'était pas cher, et il en tirait vanité. Qu'allait-on penser en me voyant autre part, mal logé, mal nourri, sans autre protection que mon fusil?...

Enfin j'étais libre; j'avais de l'argent, grâce à ce bon et prévoyant M. Taunay; j'envoyai deux Indiens avec un canot à Santa-Cruz pour m'acheter des provisions, d'abord des haricots, de la *carne secca*, une soupière, des allumettes, du vinaigre, du sel et du lard. En attendant leur retour j'arrangeai avec Manoël l'intérieur de la case. Mon trou se composait de deux compartiments; dans le plus obscur, après avoir égalisé la terre humide, je plaçai mes flacons dans un petit espace réservé, et entouré de pierres. Et comme, pour préparer mes produits, j'étais obligé de me mettre à genoux, je fis un trou en terre pour plus de commodité. Comme je n'avais pas de planches comme chez le signor X..., je n'eus, pour préserver d'autres objets, que de petits troncs de palmistes que je coupai et fixai sur des pierres à quelques pieds du sol. J'avais heureusement des clous et quelques outils, je tendis des lianes et j'y pendis mes habits. J'achetai à bon marché aux Indiens quelques bassines, creusées comme les canots dans un morceau de tronc d'arbre. L'expérience m'ayant appris qu'il fallait avant tout se garantir des fourmis, je remplis d'eau une des bassines, la plus grande, plaçai un vase au milieu, une planche par-dessus et je mis ainsi mes provisions de bouche en sûreté. J'accrochai, aux poutres soutenant le toit de palmier, des ficelles enduites de savon arsenical, et au bout de chacune des cornets de papier pour recevoir les oiseaux non préparés. Je fixai aux mêmes poutres mon hamac, présent que m'avaient fait autrefois les bons et excellents naturalistes Édouard et Jules Verreaux. Je me fis également une table, toujours avec des rondelles de palmiste, arbre précieux dont la tige terminale devait encore souvent composer mon dîner. J'avais une certaine quantité de toile à peindre; quand ma table fut clouée, les pieds enfoncés solidement dans la terre, un morceau de cette toile y remplaça la nappe et la toile cirée; je dois avouer que je fus content de mon ouvrage; ma chaise de voyage, également de ma façon, compléta le confortable de ma salle à manger. Mais où placer tout le reste de mon bagage? Il ne fallait pas songer à mettre certains objets à terre; ils eussent été pourris en moins d'une semaine. Où trouver ce qui me manquait? En allant et venant, je découvris un reste de canot dont personne ne pouvait se servir. Aidé de mon ami Manoël, je l'apportai à la maison, et par bonheur il se trouva juste de taille à en garnir un des côtés. Non-seulement alors j'avais le nécessaire, mais le luxe allait orner ma demeure. Car ce tronçon de canot, en économisant la place de mes ballots, devenait pour moi un canapé que je pouvais rendre aussi moelleux qu'un sybarite l'eût désiré, avec des masses de crin végétal appendues de tous côtés au sommet des arbres. C'est ce que je fis, sans pouvoir toutefois éviter une dépression fâcheuse au centre du canot, au grand détriment de mes jambes qui ne pouvaient toucher le sol.

Le retour des Indiens fit de mon gîte un lieu de délices; rien n'y manquait. La plupart de mes effets étaient accrochés en haut des murailles encore humides, je glissai par-ci par-là des morceaux de bois pour les tenir éloignés de la paroi autant que possible; puis, comptant sur le soleil pour terminer promptement mes inquiétudes en séchant ma toiture, un beau jour je pris congé du vieux Français et allai coucher dans mon hamac, au milieu d'un luxe inconnu aux contrées habitées par les pauvres Indiens. Pendant cette première nuit, un orage accompagné d'éclairs et de tonnerre, un orage des tropiques, me tint éveillé d'une façon peu agréable. En construisant ma baraque on avait fait des amas de terre et de bois, qu'on avait déposés derrière elle, en attendant le moment de les enlever. En quelques minutes, une voie d'eau à y passer le corps se fit dans ma muraille de boue, et je me vis inondé littéralement. Pour donner passage à l'eau, il me fallut ouvrir une tranchée au milieu des immondices et faire un ruisseau pour l'écoulement; je devins terrassier par force majeure. De cet événement, il ne resta pas trop de traces fâcheuses dans mes effets, ayant pris, comme je l'ai dit, la précaution de ne rien poser sur le sol.

Cet exercice un peu forcé ramena le sommeil interrompu par cet accident, et, en m'éveillant, je me sentis heureux. Ce qui m'entourait avait été créé par moi; un léger présent payerait mon humble loyer.

Victuriano, parent d'Almeida.

Tout le reste m'était égal; aussi en me levant je commençai gaiement à préparer mes matériaux de tous genres, et, sans attendre le lendemain, j'allai peindre une étude; pendant que je travaillais, je pris un insecte magnifique vulgairement nommé arlequin.

La case que j'habitais était, comme toutes le sont presque toujours, sur une hauteur assez éloignée de la rivière. Je n'eus plus la fantaisie de me baigner dans celle-ci, car pour y arriver il fallait entrer bien avant dans la boue. En face de moi, les montagnes, entièrement boisées, se dessinaient sur le ciel. L'autre case se voyait au loin, et toujours, selon l'habitude, on avait enlevé les arbres tout autour; dans cette case les Indiens allaient boire de la cachasse le dimanche. En passant ainsi près de mon domaine, ils se familiarisèrent peu à peu, et me voyant chasser, non-seulement aux oiseaux et aux quadrupèdes, mais aux reptiles, ils vinrent m'en apporter eux-mêmes. J'avais fait prendre de la petite monnaie à Santa-Cruz, et en peu de temps je n'eus plus que l'embarras du choix.

Tous les dimanches aussi les Indiens des deux sexes prirent l'habitude de venir me voir. Je m'étais procuré de la cachasse : ils la sentent de loin. Je profitai de ces visites pour reprendre les tableaux que j'avais été forcé d'abandonner, et, à peu d'exceptions près, je ne trouvai pas les difficultés qui m'avaient arrêté si longtemps et m'avaient fait prendre ce parti de vivre seul. Je pus me procurer tous les types que je désirais vainement autrefois. Travaillant tous les jours, chassant au lever du soleil, une heure ou deux avant de prendre les pinceaux, vivant moitié de ma chasse, moitié de celle qu'on me vendait, grossissant mes collections de tous genres.... Qu'avais-je de mieux à espérer?

Je passai quelque temps assez sédentaire, c'est-à-dire que je ne me donnais pas le loisir d'aller au loin courir pendant des journées et des semaines. Il fallait rattraper le temps perdu, et quand je crus pouvoir m'occuper d'autre chose que de peinture, j'organisai mes matériaux de photographie, après avoir été fort loin pour découvrir des grands bois encore respectés par la hache, car de tous côtés je n'étais entouré que par de nombreuses broussailles poussées sur des défrichements abandonnés, comme je l'ai dit, à cause des fourmis; et j'avais à peu près une heure et demie de ce taillis à traverser pour être tout à fait en pleine forêt vierge. Mon appareil était fort gros; je mettais dans la chambre noire la tente que j'avais confectionnée; ce poids, assez lourd, était destiné à Manoël; je m'en étais réservé un autre non moins fatigant. Dans mon sac de peintre de paysages, que je portais comme les soldats, était une boîte contenant une dizaine de glaces; j'avais en bandoulière une carnassière remplie de toutes sortes d'objets : vingt piquets pour ma tente, mon livre de croquis, du plomb et de la poudre en assez grande quantité, et dont mon dîner dépendait quelquefois; de la farine dans un vase, des bananes, des oranges, de la chandelle, des allumettes, des paquets de ficelle, des ciseaux, un étui renfermant de l'alcali, et, de plus, un grand sac de nuit contenant, outre plusieurs bouteilles d'eau, du nitrate d'argent, de l'acide pyrogallique, de l'hyposulfite de soude, etc. Ma ceinture supportant mon couteau de chasse et une vieille carabine de chasseurs d'Orléans, que m'avait prêtée mon vieux Français. J'ignore comment cette arme était tombée entre ses mains; mais comme mon fusil m'avait crevé dans les doigts, sans me blesser, heureusement, c'était une bonne fortune que cette carabine; je l'aurais désirée moins lourde, car ces poids combinés entre eux ne laissaient pas de me fatiguer beaucoup. Je me levais, selon ma coutume, au premier chant du coq. Je préparais tout ce qu'il me fallait pour la journée, et bien longtemps avant Manoël je me mettais en marche. Il fallait tout d'abord gravir une pente roide à travers un défrichement, puis j'entrais dans le bois, toujours en montant, et enfin je me trouvais sur un terrain plat, presque toujours avant le lever du soleil, mais déjà tout en sueur. J'avais négligé longtemps certains oiseaux ressemblant à des grives et nommés sabias, car ils n'étaient pas brillants de couleur; mais comme il s'agissait maintenant de manger, il ne fallait pas faire le difficile : j'en trouvais souvent sur mon chemin ainsi que des engoulevents, oiseaux de l'aube comme du crépuscule. Je n'avais qu'à me baisser un peu pour déposer doucement mon sac de nuit à terre, laisser glisser le long de mon bras, libre alors, ma carabine suspendue à mon épaule droite, et je me faisais des provisions. A force de marcher, j'atteignais enfin les grands bois, au milieu des racines qui étaient à découvert à cause des pluies. Il ne fallait pas songer à me reposer, et en attendant ma chambre noire et ma tente, je taillais un terrain propre à les recevoir. Ce n'était pas facile, surtout quand je rencontrais de grosses racines. Quand Manoël arrivait, nous faisions de suite nos préparatifs, toujours bientôt

Femme Caboel, civilisée.

terminés si les moustiques ne s'en mêlaient pas. Si je répète si souvent le nom de ce dyptère, c'est que toujours dans ces bois il joue le rôle principal. Je cherchais des vues à prendre, et malheureusement c'était souvent impossible, à cause de la trop grande proximité du modèle. Il me fallait travailler à genoux dans ma tente; si je trouvais un bel effet de soleil, je courais à mon appareil photographique, et quand tout était prêt, le soleil était parti. Je passais une partie de la journée à l'ombre, ne m'arrêtant jamais, mangeant debout, buvant de l'eau. Souvent un orage, dont rien n'annonçait l'approche, venait fondre sur nous. Il fallait se hâter de tout emballer, et de partir à travers des sentiers encombrés de détritus et changés en torrents; on arrivait au gîte dans un piteux état. Nous buvions alors un verre de cachasse, je me jetais sur mon hamac, après avoir changé de pantalon, tandis que Manoël allait quitter le sien pour le faire sécher. Ces jours-là je peignais une tête, d'après un Indien mâle ou femelle, et je ne sortais plus, ou bien je préparais les produits de ma chasse, en retirant la chair et conservant la peau. Je ne pourrais dire si les jours d'orage, en me surprenant dans le bois, étaient plus pénibles au retour que les jours de soleil, où revenant vers deux à trois heures j'avais à traverser de grands défrichements et ne rentrais au gîte qu'à l'état d'éponge, ce qui n'empêchait pas qu'après un instant de repos, si j'avais un modèle sous la main, je ne le laissais pas échapper.

Un jour, en préparant à la lumière des flacons de collodium, la flamme, poussée par un courant d'air, se communiqua à un litre d'éther; je ne fus pas encore cette fois blessé par l'explosion; mais le feu prit à mon toit; je n'eus que le temps de sauter sur une grande bassine pleine d'eau, et j'éteignis l'incendie commencé en me brûlant les doigts et un peu les cheveux. Avec le reste de mes produits chimiques, je recomposai mon chargement ordinaire. J'étais ce jour-là à genoux dans ma tente, et tout en travaillant j'entendais des voix; on parlait avec Manoël. Quel fut mon étonnement quand, en mettant la tête à la portière, je vis, au

Un Botocudos.

lieu de quelque chasseur armé de son fusil, comme il s'en présentait quelquefois, une douzaine de sauvages Botocudos étalant leurs lèvres déformées et leurs oreilles longues d'un demi-pied. Ils ne comprenaient certainement rien à cette tente dans laquelle, au milieu du jour, ils voyaient de la lumière. Ce fut bien pis quand ils virent sortir en rampant une tête rasée et une longue barbe. Déjà

Manoël leur avait dit ce que j'étais ; mais sa science n'allait pas jusqu'à savoir ce que je faisais.

Ces Botocudos revenaient de Victoria, où ils avaient été en députation près du président de la capitainerie. Ils étaient entrés tout nus dans la ville ; on s'empressa de leur offrir des chemises et des pantalons, on leur donna des fusils, de la poudre et du plomb, on ajouta à ces présents de belles paroles, des promesses magnifiques, quitte à ne pas s'en souvenir, et on les congédia.

A peine hors de la ville, comme leurs nouveaux vêtements dérangeaient un peu leurs habitudes, ils en avaient fait, comme moi dans le voyage aquatique dont j'ai parlé, des paquets ; ils portaient en bandoulière leurs fusils et à la main leurs arcs. J'avais quelques petits objets de peu d'importance, entre autres un couteau et une lime à ongles achetés à Paris dans une de ces baraques dont l'approche du jour de l'an couvre les boulevards. J'en fis présent à celui qui paraissait le chef de la troupe ; nous fûmes bien vite bons amis, car il m'offrit en échange un arc et trois flèches. J'ajoutai à mon présent une partie de mon déjeuner, qui fut également bien reçue. Je fus récompensé de cette bonne action par ce que je vis : il avait, comme ses compagnons, dans une ouverture faite à la lèvre inférieure, un disque de tige de cactus un peu plus large qu'une pièce de cinq francs ; il s'en servit comme d'une assiette, découpant dessus, avec mon couteau, un morceau de viande fumée qui n'avait qu'à glisser ensuite dans la bouche. Cette façon de se servir de la lèvre en guise de plat me parut d'une grande commodité. Mes nouvelles connaissances avaient également de grands morceaux de bois pareils dans le lobe des oreilles. Sans cette précaution elles eussent pendu d'un demi-pied. Je fus très-content de cette rencontre, car je n'étais pas certain d'aller dans leur pays, qui pourtant n'est pas fort loin du lieu où je me trouvais.

Ce fut la journée aux aventures : à peine revenu à mon travail, sous ma tente, j'entendis Manoël crier : *Su Bia, un Bacourino!* (Un sanglier!) Je me précipite hors de la tente; je prends mon fusil avec une certaine émotion. Un sanglier! voilà de la nourriture pour longtemps, en supposant que je ne sois pas décousu par l'animal. *Là signo tali, no matto.* (Là, seigneur; là, dans le bois.) Comme ce n'est pas un jeu d'enfant qu'un animal dont le caractère est loin d'être bienveillant, je mis une certaine prudence dans ma façon de me présenter à lui ; c'était le cas de glisser deux balles dans ma fameuse carabine. Je n'y manquai pas. Manoël, sur le courage duquel je ne comptais pas, avait grimpé sur un arbre, attendant l'événement. Il pouvait, de la place qu'il occupait, voir mieux que moi, dans l'intérieur du fourré plein de plantes grimpantes; et quand, ma carabine armée, je tâchais de découvrir le sanglier, Manoël, l'intelligent Manoël, se mit à crier : *Bacourino de casas!* et un moment après je vis grouiller dans les herbes une famille de porcelets sous la conduite de leur mère. Une case était à peu de distance, ce dont je ne me doutais pas. Grâce à mon domestique, j'allais faire un joli coup. Un moment après je pus apprécier en lui le caractère général de ses compatriotes, braves gens incultes, c'est vrai, mais parfaitement ingrats, fainéants, et stoïquement indifférents au mal d'autrui, même entre eux.

Depuis quelque temps, les bandes de fourmis voyageuses étaient venues me visiter. Quand elles traversaient le sentier où j'avais établi mon atelier, il ne fallait pas songer à continuer mon travail. Nous étions là à attendre qu'elles fussent passées. Cela durait depuis longtemps lorsque deux jeunes chasseurs indiens arrivèrent près de nous, sans apercevoir l'obstacle. Ce ne fut qu'au milieu des fourmis, dont en un instant ils furent couverts, qu'ils virent combien ils s'étaient fourvoyés. Leur camarade Manoël n'avait eu qu'un mot à dire pour leur éviter ce désagrément, il ne l'avait pas dit; en revanche, quand il avait peur, il criait comme un sorcier. Ceci pouvait avoir son utilité; un jour, empêtré avec mon bagage dans un amas de lianes, je l'entendis hurler derrière moi : *Su Bia uma cobra!* (Signor Biard, un serpent!) Et, en même temps, il revenait sur ses pas lestement en criant toujours : *Su Bia uma cobra!* J'étais en effet à deux ou trois pas d'un grand serpent vert, qui, dressé sur sa queue, s'avançait tout doucement de mon côté. Sa couleur se confondait avec celle des feuilles et, sans les clameurs de Manoël, j'allais le toucher en passant. Il était fort gros, et ce ne fut pas une petite affaire que de le dépouiller quelques heures plus tard. Les Indiens le nomment le serpent de Murouba.

En compensation de sa poltronnerie, Manoël possédait la paresse. J'avais depuis quelque temps le désir de manger à mon dîner un ragoût de choux-palmistes. Je l'envoyai dans le bois pour en récolter. Ce légume, on le sait, n'est autre chose que le bourgeon terminal d'un palmier; or Manoël, trouvant fatigant d'aller le cueillir à quarante pieds de haut, se contenta d'étêter dans le taillis quelques palmiers en herbe; il eût fallu une centaine de ces choux pour faire un plat. Je le renvoyai bien vite à la provision; mais cette fois il ne revint pas, malgré les cris, les menaces dont je fis retentir les échos. Ce jour-là mon dîner se composa de bananes. Si Manoël me fût tombé entre les mains, j'aurais fait une grande faute, car à la suite de la volée de bois vert qu'il aurait inévitablement reçue, j'aurais été forcé de faire moi-même ma cuisine. Le lendemain, selon mon habitude, ayant précédé le soleil dans les bois, j'aperçus Manoël portant son bagage ordinaire et se promenant comme si de rien n'était; j'en fis autant par nécessité.

Cependant, de courses en courses j'arrivai à la consommation de mes produits chimiques. C'était beaucoup de travail pour peu de résultats. N'ayant qu'une douzaine de glaces, quand j'avais fait des épreuves presque toujours mauvaises, faute d'expérience, puis par excès de chaleur, d'humidité, et de mille autres causes, j'effaçais le peu que j'avais produit pour recommencer sans plus de succès. Le dernier jour de mes excursions photographiques, Manoël me parla d'un lieu où se trouvaient beaucoup d'orangers. Je laissai aussitôt mes bagages dans le bois, et nous voilà partis à l'aventure, car il ne connaissait pas trop bien la direction qu'il fallait prendre pour arriver au but.

Nous voilà coupant, taillant un passage, et une heure après nous débouchions dans une grande clairière, au milieu d'un champ de hautes herbes qui se fermaient derrière nous dès que nous étions passés. J'ai déjà dit que les oiseaux et les insectes sont bien plus nombreux dans les endroits déjà défrichés que dans l'intérieur des forêts. Toutes les jeunes pousses sont chargées de baies dont la plupart des oiseaux du Brésil font leur nourriture. Car généralement ils se nourrissent de fruits; j'en ai trouvé fort peu vivant de graines : c'est ce qui rend presque impossible leur transport en Europe. Dans le lieu où nous étions, je n'avais qu'à choisir; j'en voyais de toutes couleurs. L'un d'eux me séduisit particulièrement; il était du plus beau bleu. Je l'apportai en triomphe à Manoël qui me dit : « Voilà un oiseau d'un joli vert. » Je levai les épaules et lui demandai de me conduire aux orangers. Nous avions de l'herbe souvent par-dessus la tête; il était difficile de s'orienter. Enfin nous arrivâmes devant une case à moitié renversée. En face d'elle était une plantation d'orangers et de citronniers, portant des fruits en quantité, mais plus de feuilles. Cela faisait un singulier effet. Ici encore les fourmis avaient accompli leur œuvre de destruction, et ruiné les pauvres planteurs, forcés d'aller chercher plus loin une existence moins disputée. Je fis un croquis du tout; je mangeai beaucoup d'oranges, et comme je n'avais plus le moyen de faire de la photographie, je projetai de consacrer en ce lieu une huitaine de matinées à l'accroissement de ma collection d'oiseaux. Nous rentrâmes ce jour-là bien fatigués, et quand j'eus déployé et mis au jour mes richesses, je fus fort étonné en voyant mon oiseau bleu passé à un vert d'eau très-prononcé. « C'est Manoël qui avait raison, » me dis-je. Au moment même celui-ci entra dans la case et à son tour il convint de suite que l'oiseau était bleu. C'était un effet de la position des plumes du volatile, par rapport au jour; si bien que vu d'un troisième côté, il apparut violet. J'en ai rapporté en Europe une douzaine d'échantillons.

Je retournai souvent dans le voisinage des orangers, et, en m'orientant, je découvris le plus charmant endroit qu'un chasseur puisse désirer : un sentier praticable, sous de grands arbres très-épais et flanqué de clairières de chaque côté. Les oiseaux, après avoir butiné, venaient se reposer à l'ombre, et je n'avais qu'à choisir tout à mon aise. Je me promenais sans fatigue ; je chassais, puis, quand je me sentais un peu las, j'allais chercher des oranges et je m'asseyais sur des troncs d'arbres. Je dessinais

Le chat sauvage.

des fleurs, des feuilles, sans perdre de vue le sommet des arbres. Comme je ne faisais pas grand bruit, un jour j'entendis derrière moi quelque chose marcher dans les herbes. En me retournant doucement, je vis un très-beau chat sauvage, se promenant aussi de son côté. Il faisait de petits bonds, s'accrochait aux lianes, et de temps en temps faisait entendre de faibles miaulements. C'était le premier qui venait ainsi à ma portée. J'avais toujours dans les poches de mon pantalon des balles et des chevrotines. Je glissai quelques-unes de celles-ci dans ma carabine, toujours chargée fortement. Quand je voulus me lever, d'un bond il fut sur un arbre, et avant que je pusse le viser, il était tout en haut. Je le tirai presque au hasard, et je fus bien surpris de le voir tomber en s'accrochant de branche en branche; arrivé à terre, il était mort. J'en avais assez ce jour-là, et je revins à la case portant un gibier qui me parut très-lourd.

Déjà, selon l'habitude qu'avaient prise les Indiens, pour lesquels je n'étais plus un objet de crainte, plusieurs d'entre eux étaient déjà assis devant ma case en m'attendant. Dans le nombre figuraient les parents du pauvre Alméida, ceux-là même qui, selon mon ex-hôte, étaient si superstitieux, et avaient été cause de mon départ. Je peignis donc en présence de l'assemblée. J'entendais répéter de tous côtés : *talè qual* (tel quel). Si j'avais été disposé à continuer, je n'avais qu'à choisir mes modèles ; je donnais par tête une pataca, à peu près seize sous.

Puis venait la distribution de la cachasse : les hommes d'abord, les dames après. Ma générosité allait à une bouteille par réception. Une fois le vase vide, tout le monde s'en allait sans dire adieu à *su Bia*.

J'avais bien quelques protégées, celles qui n'avaient pas encore posé ; je leur réservais quelques

La buveuse de cachasse.

petits verres en cachette de la société. L'une d'elles, profitant d'une légère absence de ma part, me vola une bouteille et la but tout entière. Au bout d'un instant elle se mit à pousser des hurlements, et à se rouler par terre avec des contorsions épouvantables. Au milieu de tout ce bruit je compris qu'elle disait qu'elle était empoisonnée, qu'elle avait bu de mes drogues. J'avais prudemment fait courir le bruit qu'il fallait bien se garder de toucher à mes bouteilles, contenant des poisons très-violents. Mes doigts, tout noirs de nitrate d'argent, attestaient combien les liquides dont je me servais étaient dangereux. La bouteille vide ne me laissait aucun doute sur l'état de la malade; aussi comme son époux commençait à mê-

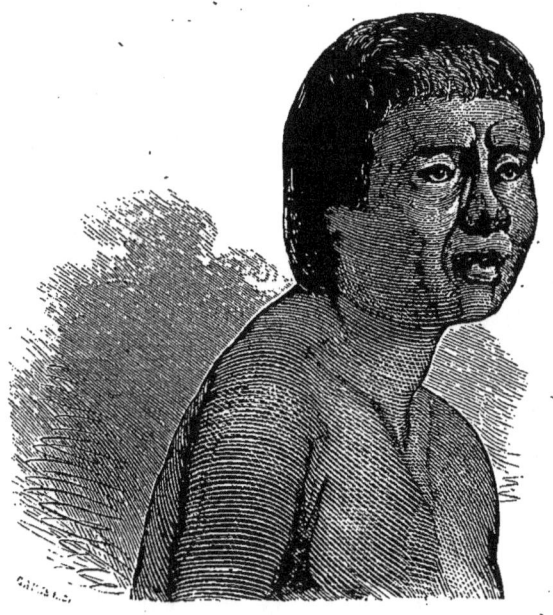

Mari de la buveuse de cachasse.

ler ses cris aux siens, je me vis forcé de les jeter un peu brusquement à la porte de mon logis.

Partout où j'ai été, j'ai essayé de manger de tout ce qui se mange, et de me servir de tous les objets à l'usage des pays que j'ai habités. J'avais été témoin de résultats extraordinaires obtenus avec des arcs à deux cordes, nommés bordoques, que l'on charge non avec des flèches mais avec des pierres, ou plutôt des boulettes de terre durcie. Il n'y a pas de fusil qui ait une plus grande portée. Je pris des leçons, mais je dois avouer que je ne fus pas récompensé de ma patience par la réussite. Ce que je fis de plus fort fut de mettre, à la distance de dix pas, une pierre dans un but de vingt pieds de surface..............

Cependant je devais songer au retour; je n'avais presque plus de vêtements; mais avant de partir, je m'étais donné pour tâche de peindre un panorama, afin d'avoir une idée plus complète de l'ensemble d'une forêt vierge. J'avais autrefois passé un mois sur une terrasse d'Alexandrie d'Égypte, pour copier tout ce qui était à portée de ma vue, occupant le centre d'un grand cercle. D'un côté étaient la mer, la pointe du Sérail, et les nombreux bâtiments de la rade; de l'autre, le fort Napoléon, la colonne dite de Pompée, les aiguilles de Cléopatre, les restes de la Bibliothèque, et dans le lointain le désert de Barea, et la pointe du Phare. L'humidité de la mer endommagea ce premier panorama.

Bien longtemps après, quand le navire *la Lilloise*, capitaine Blosseville, se fut perdu dans les glaces, le gouvernement envoya dans les mers polaires la corvette *la Recherche;* je me joignis volontairement à cette expédition. Nous parvînmes au 80ᵉ degré latitude N., au Spitzberg. Je passai quinze jours dans la neige ; je faillis perdre les doigts, mais du moins je fis le panorama de la baie de Madelaine, au nord-ouest de l'île. Quelques années plus tard un travail me fut commandé pour orner une des salles du

Réception dans les forêts vierges.

Jardin des Plantes ; j'avais rassemblé autour de ce panorama tout ce qui peut avoir de l'intérêt au milieu de cette nature habitée seulement par les ours blancs, les renards bleus, les rennes et les morses. Un côté de cette salle était terminé, quand je fus arrêté dans ce travail si intéressant pour moi par l'hostilité de celui qui administrait les affaires des beaux-arts. Pour faire le troisième panorama, j'avais à surmonter de bien autres obstacles: les moustiques; il faut bien les nommer encore, puisque toujours ils étaient en scène.

Dans le lieu que j'avais choisi, il n'y avait pas moyen de les éviter; il fallait ou souffrir ou quitter la partie. Je me résignai; mais le premier jour il me fut impossible de faire quelque chose; revenu le lendemain avec Mañoël, j'allumai un grand feu qui les éloigna un instant; mais ils revinrent à la charge plus enragés que jamais, et malgré tout ce que faisait Manoël pour les écarter, j'en avais dans les yeux, dans le nez, enfin partout, malgré un énorme cigare que j'avais essayé de fumer, et dont l'odeur et la fumée me soulevaient le cœur. Le jour suivant, j'arrangeai une moustiquaire sur quatre bâtons, et après avoir chassé mes ennemis je me glissai lestement dessous, comme à Rio dans le lit du palais. C'était le seul parti à prendre; mais il avait bien un petit inconvénient : l'étoffe de la moustiquaire étant verte, tout ce que je peignais l'était aussi. Cependant assis là-dessous, à l'abri des piqûres, je voyais et j'entendais, avec une certaine fierté, des milliers de maringouins se heurter à mon faible rempart, et l'assiéger en vain. Bien plus gros que les moustiques ordinaires ils sont plus dangereux, car leurs piqûres déposent dans la peau un principe vénéneux.

Moyen d'écarter les moustiques.

Je travaillais avec le courage que donne la certitude de la sécurité, lorsque je me sentis piquer au front. La chasse fut longue, enfin j'écrasai l'insecte entre mes deux mains, ne pouvant l'assommer contre ma muraille, et je repris ma palette : autre piqûre, autre chasse ; en m'agitant je fis une brèche dans mon rempart; l'ennemi s'y précipita en masse. C'en était trop; je renversai tout, boîte, étude, moustiquaire; j'essayai de m'arracher les cheveux, mais ils étaient trop courts. Si Manoël eût été là, je l'aurais assommé. Je déchirai ma mous-

La moustiquaire.

tiquaire et j'en brisai les supports. De retour à la maison, voyant qu'après tout la colère ne mène à rien, j'essayai d'autres procédés. Je songeai à un masque de salle d'armes, et je voulus m'en faire un avec du fil de fer; cela ne me réussit pas, et enfin je m'arrêtai au parti qui me parut le meilleur : sur mon grand chapeau de planteur j'installai un morceau de ma moustiquaire, à peu près comme un voile de mariée; il me tombait sur les épaules qui étaient défendues sous ma veste par un cahier de papier; le cou se trouvait préservé par devant et par derrière. J'avais, à l'endroit des yeux, fait deux trous, bordés avec un ruban de fil pour y placer mes lunettes; j'ajoutai à cet attirail deux

Désespoir.

vieux jupons descendant bien plus bas que les pieds et que je pouvais replier.

La journée du lendemain pouvait être bonne; je partis satisfait. Ce dernier procédé me réussit d'abord complétement; je pouvais cette fois en prendre à mon aise et braver mes ennemis. Tout à coup mes lunettes sautèrent en l'air, je venais de leur donner un coup qui heureusement ne les cassa pas. Un maringouin s'était introduit entre elles et mon œil gauche!... Cette fois j'étais vaincu; je jetai mes armes défensives et j'acceptai le martyre. Hélas ! je n'ai aucune chance d'être canonisé, et pourtant j'ai bien supporté, pendant trois semaines, des souffrances dont je renonce à parler davantage, certain que je ne serais pas compris. Au bout de ce temps, on me voyait à peine les yeux; mais, ainsi que dans

Costume contre les moustiques.

le voisinage du pôle nord et des ours blancs, j'avais achevé mon panorama. Il était composé de six feuilles; j'avais mis, selon mon habitude, une grande conscience à ce travail, copiant tout servilement, les plantes, les arbres, les fleurs, ainsi que je l'avais fait des glaciers, des rochers noirs et aigus du Spitzberg.

Je pouvais considérer cette peinture comme mon œuvre capitale. Mon but principal était atteint, et après quelques jours encore de courses et de chasses dans les bois, j'allais pouvoir quitter ces lieux, qui, malgré les inconvénients sans nombre, les périls qu'ils présentent à chaque pas, vous font perdre la mémoire du passé, et vous donnent cette fièvre que le capitaine Mayne-Reid, dans son roman intitulé *les Chasseurs de chevelures,* nomme avec tant de vérité la fièvre de la prairie. J'errais, vivant comme un sauvage, me nourrissant le plus souvent de ma chasse, sans devoirs à remplir, sans contrôle, mais aussi sans affection. Je ne comptais plus que sur ma force. Cette vie avait un grand charme, et peu à peu elle m'était devenue naturelle comme si elle eût été toujours la mienne. Malgré moi l'idée du retour m'était pénible. Heureusement j'avais bien employé mon temps, c'était une consolation.

Je chassais en attendant que mes études fussent sèches; je passais mes journées entières à courir les bois dans le voisinage de la case abandonnée. Une nuit, entendant quelque bruit, je me jetai en bas de mon hamac et je sentis au pied une piqûre très-vive; je m'empressai d'allumer ma chandelle. Quel fut mon étonnement quand je vis marcher plus d'un litre de haricots sur lequel je comptais pour mon dîner. Une tribu de fourmis termites à grosse tête avait fait invasion, et je foulais l'arrière-garde qui emportait le reste de ma provision. Inutile de dire si ces termites étaient gros, le fait même le prouve.

Je les mis en déroute avec une gamelle d'eau et je regagnai mon hamac, décidé à faire bonne chasse le lendemain pour remplacer mon repas perdu. Comme l'expérience m'avait appris avec quelle persistance les fourmis reviennent quand elles savent où trouver à butiner, j'eus, avant de me coucher, la précaution de jeter à ma porte des débris d'oranges. Ainsi que je l'avais prévu, à peine la nuit fut-elle venue que toute la bande emportait ce que ma générosité, un peu calculée, avait laissé à sa disposition; le jeu me plut, et le lendemain nouvelle offrande acceptée, avec le même enthousiasme, par la bande pillarde, à qui une demi-heure suffisait pour le déménagement.

On se lasse de tout, même de nourrir des fourmis; aussi le quatrième jour j'allai me coucher, pensant qu'elles se retireraient après avoir reconnu qu'il y aurait de l'indiscrétion à insister.

A mon réveil, j'entendis grignoter sur mon toit de palmiers; puis le bruit se répétait à terre. « Je connais, pensais-je, cette façon de procéder; les fourmis, partagées en deux troupes selon leur usage, coupent les feuilles du toit, lesquelles sont emportées immédiatement par la bande qui les attend sur le sol. Voler des haricots, des tronçons d'oranges, c'était judicieux; mais des feuilles sèches, c'est un peu fort.... » Je riais tout seul du tour que j'avais joué à ces voleuses enragées. Hélas! le jour parut. Ce bruit entendu au-dessus de ma tête, ce bruit répété à terre, c'était mon panorama, découpé, presque détruit. Chaque feuille ressemblait à un fragment de ces jeux de géographie dont les pièces anguleuses et dentelées sont destinées à entrer l'une dans l'autre. La tête de Méduse était devant moi.... Tant de peines, de souffrances perdues sans résultat! Je restai plus d'une heure regardant sans voir, ne pouvant croire à la réalité du malheur qui me frappait, et ce n'est pas de l'exagération; dans ce moment, c'était pour moi un véritable malheur. Qu'un pareil événement me fût arrivé aux environs de Paris, ce n'eût pas été très-grave : cela m'eût coûté pour réparer le dommage quelques petites courses en chemin de fer, quelques heures bien assis à l'ombre, et le lendemain il n'en eût plus rien paru.

Je passai une partie de la journée à pleurer comme un enfant, sans volonté, sans savoir ce que j'allais faire. Cependant, comme après tout cela ne menait à rien, je collai de mon mieux mes pauvres fragments les uns aux autres, et le lendemain je retournai me livrer au supplice qui m'attendait. Cinq jours après, j'avais remis les choses dans le même état qu'avant le repas des fourmis. Le destin me devait quelques compensations. J'eus pendant ces cinq jours la visite de plusieurs animaux d'un caractère assez malveillant. Heureusement que mon fusil, toujours chargé avec soin, était à portée de ma main. Je n'avais qu'à laisser glisser ma palette et, sans me déranger, j'augmentais mes collections. Une fois entre autres, j'assommai avec la crosse un très-gros serpent qui s'était glissé si près de moi, que je n'eus que ce moyen de me le procurer. Enfin, j'en finis tout de bon avec mon panorama, et Dieu sait les transes dans lesquelles j'ai vécu en attendant qu'il fût sec. Au moindre bruit j'étais sur pied, et cependant telle est la force des vocations, qu'au milieu de mes inquiétudes j'en rêvais déjà un quatrième : le *pororoca* ou haute marée dans l'Amazone.

Ainsi que je l'ai dit plus haut, je n'avais plus qu'une pensée : vivre dans la solitude. J'allais quitter les grands bois pour le grand fleuve, — toujours dans le but unique d'en rapporter des études intéressantes ; — dans ces derniers jours, je m'étais donné un compagnon de chasse, un Indien, véritable *Bas-de-cuir*, grand, maigre, d'une adresse prodigieuse. Ayant quitté l'arc pour le fusil, il avait tué un jour cinq sangliers à travers une dizaine de lieues de fourrés et de lianes, où j'aurais fait à peine un kilomètre. Le lendemain il m'apprit qu'il avait perdu son couteau; il était reparti et l'avait retrouvé là où certainement je n'aurais pas vu un bœuf à dix pas. Il m'a conté que lorsque son père, encore meilleur chasseur que lui, perdait une flèche, il retournait où il avait tiré, recommençait, et allait ramasser à la même place les deux flèches.

Enfin arriva le jour du départ. J'allais quitter mes grands bois. Le jour de Pâques, un an après mon départ de Paris, je retournai encore une fois dans ce lieu où, malgré les désagréments sans nombre dont j'ai tant parlé, trop peut-être, j'avais vécu heureux ; j'allai revoir cette case abandonnée, ces orangers couverts de fruits et dépouillés de feuilles, j'allai dire adieu à ce long sentier où, si bien abrité de la chaleur, je passais mes journées à chasser, à dessiner. Je restai longtemps assis sur ce tronc d'ar-

Mon compagnon de chasse.

bre, mon canapé habituel. Là, pas de moustiques. Je m'y étais endormi quelquefois, rêvant à ce qui faisait ma vie tout entière. Je ne peignais dans ces songes que des chefs-d'œuvre. Je n'avais qu'à choisir parmi les animaux les plus merveilleux qui se faisaient un devoir et un plaisir de venir se placer au bout de mon fusil. Mes repas prenaient les plus belles proportions. Je mangeais, sans craindre les indigestions, des bananes grosses comme la tête, des haricots plus gros que des noix, et le reste à l'avenant. Hélas! ces rêves ne se retrouveront plus! Je vais retourner à la ville; je vais reprendre l'habit obligé, remettre des bas, des souliers, et mon chapeau de forme ridicule à la place de mon grand sombrero de planteur. Je revins tristement à ma case, et le lendemain, je montai en canot pour redescendre cette rivière de Sangouassou, à qui je devais mes plus douces impressions. J'ai vu depuis bien des rivages, avec leurs bordures de forêts impénétrables, et toujours, comme en descendant celle-ci, j'ai subi ce charme dont le souvenir m'est encore si présent, que, quelle que soit ma disposition d'esprit, l'impression que j'éprouve en y pensant est toujours aussi profonde qu'alors.

Pendant ces six mois de ma vie toutes les minutes avaient été bien employées. Ma santé, ébranlée par mon séjour à Rio, s'était raffermie. Le principe de maladie que j'en avais apporté avait cédé aux exercices violents et aux grandes fatigues que je m'étais imposés volontairement. J'y avais gagné de la force et une grande indifférence pour toute espèce de dangers. Les serpents, que d'abord j'avais redoutés plus que tous les autres animaux, ne m'inquiétaient même pas au milieu des hautes herbes où mes pieds nus pouvaient en rencontrer à chaque pas. J'avais pourtant bien des raisons pour les redouter. Plusieurs Indiens étaient morts sous mes yeux de morsures faites par des reptiles très-petits. J'avais tué deux sangliers; j'avais entendu souvent des hurlements inconnus assez près de moi. Je n'en avais pas moins continué sans broncher l'ouvrage qui m'occupait alors. Enfin, j'étais retrempé, comme me l'avait prédit mon général belge, celui qui m'avait fait songer au Brésil.

Je retrouvai au retour les forêts de palmistes, les cocotiers penchés sur la rivière; je me courbai de nouveau sous les arbres chargés de parasites en fleurs. Je revis les crabes effrayés se sauvant sur leurs longues pattes; les hérons blancs s'envolant avec des cris perçants; les temples fantastiques, les formes étranges de cette végétation primitive, s'effaçant peu à peu. Les mangliers reparurent avec le flot de la mer. Ceux qui n'ont pas vu ces forêts de mangliers, ne peuvent se faire une idée de ces milliers de racines formant des arceaux sans nombre, et s'avançant à une très-grande distance dans l'eau salée, de telle sorte que regardant à leur base, on voit, aussi loin que la vue peut s'étendre, de l'eau, toujours de l'eau, et pas de rivage. On dirait une inondation.

Le voyage se fit sans accident, et j'arrivai à Santa-Cruz, ayant, cette fois à ma disposition, la clef d'une maisonnette et le fameux Manoël pour me servir. Malheureusement, pour me rendre à Victoria, il me fallut attendre le vent favorable.

Car je n'avais pas seulement des malles à y transporter, je devais les accompagner. N'ayant pas de cheval pour faire le voyage par terre, je fis marché avec un patron de barque, le brave Portugais Domingo. Cette campagne n'était pas sans danger; il y avait une trentaine de lieues à faire sur mer.

Il fut convenu qu'on porterait premièrement mes malles à bord; et si le temps changeait, on me préviendrait une heure avant le départ. Dans le cas où ce serait dans la nuit, je devais mettre sous la porte d'un voisin la clef de la maison hospitalière. Le vent, comme à l'époque de mon arrivée, fut longtemps contraire. Il ne me restait pas beaucoup de ressources pour me distraire; j'étais blasé sur tout depuis mon retour des forêts. D'ailleurs je n'avais à peindre que des choses déjà faites, même en histoire naturelle; je connaissais les environs; j'avais rendu ma fameuse carabine. Mais comme, après tout, la chasse, si peu intéressante qu'elle fût dans ce lieu défriché depuis bien des années, pouvait m'aider à passer quelques heures dans la journée, j'empruntai un mauvais fusil à deux coups. Je ne fus pas longtemps à l'apprécier : il fallait brûler vingt capsules pour obtenir deux explosions à peine. Le canon droit surtout était paralysé; je pris donc le parti de le considérer comme nul, et, tout en le laissant chargé pour la forme, de ne me servir que du côté gauche.

Avant mon départ pour les bois, j'avais grimpé souvent un petit sentier taillé dans la montagne;

j'y avais fait mon apprentissage de chasseur. La végétation, alors luxuriante, remplissait d'ombre toute la pente, jusqu'au sommet, et cachait ce sentier, d'où je tirais à droite et à gauche, sans trop me déranger. Quand je le revis, il avait bien changé. Les pluies incessantes des mois de décembre et de janvier y avaient fait de grands ravages ; une partie de la montagne avait glissé sur sa base ; dix-sept cases ou maisonnettes avaient été ensevelies. De cette magnifique verdure, il ne restait que des troncs dépouillés, des amas de branches et de feuilles desséchées, mêlées aux débris des huttes écrasées sous l'avalanche. La moitié du sentier était restée : c'était au-dessous seulement qu'avait commencé la chute des terres. Taillé dans la montagne, ne présentant aucun point d'appui, malheur à l'imprudent qui s'y hasardait, le moindre faux pas devait le précipiter d'une grande hauteur, au milieu des débris, que personne ne pensait à enlever, selon l'usage des gens du Sud.

J'avais vu descendre par là quelques individus, et cette vue me rappelait toujours les chemins d'opéra-comique, Fra-Diavolo et d'autres brigands fameux descendant enveloppés de longs manteaux. Quant à moi, n'ayant aucune raison pour essayer de me casser quelque membre, je faisais un grand détour pour atteindre le sommet à travers bois et éviter la chaleur.

Dans une de ces excursions où, fatigué de mon inaction (je n'avais pas touché un crayon depuis quinze jours), j'avais choisi un lieu bien couvert. Mon croquis était à peine commencé, quand tout à coup je fus salué par des cris que j'attribuai à l'enthousiasme. Je regardai; un troupeau de dindons domestiques s'était approché doucement de moi,

Les dindons domestiques.

et gloussait sans doute pour m'encourager à bien faire.

Je me hâtai de finir, et j'allai bien vite me placer à quelques centaines de pas. Je me croyais en sûreté et à l'abri de tout amateur indiscret.

Tout en dessinant, je remarquai des volées de

perruches s'abattant sur certains arbres à ma portée. Quittant le crayon pour le fusil, je me glissai inaperçu auprès des objets de ma convoitise.... Déjà je visais la bande, mais une salve de clameurs encore plus formidable que la première fit partir les perruches ! C'étaient encore ces abominables dindons.... Je fus tellement contrarié que, sans égard pour le droit de propriété, je tirai sur eux; heureusement mon coup ne partit pas.

J'avais, comme je l'ai dit, si peu de goût pour la chasse, que je ne pris pas la peine de recharger; mais, si je ne pouvais me servir de mon arme, devenue inutile, je poursuivis à coups de pierres, et dispersai ainsi ce troupeau qui m'avait tant agacé par sa persistance à me poursuivre de ses chants, m'avait fait abandonner mes crayons et manquer mes perruches.

J'étais alors dans un lieu découvert, et, à part quelques arbres, on ne voyait que des broussailles se prolongeant jusqu'à la lisière d'une forêt où je n'étais pas encore allé. J'avais ajouté à mes collections un herbier composé seulement de feuilles qui, par leurs formes, me paraissaient mériter l'honneur d'être rapportées en Europe; et puisque je n'avais rien de mieux à faire, je me dirigeai de ce côté.

Depuis mon séjour forcé à Santa-Cruz, j'avais pris l'habitude de me promener les mains croisées derrière le dos et tenant mon fusil comme un bâton. J'allais ainsi marchant ou plutôt flânant sans but à travers bois depuis quelques minutes, la tête basse, cherchant à terre, sans trop d'intérêt, quelques plantes à ajouter à mon herbier, ne me préoccupant pas trop des embûches que les lianes semaient sur mon passage. Je n'étais pas pressé et, de plus, je n'avais pas de coutelas pour me frayer une voie. Quand j'étais pris dans le lacis de ces mille lianes, qui souvent ne paraissent pas, tant elles sont minces, devoir arrêter un lapin, et qui pourtant ont la résistance du fer, j'allais de l'avant, tirant avec force toutes les entraves auxquelles j'étais attelé, comme un cheval le fait d'une voiture trop lourde; quelquefois je réussissais, mais pas toujours, et, afin de ne pas déranger la position de mes mains croisées sur le dos, je préférais revenir sur mes pas, obligé de faire amende honorable aux lianes, et convenant que je n'étais pas le plus fort.

C'est dans une de ces luttes qu'entendant un petit bruit à quelques pas devant moi, je levai la tête.... Un arbre dont les branches ayant poussé très-bas et, s'étendant horizontalement, avaient gagné un terrain immense, s'enlaçait fortement avec les futaies voisines. Sur cet arbre, dont l'épaisse et vaste ramure me couvrait de son ombre et touchait déjà ma tête, je vis avec stupéfaction trois ocelots prêts à s'élancer sur moi. Je ne pouvais avancer ni reculer, et je n'avais pas mon coutelas; mon fusil était déchargé du canon gauche, et je ne pouvais compter sur le coup de droite, que j'étais habitué à considérer comme inutile. D'ailleurs, en supposant qu'il ít feu, il ne contenait que du très-petit plomb. En outre il fallait faire un grand mouvement pour changer la direction de mon fusil. Ces réflexions se succédèrent plus promptement que je ne les écris.

A la naissance même des branches se tenaient le plus gros et le plus jeune de ces animaux. Le troisième était placé un peu plus haut, sur une autre branche. Habitué, comme je l'étais, à tuer les oiseaux-mouches au vol, je n'avais qu'un seul parti à prendre, celui de viser aux yeux de la bête la plus rapprochée. Mes regards avaient sans doute une bien étrange expression, car ils ne firent aucun mouvement. J'eus le temps d'ajuster avec soin, et quand, par une espèce de miracle, le coup partit, j'entendis un grand bruit de feuilles, mais je ne pus rien voir : la fumée ne s'élevait pas sous ce dôme de verdure. Je pris alors mon fusil par le canon, et le tenant comme une massue, je fis un pas en avant, cherchant à percer le nuage qui m'enveloppait.

J'avais bien visé, car deux ocelots étaient blessés. Le plus gros se leva sur ses pattes de derrière; il avait les deux yeux criblés de petit plomb. Je lui assenai un coup de crosse qui le fit tomber, et quand il se releva, je redoublai. Malheureusement mon fusil toucha également l'arbre, et le canon seul me resta dans les mains. J'allais recommencer, quand je vis l'animal se perdre dans les broussailles. Le petit, qui était également blessé aux yeux, était couché sur le dos et miaulait à faire pitié. J'eus beaucoup de peine à l'achever; cependant je parvins à lui briser le crâne.

Je pris alors mon fusil par le canon.

J'avais hâte de m'éloigner ; mais il fallait retrouver les débris du fusil qui m'avait été prêté. Je mis à cette recherche plus d'une heure, tenant toujours le canon, seule arme qui me restât si par hasard l'ocelot revenait à la charge. Alors, attachant ma victime par la queue, je la tirai hors du bois, où je respirai enfin librement. Arrivé dans le voisinage du sentier escarpé dont j'ai parlé, et ne voulant pas perdre mon temps à en chercher un autre, je me hasardai à le descendre à mes risques et périls.

Je dois avouer que j'eus un grand succès. Mon fusil cassé, ma figure tachée de sang, ainsi que mes habits, ma proie traînée en triomphe, firent beaucoup d'effet. J'entrai dans la ville escorté de plus de cinquante Indiens des deux sexes ; l'étonnement était au comble, et à cet étonnement se mêlait une certaine dose de frayeur : c'était la première fois que l'on voyait des ocelots à Santa-Cruz. Tout le monde voulait toucher celui que je rapportais.

Aussitôt arrivé chez moi je me mis à dépouiller mon sujet ; je donnai la chair aux voisins ; ils en firent un excellent repas. J'y goûtai, mais cette chair me parut bien amère ; je n'étais pas encore assez indien pour la trouver bonne : plus tard elle m'eût paru excellente.

Je retournai le lendemain au lieu du combat de la veille, escorté d'une douzaine de personnes. Nous fîmes une battue générale, mais nous ne trouvâmes pas la moindre trace de l'animal blessé et l'on s'en tint là. J'avais rêvé toute la nuit à ses yeux fixes et ardents; cela m'avait plusieurs fois réveillé. J'aurais bien pu, accompagné comme je l'étais, m'enfoncer à sa recherche dans les bois; mais, outre que je n'avais plus de fusil, je crois que je ne me souciais plus de faire une mauvaise rencontre.

Cependant les jours s'écoulaient et le temps ne changeait pas. Quand j'avais couru sur le sable jusqu'au moment où la chaleur me faisait désirer un abri, j'allais dans la case d'un vieux nègre libre, qui s'était chargé de réparer mon fusil, et il y mettait le temps. Ce pauvre bonhomme cumulait plusieurs fonctions; il était fort lent dans tout ce qu'il faisait, et ne s'échauffait qu'en jouant de ses deux cloches : car, outre son état de serrurier, il était sonneur de la cathédrale que l'on sait, sans préjudice de ses fonctions de cordonnier en vieux. Homme libre, il avait droit à porter des souliers, et je ne crois pas en avoir jamais vu de si grands que ceux qui décoraient ses pieds, d'une longueur démesurée.

Mon nègre, en dehors de tous ces cumuls, élevait pour son compte et pour compte d'autrui des dindons et des oies. Leur vue me rappela que j'allais m'embarquer, que si, par malheur le vent me devenait contraire, j'aurais besoin de vivres une fois en mer, et qu'ils ne me seraient pas moins utiles s'il fallait se réfugier dans quelque crique. Parmi les pièces importantes de mon bagage, était encore cette fameuse soupière qui m'avait rendu de si grands services, et qui pouvait m'en rendre encore. J'achetai au vieux nègre une de ses oies, que je payai un peu plus de dix francs. Sa ménagère l'accommoda assez bien. Elle fut prête pour le départ qui eut lieu la nuit même, les vents ayant changé selon nos vœux. La soupière fut portée avec respect et placée dans un lieu sûr. Je glissai la clef de mon logis sous la porte indiquée et je pris congé de Santa-Cruz.

L'équipage de notre barque se composait, outre Domingo, d'un nègre et deux Indiens. Nous partîmes vers trois heures du matin. Nous roulions prodigieusement sur cette coquille de noix; le temps était superbe. Domingo, au gouvernail, chantait à tue-tête des cantiques édifiants. Cela alla à merveille jusqu'au soir; mais tout à coup le vent tomba; nous pouvions présager deux choses peu rassurantes : du calme plat ou une bourrasque. Les cantiques continuèrent; ce qui n'empêchait pas un mouvement de balançoire qui me jetait tantôt d'un côté, tantôt de l'autre. Malgré cet inconvénient, je m'endormis profondément; j'avais à réparer un sommeil interrompu la nuit précédente. Celui-là le fut d'une façon fort agréable : le bon vent était revenu pendant la nuit, et nous entrâmes au point du jour à Victoria. Je revis l'homme au porte-voix, la forteresse, et enfin la ville. On jeta le grappin devant la maison du patron.

En quittant la barque, j'entrai dans un grand magasin rempli d'objets très-divers : des tas de poteries, de petits mâts, des rouleaux de cordages, etc.; un encombrement général.

Au fond de ce magasin, un escalier en bois conduisait aux appartements réservés à la famille Domingo. Là, séparées par des cloisons à claire-voie, étaient plusieurs chambres avec leurs murailles nues. Des hamacs étaient, selon l'usage, accrochés de tous côtés.

Je fus présenté à la maîtresse du logis, qui tout d'abord m'offrit l'hospitalité. J'acceptai, mais autre chose que ce qu'on me proposait. Je demandai à pendre mon hamac dans le magasin. Quant au dîner, j'avais mon oie intacte; cela devait me conduire jusqu'à l'arrivée du Mucury, mon ancienne connaissance : il devait arriver dans deux jours. Je pouvais me traiter en Lucullus, sans songer à l'économie. Je fis seulement acheter du pain et des bananes; il me restait un peu de sucre; on me donna des limons; et dans ce grand galetas je fis un excellent repas arrosé de limonade, boisson à laquelle je conservais une grande reconnaissance, car elle m'avait guéri jadis du principe de maladie que j'avais rapporté de Rio.

Je me fis une espèce de parquet avec des pièces de bois, aidé du plus jeune des Indiens, la plus charmante petite tête rieuse qui se puisse voir.

Ce bon petit garçon, auquel j'avais dit souvent que j'allais l'empailler comme mes oiseaux, passait sa journée à rire du souvenir de cette menace et de l'espoir de se l'entendre redire. Il se tordait de joie quand, le prenant par sa veste, je faisais le geste de lui ouvrir le ventre avec précaution, pour ne pas endommager ses plumes. Ses deux oreilles avaient sans doute été placées exprès pour arrêter sa bouche, qui, sans cette précaution, eût pu faire le tour de sa tête.

Ce charmant enfant était un excellent marin. Il eût bien voulu faire mes commissions, ne pas me quitter; mais son patron, et lui plus encore, redoutaient ce qui arrive aux Indiens, d'être pris pour servir dans l'armée. Aussi il ne bougeait pas de la barque ou du magasin : il s'était fait chien de garde. Cela a duré tout le temps de mon séjour, prolongé

Le hamac.

par le retard du navire qui devait me prendre. Il avait manqué la marée.

Si j'avais dans mon magasin une grande liberté, il y avait bien quelques petits désagréments : les enfants Domingo couchaient au-dessus de moi; les planches étaient mal jointes au-dessus du magasin, où d'ordinaire personne ne couchait; on ne pouvait guère s'étonner si quelques légers désordres venaient déranger celui qui l'habitait momentanément.... Je m'empressai d'aller pendre mon hamac dans l'endroit le plus éloigné : je venais d'apprécier combien j'avais été mal inspiré de le mettre directement au-dessous du lit des enfants.

J'allai visiter la famille Penaud, et je crus devoir

La poule.

refuser l'hospitalité qu'elle m'offrit. J'avais fait connaissance, comme on sait, avec l'hospitalité des Européens. Je préférai mon magasin, malgré les événements nocturnes. Un matin je trouvai dans mon chapeau une poule et un œuf tout frais pondu.

Peu à peu cependant les prévenances de l'excellente famille Penaud fondirent la glace qui me faisait tout refuser : j'y allai dîner, chasser et passer la soirée pendant les jours d'attente du steamer.

Je tuai deux singes charmants, de l'espèce des ouistitis : ceux-là avaient le visage tout blanc, bien coiffé par une chevelure noire comme du jais.

Une fois, en rentrant, je trouvai assis sur des tonneaux trois des principales autorités du port : le juge de droit, le chef de port et le subdélégué. Mon ami José, ainsi se nommait le petit Cabocle, se tenait respectueusement au fond du magasin, après avoir dit que j'allais rentrer. Cette visite toute flatteuse m'humilia bien un petit peu. On m'offrit aussi l'hospitalité, que je refusai d'autant plus que j'attendais pour le lendemain l'arrivée du bateau.

Enfin il vint. M. Penaud et ses fils eurent la bonté de mettre mes effets dans leur embarcation, et après les avoir fait placer convenablement, ils allaient me dire adieu, lorsqu'on me demanda mon passe-port. Je l'avais donné à la police en arrivant. L'usage est que la police le fasse remettre au bâtiment, où on vous le rend. Il y avait eu erreur, le passe-port n'était pas à bord, et il ne s'agissait rien moins que de me mettre à terre avec mes effets. M. Penaud s'élança dans sa barque, courut à la police, et ramena, avec mon passe-port, le négligent employé, qui vint presque se jeter à mes pieds, en me suppliant de ne pas le perdre.

Sur le bateau je reconnus presque tout l'équipage, excepté le capitaine, gros homme boiteux étayant sa marche d'un énorme bâton. Je lui demandai ce qu'étaient devenus les blessés du 4 novembre. Un nègre passait près de nous; il lui donna amicalement quelques coups de sa massue sur la tête, et l'empoignant par sa chemise :

« Viens ici Moricaud. »

C'était le pauvre blessé, celui dont le docteur désespérait. Sa peau était toute couturée de taches blanches, pareille à celles des albinos de sang mêlé.

Je vis avec plaisir ce pauvre diable, qui, pour remercier son chef de ces joyeux coups d'assommoir, montra une double rangée de dents taillées en pointe comme celles d'une bête fauve. Celui-là était à coup sûr un enfant de l'Afrique nouvellement transporté.

Après trois jours et demi de traversée, nous entrions dans cette baie immense de Rio, dont on parle toujours en sens inverse. Les uns, dans leurs descriptions, en font une merveille ; les autres déclarent n'y rien voir d'extraordinaire. Je crois avoir découvert les raisons de ces versions différentes.

Les premiers sont entrés au coucher du soleil; la température était douce; les divers plans des montagnes se coloraient de mille manières : rien de monotone; la nature grandiose du Brésil se montrait dans tout son éclat.

Les seconds, harassés, épuisés par la chaleur, ne distinguaient pas très-bien les objets. A leurs yeux éblouis par un mirage fatigant, tout paraissait triste et monotone; la couleur violâtre de presque tous les rochers déteignait sur le paysage.

C'était exactement ce que j'éprouvais alors, contrairement à la première fois, où nous étions entrés le matin, après une légère pluie qui avait rafraîchi le temps. Une barque remplie de nègres vint prendre au passage les voyageurs, qui descendaient bien avant le lieu destiné au mouillage du vapeur.

Je me fis conduire au palais en arrivant; mais je n'y logeai pas. On m'assura qu'il était destiné à être abattu : les fourmis coupis l'avaient miné. Le palais était alors fort peu habité; les nègres qui m'avaient servi n'y étaient plus; j'allai directement à l'hôtel après avoir déposé mes malles dans mon ancien appartement.

J'étais d'une tristesse profonde, ce premier jour, et je me promenais sans but sur la place du palais, en m'étonnant d'avoir maintenant des pensées si différentes de celles qui occupaient mon esprit pendant les six mois que j'avais passés dans cette ville. Je ne voyais plus la civilisation du même œil qu'autrefois. J'avais laissé dans les forêts que je quittais tout mon enthousiasme pour ce pays qu'on pourrait rendre si florissant, et qui, en ce moment de mélancolie injuste, avait tant perdu de charme à mes yeux.

Le lendemain on lisait dans un journal :

« Hier, un individu, dont le costume laissait beaucoup à désirer, se promenait en silence, les mains derrière le dos. Cet individu, porteur d'une longue barbe de prophète, semblait méditer quelque mauvais coup. Les petits enfants qui, par mégarde, passaient près de lui, s'enfuyaient au plus vite après l'avoir regardé. Un poste de *permanents* se tenait tout prêt à marcher, sur un signe fait par l'officier commandant, à la moindre démarche équivoque de l'individu. »

Le jour suivant, on lisait dans une autre feuille publique :

Retour de l'auteur à Rio-de-Janeiro.

« Le personnage éminent dont parlait hier d'une façon si inconvenante le journal *le* ...., est le célèbre artiste français Biard, de retour d'une longue excursion dans les forêts de la province d'Espirito-Santo, etc., etc.... » J'étais réhabilité.

Vue de l'île Santo-Domingo, aux environs de Rio.

J'avais coupé bien vite ma longue barbe; un honnête perruquier français m'avait frisé; je lui avais en outre acheté une drogue pour faire couper les rasoirs : Je voulais paraître avec tous mes avantages et détruire la fâcheuse impression que le premier article avait dû faire naître. Je priai mon compatriote de donner un petit coup, sur son cuir à repasser, à quatre rasoirs qui ne m'avaient pas servi en voyage; il voulut bien me rendre ce petit service, que je n'aurais pas osé payer, tant c'était peu de chose. Toutefois je me hasardai à lui demander ce que je lui devais: il me fit un compte qui montait à deux mille reis (près de six francs).... Tenant à conserver le souvenir de ce fait, je réclamai humblement une facture, que je possède encore aujourd'hui. J'essayai plus tard de me servir de la drogue destinée à affiner le tranchant des rasoirs; mais, n'en obtenant pas un résultat satisfaisant, je pris le parti de l'abandonner. J'ai appris à mon retour en France que c'était de la cire à moustaches. Cette découverte compléta le sentiment d'estime que je conserve à cet honorable compatriote.

Quelques affaires me forcèrent de séjourner un mois encore à Rio; mais rien ne pouvait plus me distraire, ni les excursions que je tentai dans les environs de la ville, ni même les études de mœurs que m'offrait son intérieur; il me tardait d'être en mesure de partir soit pour l'Europe, soit pour réaliser mes projets d'excursion sur l'Amazone. Ainsi j'allai visiter en vain les îles du Gouverneur et de

Santo-Domingo : celle-ci entourée d'écueils fort pittoresques pourtant. Je regardais sans voir et j'essayais vainement de dessiner ou d'écrire. Parmi mes notes et croquis glanés à cette époque dans les rues de Rio, je retrouve cependant un grand bourgeois portant sur ses irréprochables vêtements noirs une sorte de souquenille en soie verte, et dans sa main tendue aux passants, une bourse ouverte. Que faisait-il ainsi costumé et appuyé contre l'angle de la maison qui faisait face à mon hôtel? Je ne tardai pas à l'apprendre de sa bouche même. Il faisait une quête religieuse, et sur un ton monotone ne cessait de répéter :

« Pour les âmes du purgatoire, s'il vous plaît! »

V

L'AMAZONE

DE RIO AU PARA

V

L'AMAZONE.

DE RIO AU PARA.

Le navire brésilien *le Parana*. — Fernambouc. — Parahyba du nord. — Les tableaux allégoriques. — Le cap Saint-Roch. — Aspect du littoral Céara. — San Luis de Maranhao. — Para ou Belem. — L'interprète. — Le consul. — M. Benoit. — La banlieue de Para. — Marajo. — Ara-Piranga.

Enfin je devins libre. Il me fallait un domestique. On m'offrit un Suisse qui avait déjà fait plusieurs voyages dans l'intérieur. J'avais éprouvé tout l'inconvénient d'être seul, mais le hasard me servit autrement : un Français avec qui j'avais fait connaissance eut, de son côté, le désir de rentrer dans son pays, et comme il pouvait disposer de son temps, il voulut faire comme moi et aller d'abord au Para. Je n'avais donc plus rien à souhaiter : j'avais un compagnon et pas de domestique : c'était tout profit. Nous fîmes de grands projets; étant tous deux très-bons chasseurs, nous ne nous proposions rien de moins que de grandes razzias de tigres.

Une fois la place retenue à bord du bateau à vapeur *le Parana*, j'allai prendre congé de Leurs Majestés, et le 23 juin nous partîmes. Les nombreuses embarcations qui attendaient le vapeur furent forcées de faire une foule de manœuvres dont je n'ai pas compris le sens. Quand ces embarcations étaient sur le point d'atteindre le but désiré, le navire virait de bord et en quelques tours de roues se trouvait hors de portée. Ce jeu dura plus d'une heure.

Enfin, je dis adieu à la ville de Rio. Mon compagnon et moi avions pu choisir les deux premières places. Quand nous voulûmes nous installer dans la cabine, deux individus y étaient déjà : cette première chambre devait contenir quatre personnes; nous n'avions pas eu la main heureuse.

Nos voisins étaient un comendador brésilien et un mulâtre. Il y avait à bord une chanteuse française allant à Bahia. Elle parlait beaucoup et surtout des sympathies qui naissent subitement, sans qu'on s'en doute. Cela s'adressait tantôt à un commis voyageur en nouveautés (à en juger du moins par le nombre de gants dont il changeait chaque jour), tantôt à un jeune docteur indigène. Excepté le comendador, la société n'était pas brillante. La table était assez bonne, le temps calme, mais nous roulions beaucoup. Trois jours après nous étions à Bahia.

Je n'avais à descendre à terre qu'un médiocre intérêt ; et comme la ville ne me plaisait pas plus que la première fois, je me hâtai de faire quelques emplettes et revins à bord longtemps avant le moment désigné pour le départ.

Nous avions laissé plusieurs passagers à Bahia, ce qui permit à mon compagnon et à moi de changer de cabine. Car, avec la chaleur, la vie à quatre était fort désagréable, et le mulâtre avait, en outre, la propriété de ronfler d'une façon un peu bruyante. Nous recrutâmes en ce port pour nouveaux compagnons de voyage trois Yankies mineurs, allant à Maranhao, deux gros Allemands, des Portugais nommés *illos des îles*, individus de basse classe, allant chercher fortune dans les villes : espèce d'Auvergnats.

En échange, nous laissâmes à Bahia un vieil amateur de violon. Ce digne homme nous avait régalés, sans en être prié, de tout son répertoire, joué, il est vrai, fort médiocrement. Il avait pourtant un faux air de Paganini. Peut-être ses solécismes en harmonie provenaient-ils de son instrument?

Nous avions également déposé à Bahia un gros et court Hollandais, mari d'une cantatrice. Il venait de traverser les Cordillères. En l'entendant raconter ses exploits parmi les sauvages, je me sentais bien petit. Il avait d'autant plus de mérite à mes yeux qu'il les avait accomplis avec un vêtement beurre frais, des lunettes vertes et un chapeau de bergère.

A neuf heures du matin nous entrions à Fernambouc; un navire français parti bien longtemps avant nous n'était arrivé que la veille. Sur ce navire se trouvaient des personnes de la connaissance de mon compagnon. Nous déjeunâmes à bord et allâmes visiter la ville, dans laquelle je n'étais pas entré à mon premier passage. Elle me plut bien plus que Bahia, étant bâtie sur un terrain plat. Je rentrai toutefois à bord avec plaisir. Dans ces courses au grand soleil et au milieu du jour, on gagne toujours beaucoup de fatigue.

Quand j'arrivai à bord on embarquait du combustible dans un grand bateau plat; des nègres se repassaient des corbeilles remplies de charbon. Le fond du bateau était plein d'eau, et les pauvres esclaves pataugeaient dans une boue noire, qui heureusement ne les tachait pas. Le maître du bateau, un gros drôle à favoris noirs, les pressait, les injuriait, les battait, quand la fatigue les forçait à s'arrêter un instant. On entendait ses cris de fort loin.

Notre navire était entré dans la rivière, en dedans du récif, protecteur puissant de Fernambouc. Les lames s'élevaient très-haut. Le navire à vapeur *le Tynes*, celui sur lequel j'étais venu d'Europe, était, comme la première fois, mouillé au large, attendant les dépêches.

Un vif chagrin m'attendait : mon compagnon vint m'annoncer que, forcé par certaines raisons de rentrer en France plus tôt qu'il ne l'avait pensé, il voulait profiter de l'occasion que lui offrait *le Tynes*, navire sur lequel il avait tout intérêt à prendre passage. Il espérait que nos rapports, à l'avenir, continueraient à être les mêmes. Je ne crus pas devoir lui rappeler que si je n'avais pas compté sur lui j'aurais emmené le domestique qui m'avait été proposé. Je ne témoignai ni inquiétude ni regret, et nous nous séparâmes, moi le cœur serré de voir une fois de plus qu'il ne faut compter sur rien.

Un nuage noir s'étendit sur la ville, et puis après creva en se changeant en pluie torrentielle. De plus, la mer, que nous reprîmes dans la soirée, était mauvaise. Dans le lit occupé la veille par mon compagnon absent, s'était placé un individu qui avait le mal de mer, ce qui me fit revenir sur le pont en toute hâte, malgré le mauvais temps. Fort heureusement pour moi, ce voisin incommode descendit le lendemain à Parahyba du nord.

Depuis mon départ de France, je n'avais rien vu de si pittoresque que les atterrages de ce port. Nous étions entrés dans le fleuve, que nous remontions, ayant des deux côtés de riches plantations. Sur la rive droite, se dressaient une chose appelée citadelle, et un homme attaché à un porte-voix. Après avoir dépassé ces deux objets usités à l'entrée des villes grandes et petites du littoral brésilien, je vis le plus charmant petit village, baigné par les eaux du fleuve, et abrité par d'immenses cocotiers. Puis venaient les mangliers aux mille racines, aux bras qui se reproduisent et se replantent quand leur poids les courbe vers la terre. Comme toujours, les crabes y font leur domicile; notre approche en faisait fuir des milliers.

Le sacristain de l'église de Parahyba du nord.

Je descendis avec mon premier compagnon de cabine, le Brésilien affublé du titre de *comendador*. Il ne savait pas un mot de français, je n'étais pas très-fort moi-même en portugais, cependant nous nous entendions à merveille. L'embarcation, connue sous le nom de *montarie*, était un simple tronc d'arbre creusé. Nous allâmes chercher notre déjeuner dans l'auberge unique de la ville, où déjà se trouvaient quelques voyageurs, entre autres deux Français, dont l'un, jeune ingénieur, habitait Céara.

J'allai, toujours suivi du comendador, visiter la ville. On nous montra une immense croix en pierre, montée sur un très-gros piédestal. Un petit homme

Le moine bleu.

tout contrefait, porteur d'une tête qui eût pu servir à un géant, faisait profession de cicerone : il nous assura que cette croix était, ainsi que l'église, l'ouvrage des jésuites.

Cette église, ornée d'une façon bizarre, avec de très-gros et massifs ornements dorés, avait un caractère sombre, faisant penser involontairement au temps de l'inquisition. J'avais vu autrefois des ornements pareils dans certaines églises d'Espagne. Pendant que nous parcourions les diverses chapelles, dont notre cicerone nous expliquait les merveilles, un moine vêtu de bleu passa près de

Un tableau de l'église de la Parahyba du nord.

nous. C'était le seul desservant de l'église. Notre guide nous apprit que ce prêtre était très-riche, mais qu'en revanche il ne donnait rien aux pauvres. Plusieurs tableaux fixèrent mon attention : l'un représentait un croissant autour duquel on avait roulé une corde, et sur cette corde et ce croissant une dame bien vêtue paraissait s'exercer à la danse. Je demandai bien vite l'explication de ce rébus. Le croissant représentait la lune ; la dame était la sainte Vierge, qui, sur le point d'être piquée par le serpent, que bien involontairement j'avais pris pour une corde, l'avait malicieusement enroulé autour de la lune, et, pour l'humilier davantage, le piétinait à outrance.

Un autre sujet m'intéressa également : au milieu d'un cercle de moines, un frère était debout, tenant un couteau ensanglanté ; sa tête était à terre et paraissait de fort mauvaise humeur. Notre guide m'apprit que ce frère, désespéré d'avoir abandonné la foi, n'avait rien trouvé de mieux pour se punir, que de se couper la tête lui-même. Cet exploit paraissait inspirer beaucoup d'orgueil à celui qui nous l'expliquait. Je crus devoir un peu rabattre son caquet, et je lui parlai de saint Denis, qui avait fait quelque chose de plus adroit encore, puisque après avoir eu la tête tranchée, il l'avait embrassée trois fois. Je pensais avoir réduit notre homme au silence ; mais, après un moment de réflexion, il me répondit qu'après tout, l'action de saint Denis n'était pas si extraordinaire, puisque le plus fort était déjà fait ; et qu'il n'est pas si difficile d'embrasser sa tête que de se la couper.

Le temps ne me permit pas de me faire expliquer tous ces chefs-d'œuvre, dignes de figurer dans une petite église d'Allemagne que j'ai visitée jadis, un jour d'orage, en attendant la réparation d'une des roues de ma voiture. Je ne puis résister à l'envie de décrire ici l'un des sujets qui décoraient ses murailles. Deux personnes s'embrassaient; l'une d'elles avait, du côté gauche, à l'endroit du cœur, une petite ouverture carrée, très-bien fermée par des barreaux laissant voir dans l'intérieur un petit enfant jouant du violon. Le sacristain m'expliqua avec beaucoup de complaisance que ce sujet représentait la Visitation. Au moment où sainte Élisabeth apprend que la Vierge est enceinte, son fils saint Jean-Baptiste tressaille d'aise dans son sein. On est bien heureux de pouvoir comprendre ainsi les finesses de l'allégorie.

Le 2 juillet, à une heure après midi, nous passions devant le cap Saint-Roch, le point le plus saillant des côtes du Brésil sur l'Atlantique. Depuis Fernambouc nous avions toujours navigué entre la terre et le récif, qui se prolonge très-loin, du sud au nord, parallèlement à la terre.

Depuis quelques jours j'avais vu avec peine le littoral prendre un aspect presque aride. Des monticules d'un sable très-blanc se détachaient sur le bleu du ciel; mes belles montagnes disparaissaient peu à peu dans le lointain.

Nous avions en vue, par tribord, un navire naufragé sur le récif près duquel nous passions. Ce navire venait de Hambourg; le capitaine, ignorant le danger et ne connaissant pas la route, alla donner, tête basse, à pleines voiles, sur une pointe de rocher faisant partie de ce dangereux passage. L'équipage avait pu se sauver heureusement.

Tout ce littoral a une grande analogie avec le désert de Sahara : une plage basse et des sables mouvants. Le matin nous avions passé devant la ciutad de Rio Grande del Norte, localité qui m'a paru fort peu importante et pas du tout intéressante. Puis, comme je ne me souciais pas de me mettre les pieds dans l'eau sur les incommodes jangadas, je m'étais trouvé très-heureux d'avoir à donner les mêmes raisons que le renard de la fable : « Ils sont trop verts. »

Je passai la nuit du 3 juillet sur le pont. En m'éveillant, je revis en même temps le soleil déjà levé et ces étranges nuages noirs et opaques qui m'avaient frappé lors de ma première traversée. J'essayai d'en dessiner quelques-uns; mais, — ainsi que les aurores boréales qui, en Laponie, ne faisaient souvent que paraître et disparaître, quand, debout devant une branche de résine allumée, plantée en terre, je veillais des nuits entières à les attendre au passage, — ces nuages traversaient l'horizon avec une grande vitesse.

Nous eûmes ce jour-là de petites émotions : on pêcha une bonite; une tourterelle venant de terre mit tout le monde en mouvement; on donna le fouet à un mousse; le capitaine avait ri deux fois dans la matinée. Ce digne homme, moitié militaire moitié bourgeois, était un peu bête, mais non légèrement vaniteux de son grade et de ses fonctions, dont la partie la plus importante se bornait à bien dîner.

Vers midi on jetait l'ancre devant Ciarra, qui prétend aussi au titre de Fortaleza. Entourée de cocotiers, cette ville est d'un assez joli aspect, bien que pour y entrer il faille traverser une plage de sable. On ne s'y arrête que pour remettre et prendre les dépêches. Je voyais passer des animaux qui m'intriguaient beaucoup; ils me paraissaient plus grands que des chevaux et ressemblaient à des chameaux. Je ne me trompais pas, c'étaient des chameaux transportés d'Afrique, sans doute par une société d'acclimatation indigène. Le pays me parut être excellent pour ces animaux, auxquels le sable est familier. Les jangadas, en grand nombre, sont les seules embarcations de Ciarra.

Je me levai le lendemain avec un grand mal de tête, ayant, en dépit de ma porte close, été forcé d'entendre pendant toute la nuit annoncer, sur le ton le plus lamentable, les numéros d'une partie de loto commencée après dîner et terminée seulement vers deux heures du matin.

Je passai la matinée, étendu sur des cordages, à regarder des matelots nègres et des soldats raccommodant leur linge, c'est-à-dire leurs pantalons, car peu d'entre eux avaient des chemises. Je n'avais pas toujours de si agréables passe-temps, et si n'eût été le soleil, que j'avais de la peine à éviter, et un peu la cloche du déjeuner, je serais resté tout le jour près de ces couturières d'un genre si différent des autres.

Depuis que nous avions doublé le cap Saint-Roch, le soleil devenait d'heure en heure plus gênant. Après s'être dirigé d'abord du sud au nord, notre steamer maintenant marchait presque parallèlement à l'équateur et nous plaçait directement en face du

L'officier mélomane.

soleil le matin, en même temps qu'il nous mettait perpendiculairement dessous à midi. Le 4 juillet la soirée fut splendide; j'aurais passé une partie de la nuit sur le pont; mais j'en fus chassé par un grand nigaud d'officier qui, après avoir chanté tristement les airs les plus vifs de nos opéras italiens, les recommença en sifflant.

Le 5 juillet nous étions en face de San Luiz de Maranhao, ville bâtie en amphithéâtre. Je ne sais pourquoi, mais je ne me sentais pas grand désir de la visiter. Cependant j'acceptai l'offre qui me fut faite par quelques passagers de profiter de leur compagnie pour descendre à terre ; j'allai bien vite prendre un vêtement convenable, mon album, et j'eus, en montant sur le pont, le plaisir de voir tout le monde embarquer et partir sans moi. C'était trop juste, je n'étais qu'un étranger. Ce manque d'égards me fit sentir davantage ma solitude. Où allais-je ? qu'allais-je trouver au Para, où l'on dit qu'il n'y a pas moyen de se loger ? Pour remettre mes lettres d'introduction, il faut d'abord être casé quelque part ; il faut se vêtir ; il faut un lieu pour déposer ses effets. Et où trouver tout cela, sachant à peine la langue ? Je venais, pour augmenter mon découragement, d'apprendre que les billets, monnaie ordinaire du pays, perdaient beaucoup, transportés du Sud au Nord. Déjà le change avait été si mauvais à mon départ de Rio, que pour avoir une pièce d'or de vingt francs, il fallait donner en billets la valeur de vingt-cinq francs. N'étant pas bien certain d'aller directement au Para, j'avais pris mon passage pour Maragnon. Le prix de la traversée directe jusqu'au Para était de six cents francs, environ deux cent mille reis. Je changeai d'avis en route, et quand j'informai *l'immédiat,* ou second du navire, que décidément j'allais au Para, il m'en coûta cinquante francs en sus des six cents, pour m'apprendre à savoir du premier coup ce que je voulais.

Quand un malheur ou une contrariété arrive, un autre malheur, une autre contrariété viennent à la suite. Lassé d'être sur le pont, peu satisfait de mes compagnons de route, je rentrai dans ma cabine, que j'occupais seul alors, avec le projet de préparer mes effets pour notre arrivée prochaine au Para. Je remontai plus vite que je n'étais descendu. Depuis Bahia, il y avait, dans la chambre la plus voisine de la mienne, une famille composée d'un grand individu à l'air insolent, de sa femme et de deux petits enfants. Ils occupaient à eux quatre une étroite cabine d'où ils sortaient rarement, et où les inconséquences de la petite famille rendaient d'une impérieuse nécessité la mesure hygiénique du renouvellement de l'air. Quand il me fallait passer devant cette porte, ouverte en face de la mienne, mes cheveux se dressaient sur ma tête. Le mal pouvait se réparer quand j'avais à quitter ma cabine pour monter sur le pont et respirer le grand air. Mais c'était impossible s'il me fallait descendre : je ne pouvais fermer ma porte sans étouffer, ni la laisser ouverte sans être asphyxié.

Au retour de leur promenade à terre, les passagers qui avaient été si polis avec moi apportèrent les journaux d'Europe. Leur lecture fit naître de grands débats politiques. On cria, on se dit, selon l'usage, des grossièretés. Dans les entr'actes le chanteur sifflait ses romances. Le temps, comme on voit, était bien employé.

Enfin le 9 juillet nous entrâmes dans les eaux de l'Amazone : à notre gauche s'étendait la terre du Para; bien loin devant nous et à droite, la grande île de Marajo. Tous les passagers étaient ou paraissaient contents. Nous passions alternativement d'une chaleur insupportable à une averse qui faisait fuir tout le monde sous le pont, où, malgré le bruit, j'entendais croasser mon officier mélomane. Je préférais l'averse.

Le personnage qu'on nommait emphatiquement le comendador n'avait pas plus de gîte que moi; et, pour mes péchés sans doute, le chanteur était dans le même cas. Cependant ce dernier connaissait le Para et un hôtel; — il y avait un hôtel! — c'était une fortune pour moi. Je lui pardonnai tacitement ses chants; nous nous entendîmes pour trouver un logement; et j'eus l'espoir que, en dépit de notre voisinage, les distractions qu'il trouverait dans la ville, paralyseraient son penchant trop prononcé pour la musique italienne.

L'aspect de la ville du Para a de loin une grande analogie avec Venise. La vue de ces plages basses, de ces arbres dont la petitesse ne me rappelait pas ceux des montagnes que je venais de quitter, ne me semblait pas en rapport avec ce que j'avais entendu dire; car à Rio, si on parlait d'une chose merveilleuse, elle venait du Para; les oiseaux les plus brillants par leurs couleurs éclatantes étaient des en-

Le grand lit de l'Amazone.

fants du Para ; les fruits les plus savoureux, les ananas, les avocas, les mangles, les sapotilles, etc., toujours des produits du Para.

Quand on jeta l'ancre, comme nous n'étions plus rafraîchis par la brise de la mer ni par le mouvement d'air dû à la marche du navire, je crus que la chaleur allait me suffoquer. On déposa sur le quai, sous une espèce de hangar, tous nos effets, et les confiant à la surveillance du comendador, nous allâmes chercher notre logement.

L'entrée de l'hôtel était une cuisine desservie par des êtres si sales et surtout d'une pâleur tellement étrange, que je ne doutai pas un seul instant d'avoir sous les yeux des malades attaqués de la fièvre jaune.

Ces fantômes débarrassèrent, sur l'ordre du maître, une grande pièce qui nous était destinée. On en enleva des tas de vieilles guenilles, de vieux pots cassés, un berceau d'enfant et un tonneau de vin. Cette pièce, à peu près aussi grande que mon magasin de Victoria, n'était séparée d'une autre dans laquelle couchaient pêle-mêle le maître de l'hôtel, ses enfants, les domestiques pâles et les nègres, que par une cloison s'élevant à peine à six pieds, et qui n'atteignait pas la moitié de la hauteur du plafond.

Après avoir assuré notre gîte et le dîner, nous retournâmes sur le quai. Le chanteur connaissait les usages : chaque pièce de notre bagage fut portée séparément par des gens de toute couleur, de tout âge et de tout sexe. Naturellement les plus gros objets avaient été laissés aux plus faibles commissionnaires ;

il y en avait dix-sept ; la cuisine, l'escalier étaient encombrés, et la file se prolongeait jusque dans la rue. Notre maréchal des logis fit entrer dans notre grande chambre tout ce monde, dont il forma un front de bataille, aligné par rang de taille ; chaque porteur ayant devant lui son paquet. Comme cette manœuvre avait été faite sérieusement, la bande se gardait bien de sourire. Chacun reçut, selon son travail, une pièce de monnaie. Puis nous fermâmes la porte, après avoir un peu brutalement poussé les traînards, qui paraissaient vouloir réclamer. C'était, selon l'usage, ceux qui avaient été le mieux payés. Cette façon de mener les affaires m'avait fait pardonner la musique vocale à un homme qui les entendait si bien. J'attendis toutefois avant de lui donner l'absolution. Le dîner, comme je m'y attendais, ne fut pas précisément bon : c'était la cuisine portugaise réduite à sa plus simple expression. Nous allâmes le même soir courir la ville avec le comendador. Les rues sont larges, les maisons n'ont presque toutes qu'un étage ; elles ont des balcons à quatre à cinq pieds du sol. La terre rouge dont les rues sont remplies salit et tache tout ce qui est propre ; c'est ce que j'ai pu reconnaître en rentrant le soir.

Dans notre chambre destinée à quatre personnes, il n'y avait que deux hamacs. Fort heureusement j'avais apporté le mien ; le comendador et le mulâtre, son compagnon de bord, occupèrent les deux autres. L'officier mélomane rentra au milieu de la nuit, et sans plus d'égard qu'à l'époque où il sifflait

La paye des commissionnaires, au Para.

ses romances dans les oreilles des gens, il se mit à parler tout haut, appelant le maître du logis, les domestiques; réclamant un lit, avec des jurements de possédé et tout furieux, il sortit pour chercher gîte ailleurs. J'étais aussi furieux que lui et, cette fois, je lui donnai ma malédiction. Seul le mulâtre ne s'était aperçu de rien, et ronflait comme de coutume. J'allai passer le reste de la nuit sur un balcon, au clair de la lune, qui brillait calme et pure dans une atmosphère rafraîchie qui ne commence à s'embraser chaque jour qu'après le lever du soleil.

J'appris avec peine le lendemain que je ne trouverais pour me servir aucun domestique parlant le français. On m'indiqua un horloger qui peut-être pourrait me renseigner un peu mieux. Il demeurait à côté de l'hôtel. Il faut avoir voyagé dans un pays dont on connaît peu ou point l'idiome, pour comprendre avec quel plaisir, après avoir été longtemps dans la société d'étrangers, j'allais entendre la langue maternelle. L'horloger m'offrit de m'accompagner partout où j'avais à remettre des lettres d'introduction. J'acceptai avec grand empressement et nous allâmes faire nos visites. Partout je fus reçu à merveille et l'hospitalité me fut offerte avec cette cordialité qui est générale chez les Brésiliens; mais je préférai ma liberté, puisque j'avais trouvé à me loger, et je revins avec mon guide pour faire quelques emplettes.

Nous courûmes toute la ville pour trouver les choses les plus ordinaires; un petit livre qui, en France, m'aurait coûté cinq sous, me coûta six francs. On doit s'attendre ici à rencontrer chez un marchand les objets les plus complétement étrangers à son commerce : des souliers ou un parapluie chez un marchand de tabac; le bottier a quelquefois de l'élixir de la Grande-Chartreuse, une guitare ou des perroquets à vendre; ainsi des autres. J'ai longtemps cherché une écritoire; j'avais perdu un scalpel, il m'a été impossible de m'en procurer un autre; les boutiquiers chez lesquels mon horloger me conduisait pour cette emplette, s'empressaient de me donner non pas un scalpel, mais une lancette pour saigner; tout le commerce du Para en avait à vendre; j'ai oublié de m'informer pourquoi la lancette joue un si grand rôle dans cette ville.

J'appris en parcourant les rues que ces figures pâles, ces cadavres vivants qui m'avaient d'abord impressionné désagréablement, n'étaient pas malades le moins du monde. La plupart de ces individus sont des Portugais venant des îles. Ces gens-là, par économie, ne dépensent rien; on m'a dit que plusieurs vivaient avec quelques bananes par jour. Leur sang s'appauvrit, ils perdent leurs forces; ce régime, auquel pourtant ils s'habituent, leur donne cette couleur dans laquelle le vert domine, ce qui ne les empêche pas, en amassant sou sur sou, de devenir fort riches. Mon guide faisait toujours cette plaisanterie en les voyant :

« Voilà M. le comendador futur; ces gens-là le deviennent tous. »

Une boutique au Para.

J'avais l'intention d'en peindre un, car ce type de cadavre vivant était une étude curieuse à joindre à celles que je possédais déjà; mais quand j'ai été en mesure de le faire, je me trouvai à mon tour pâle, vert et malade.

Par l'intermédiaire de mon horloger, j'eus l'espoir de me procurer pour domestique un Français habitant le Brésil depuis trente-deux ans; mais on ne savait où le trouver. Une fois mes lettres remises, j'allai faire une visite à M. de Froidfond, notre consul au Para. Il habitait à une demi-lieue de la ville, à Nazareth. C'est dans ce lieu que les gens riches résident généralement; c'est encore, comme le Catette de Rio, un faubourg Saint-Germain.

Je trouvai le consul étendu dans un hamac; il était fort pâle et très-maigre. J'avais aussi pour lui une lettre du bon M. Taunay, qui, avec sa modestie ordinaire, s'excusait de prendre la liberté de recommander un homme comme M. Biard, ne se croyant pas de titre pour se poser en protecteur. Il remerciait d'avance M. le consul de Para de ce qu'il voudrait bien faire pour moi. M. de Froidfond me présenta à sa femme, une fille de Mme la duchesse de Rovigo que j'avais eu l'honneur de connaître à Paris. C'était un grand bonheur pour moi de pouvoir, presque en arrivant dans ce pays, parler de personnes qui m'avaient honoré de leur bienveillance. Quand je témoignai le désir d'avoir un domestique sachant le français, M. le consul, sur l'intermédiaire de qui je comptai tout naturellement

21

pour trouver ce qu'il me fallait, me découragea en me déclarant qu'il ne connaissait personne. Le peu de Français résidant au Para étaient des négociants représentant des maisons de commerce soit de Nantes, soit du Havre. Mon guide ayant alors cité le vieux Français :

« Mais, dit M. de Froidfond, c'est un vieux misérable, un ivrogne. Gardez-vous de le prendre à votre service ; il s'est fait chasser de partout. »

Puis, en apprenant que mon dessein était d'aller dans les bois vierges pour y peindre et faire de la photographie, M. de Froidfond m'interrompit encore en s'écriant : « Des bois vierges ! mais il n'y en a pas, ou il faut aller bien loin. »

Cette nouvelle était plus décourageante que l'impossibilité d'avoir un domestique. Ainsi j'avais fait plus de cinq cents lieues de côtes en quinze jours pour venir chercher une grande déception !

Cependant en prenant congé de M. le consul, je me promis bien de ne pas me tenir pour battu, plus que je ne l'avais fait l'année d'avant, alors que les habitants de Rio m'affirmaient que les Indiens étaient des mythes, et je répétai tout bas : « J'en aurai, dussé-je aller jusqu'au Pérou ! »

Je logeais toujours dans mon galetas, avec mon comendador et son mulâtre. L'officier mélomane était parti ; je n'avais plus que les ronflements à redouter. Je parvins à leur faire baisser de ton en sifflant de toutes mes forces, procédé fort en usage dans les postes de la garde nationale parisienne, et que j'avais souvent pratiqué avec succès.

Place à Nazareth.

Mon voisin de cabine m'entraîna un jour avec lui faire une visite au président de la province. Il fallut endosser le vêtement noir de la tête aux pieds. C'était bien pis qu'à Rio; ici nous étions à peu près sous la ligne, et, malgré le désir que les indigènes ont de se montrer dans les rues vêtus à l'européenne, ils daignent porter aussi des habits blancs sans rougir; j'étais donc dans mon élément. Mais un président!... une espèce de vice-roi!... Mon plus mortel ennemi se fût attendri en me voyant faire ma toilette, vers midi, alors que le soleil planait si bien sur moi, que mon corps n'avait plus d'ombre. Oh! que je regrettais le temps où le soleil projetait la silhouette de mes guides jusqu'au fond du désert de la Laponie, pendant cette longue journée de six mois où il se montre toujours à l'horizon, dont il fait le tour sans jamais disparaître! J'étais bien plus à mon aise alors avec mes trois ou quatre vêtements de laine, mes immenses bottes, mes gants de peau d'ours, etc., que je ne l'étais au Para avec un habit de drap léger, un gilet de soie et une cravate blanche; je mis beaucoup de temps à les ajuster. Quand je voulus mettre des gants, les coutures éclatèrent de tous côtés, et cela, je l'avais bien mérité. Je me suis moqué, en commençant ce récit, des conseils qu'on m'avait donnés à mon départ; eh bien, parmi ces conseils était celui d'avoir des gants cousus avec du fil, la soie ne résistant pas à l'extrême chaleur. Sur une douzaine, un seul, à peu près entier, put remplir son office;

j'enroulai le moins déchiré autour de l'autre main, celle qui devait tenir mon chapeau, mon affreux chapeau, qui me serrait les tempes, et dont la couleur noire me causait une transpiration plus abondante encore que de coutume.

Mon Brésilien, lui, triomphait; il portait d'un air d'aisance son pantalon à sous-pieds et à bretelles.

Nous partîmes munis de nos parapluies, meuble toujours indispensable, bien plus contre le soleil que pour la pluie. Quelques gardes nègres et indiens, un peu déguenillés, un peu dépareillés quant à l'uniforme, sommeillaient dans l'antichambre et sur l'escalier du palais. M. le président eut la bonté de me faire dire par mon compagnon qu'il se mettait à ma disposition, regrettant de ne pouvoir causer d'une manière suivie avec une personne qui lui était si particulièrement recommandée.

L'audience terminée, je rentrai chez moi au pas de course; j'arrachai mes instruments de torture et les jetai loin de moi avec horreur, décidé à ne plus les remettre qu'en France, si j'avais le bonheur de la revoir jamais.

J'avais aperçu en rentrant, sur la porte de mon horloger, un individu dont la mine m'avait déplu : il était très-sale, très-vieux, très-laid; des sourcils descendant au-dessous des yeux les lui cachaient complétement; il était en outre un peu boiteux : j'ai su depuis que c'était par suite d'une blessure reçue à la jambe à l'époque des révoltes du Para. Ce personnage peu agréable me fut présenté dans un bon moment : je n'avais qu'un pantalon blanc et des pantoufles ; s'il était entré chez moi quand j'étais vêtu de noir, nul doute que je ne l'eusse jeté à la porte. C'était le Français, mon futur domestique, M. Benoît. Au Brésil, on dit à tous les garçons d'hôtel : « Monsieur, faites-moi le plaisir de me faire parvenir un potage. » Si par malheur vous conservez la mauvaise habitude que vous avez prise en Europe de dire : « Garçon, mon potage, » vous êtes jugé, vous attendrez toujours. Donc l'individu en question était M. Benoît; je n'avais pas le choix, j'arrêtai avec lui ce qu'il aurait à faire.

La cuisine d'abord, je jetai un regard sur ses mains; — mes habits à entretenir, ainsi que mes chaussures ; — involontairement je le parcourus de la tête aux pieds, j'en eus le frisson; — me suivre dans les bois et porter mon bagage, — sa jambe m'inquiétait un peu; enfin et surtout il devait me servir d'interprète. A ses premières réponses je crus avoir affaire à un polyglotte, car il me parla dans une langue inconnue. N'ayant besoin que d'un homme sachant le français et le portugais, je répétai ma question; il répliqua quelque chose d'incompréhensible. L'horloger m'expliqua que depuis son séjour prolongé au Para, M. Benoît avait un peu oublié le français et fort peu appris le portugais; mais qu'il avait bonne volonté. Ceci était vrai, car à peine lui eus-je dit d'aller me chercher une chaise à droite de la chambre, qu'il se précipita à gauche et m'apporta mon chapeau. Ce trait seul m'eût décidé : j'engageai M. Benoît au prix de mille reis par jour et la nourriture ; il avait son hamac et un petit coffre dans lequel étaient un pantalon et une chemise de rechange. M. Benoît n'a jamais rien changé pendant tout le temps qu'il a été avec moi.

Maintenant, avant de me composer un petit ménage, il s'agissait de trouver à me loger dans le voisinage des bois, tels qu'ils étaient, faute de mieux. Encore des impossibilités ; chaque jour j'apprenais que, dans ce pays, on trouve de tout, excepté ce dont on a besoin.

Un jour, devant la porte du consul, j'exprimais mon mécontentement de ne rien pouvoir faire, quand de loin nous vîmes un jeune homme monté sur un cheval blanc.

« Voilà votre affaire, me dit M. de Froidfond ; c'est M. Gingembre, un ingénieur français qui habite Nazareth ; il a fait une route dans les bois, il connaît tous les Indiens des environs, qu'il a employés à ce travail. »

Il l'appela. M. Gingembre se mit à ma disposition ; et une heure après nous courions la campagne. Nous entrâmes dans le bois où la route avait été faite par ses ordres. Après avoir marché assez longtemps pour trouver ce que je désirais, nous revînmes sans avoir réussi : tout ce que j'avais vu était loin de me satisfaire ; mais, comme je n'avais pas le choix, il fallait se contenter de ce qui se présentait. En allant de tous côtés, nous découvrîmes une case bien cachée par les arbres. Elle appartenait à un médecin et était habitée par deux Indiens, homme et femme. Nous allâmes de suite chez le propriétaire, qui voulut bien m'accorder la permission d'aller m'y loger, me prévenant toutefois que je serais bien mal. Il ne comprenait pas ce goût de vivre seul, en compagnie de M. Benoît, dont la réputation était connue de tous les gens de la ville. Enfin, puisque j'étais décidé, cela me regardait seul.

M. Gingembre eut la complaisance d'extraire de son ménage de garçon quelques objets à mon usage, en me donnant une liste des choses les plus nécessaires à la vie que j'allais mener; et le lendemain, après avoir pris congé du comendador, je fis placer sur une charrette tous mes effets et mes emplettes.

Nous avions déjà dépassé Nazareth, quand nous rencontrâmes le docteur qui venait au-devant de moi, pour me prévenir que la seconde pièce de la case, dans laquelle allait habiter le ménage indien, puisqu'il me cédait la première, avait son toit de feuillage en fort mauvais état, et que jusqu'à parfaite réparation de cette pièce je ne pouvais occuper la première.

Contrarié au dernier point, je revins sur mes pas. M. Gingembre me conduisit chez lui, et ne voulut plus me laisser partir. J'acceptai volontiers, car j'avais un moyen de lui faire plaisir à mon tour : c'était de faire son portrait pour en faire don à sa famille, dont il était séparé depuis longtemps; je m'installai donc chez lui dans une grande pièce du rez-de-chaussée, où j'accrochai mon hamac.

Le Benoît avait été déjà renvoyé autrefois de cette maison; je fis mes excuses à mon nouvel hôte sur l'embarras que je lui causais; il me pria de ne plus rien lui dire de semblable, sous peine de le désobli-

M. Benoît.

ger : M. Benoît fut autorisé en conséquence à suspendre son hamac dans un corridor, et le lendemain il porta mon bagage sur cette route nouvellement faite, où personne ne passait, et qui déjà était en partie cachée de tous côtés par la végétation.

M. Benoît commença son service par casser une bouteille contenant du nitrate d'argent, et la chose se fit assez adroitement pour gâter complétement un pantalon que je mettais pour la première fois. Il s'excusa beaucoup, et je vis bien qu'il prendrait garde à l'avenir et que je pouvais être tranquille, puisque le même jour il mit son pied sur une glace photographique qui séchait contre le mur, et sur laquelle était l'image de M. Gingembre, en attendant le portrait dont je voulais lui faire la surprise.

J'allai le lendemain dans le bois. La chaleur me joua de mauvais tours; mon collodion ne coulait pas; l'éther séchait immédiatement. Je n'en persistai pas moins à vouloir travailler. Me défiant un peu de M. Benoît, je l'avais remplacé par un nègre pour porter mon bagage. M. Benoît avait suivi de loin, et tout le temps que je passai à travailler, il resta immobile, appuyé sur un grand bâton. J'évitais de regarder de son côté : son air et sa pose m'agaçaient; j'avais tort, car sans doute il attendait mes ordres. Il cherchait à deviner mes goûts, et, comme il était plein de bonne volonté, je pouvais espérer qu'il me serait fort utile un jour. Effectivement, il emporta mon bagage assez gentiment, sans se tromper; cependant, à un signe que je lui avais fait d'approcher, il s'était empressé de s'en aller aussi vite que sa jambe le lui permettait. J'avais été obligé de courir après lui, et comme il était un peu sourd et que son organisation le faisait se méprendre sur les intentions autant que sur les paroles soit françaises, soit portugaises, il avait fallu le rattraper à la course.

Une fois seul, je restai quelque temps à dessiner à l'ombre et à chasser, pour faire l'essai d'un magnifique fusil anglais que j'avais acheté à Rio. Pour revenir à Nazareth chez M. Gingembre, il fallait marcher plus d'une demi-heure au soleil, et, ainsi que je l'ai dit, ce soleil du Para est bien brûlant. J'avais peu à peu ôté de mes vêtements ce que la décence permettait, et comme personne ne se hasarde à courir les routes à cette heure de midi, je pouvais en prendre à mon aise; j'étais ainsi occupé à simplifier ma toilette quand, de l'autre côté de la route, je vis passer lentement un boa rouge auquel, sans trop me hâter aussi, je cassai les reins d'un coup de fusil. J'ai appris plus tard que cette espèce était assez rare.

Je passai, avant d'arriver à Nazareth, devant plusieurs maisons de campagne; deux messieurs causaient devant la porte de l'une d'elles. Mon humiliation fut grande en reconnaissant le président de la province que j'avais vu à la ville. J'aurais bien voulu l'éviter, mais il était trop tard : j'avais été éventé, moi et mon serpent. Si on m'eût dit, quelques jours avant cette rencontre, que je serais placé dans une position telle que je regretterais mon habit noir, mes bottes vernies et mon gant, j'aurais regardé cette insinuation comme une insulte, impossible à tolérer et même à imaginer. En ce moment je les regrettais partout.

M. Benoît fuit quand on l'appelle.

M. le président parut prendre un vif intérêt à ma chasse; il profita de l'occasion pour me parler assez longuement de Rio et des personnes qui m'avaient donné des lettres pour lui. J'aurais préféré m'en aller.

Cette audience, qui fut plus longue que la première, eut enfin un terme, et arrivé à Nazareth, je dépouillai

Attention délicate de M. Benoît.

mon boa sous les yeux de M. Benoît. Deux jours après il attendait mon réveil, tenant enroulés autour de lui des boas vivants, avec la précaution pourtant exigée en pareil cas d'avoir une main sur le cou des reptiles, très-près de la tête. Tout habitué que j'étais avec les serpents, ce ne fut pourtant pas avec une bien grande satisfaction que je vis, à quelques pouces seulement de ma figure, frétiller ceux-ci, la gueule ouverte et sifflante. Je ne parle que pour mémoire de deux ou trois serpenteaux qui se tortillaient autour du chapeau de M. Benoît.

Il avait rencontré un nègre qui faisait jouer ces boas avec un rat attaché à une ficelle, au grand plaisir des enfants nègres et indiens. Chaque fois que les serpents serraient de trop près ledit rat, le nègre les reprenait très-adroitement, en leur passant sur le cou une petite palette en bois de la forme d'une bêche, et derrière cette palette il les empoignait, sans craindre d'être mordu.

Au Para tout le monde connaît les boas; on sait qu'ils ne font pas de morsures dangereuses, on ne s'en inquiète pas; dans beaucoup de maisons même ils font office de chat. Ils sont inoffensifs, à moins qu'on ne les frappe ou qu'on ne les dérange. Si j'avais su où mettre un de ces animaux, déjà un peu familier, je l'aurais acheté; mais j'avais déjà assez encombré la maison hospitalière. Je remerciai toutefois mon page, qui alors se précipita sur mes vêtements pour les brosser, ce que je ne lui permis pas de faire. J'avais échappé heureusement à sa cuisine; la prudence me faisait un devoir d'être mon valet de chambre. M. Benoît restait seulement investi des fonctions d'interprète, et encore!

De Nazareth j'allais fréquemment en ville. Je n'ai vu nulle autre part la population de couleur se vêtir d'une façon si recherchée, si coquette qu'au Para. Les négresses — et les mulâtresses surtout, grâce à leur laine frisée — se font des échafaudages d'une grande dimension, qui pourraient se passer du secours du peigne : cependant toutes en ont, en écaille et immenses. Les fleurs jouent là dedans un grand rôle aussi, et quelquefois ces femmes sont assez agréables à voir, avec leurs robes décolletées et toujours de couleur brillante.

Quand je n'allais point dans les bois, je partais de bonne heure de Nazareth et, ainsi qu'à Rio, j'allais me promener dans le marché, qui se tient tout à fait sur le bord de la rivière. De grandes et de petites embarcations viennent s'amarrer contre le quai; les acheteurs, du haut de la falaise qui est fort élevée, plongent dans ces embarcations, et ils peuvent voir d'un seul coup d'œil, à vol d'oiseau, ce qui est à leur convenance. Il ne faut pas oublier de faire ses provisions d'assez bonne heure, car dans la journée on ne trouverait presque rien, et surtout point de viande.

Un autre marché intérieur m'offrait moins d'intérêt, la terre rouge dont j'ai parlé, quand il n'a pas plu de quelques jours, s'y élève de tous côtés en nuages sous les pieds de la foule : malheur aux vêtements! Ce marché d'ailleurs a moins d'étendue que l'autre, et, sans en être bien sûr, je crois qu'il est consacré spécialement aux objets ayant déjà passé entre les mains des revendeurs et des revendeuses.

Là on voit tous les croisements de race, depuis le blanc jusqu'au noir, en passant par les nuances les plus diverses : le Mamaloca d'abord, le Tapouya, le Kafouse, le mulâtre, le métis, l'Indien et le nègre.

Pour décharger les bagages sur le quai, une compagnie de noirs s'est organisée ; elle procède avec ordre et est soumise à des chefs. Je dois convenir que c'est par hasard quand j'apprends quelque chose concernant les administrations, les détails de police et, en général, ce qui émane du gouvernement. Ma sobriété à ce sujet, quand j'ai parlé de Rio, en est une preuve. J'ai sous les yeux un livre, peut-être fort intéressant, sur le Brésil ; on y apprend, sou par sou, ce que coûte chaque ministère ; on y voit tout ce que rapportent les cafés, tabacs, etc. ; on y raconte le passé, on y prédit l'avenir. Tout cela est au-dessus de ma portée : c'est pour cette raison que je laisse les autres parler sur ces sortes de choses, et que je m'abstiens soit de louer, soit de blâmer.

M. Gingembre me fit faire la connaissance d'un Français, M. Leduc, représentant d'une maison de Paris, et par ce dernier, je me vis de suite en rapport avec d'autres Français, MM. Cullière, de Nantes, M. Harismudi, du Havre, etc. Nous fîmes un jour la partie d'aller dans l'île d'Ara-Piranga, tout près de l'île des Onces et de la grande île de Marajo[1], la patrie des crotales et des tigres. C'est de l'île de Marajo qu'on tire les bœufs pour l'alimentation du Para. L'année 1859 avait été fatale à ces animaux : les inondations de l'Amazone les avaient presque

---

1. L'île de Marajo sépare en deux l'embouchure de l'Amazone.

tous détruits ; et comme il n'y avait pas beaucoup non plus de *carne secca* et de *faigeons*, les Français, habitués à un régime différent de celui du Brésil, mangeaient beaucoup de conserves d'un prix très-élevé, comme tout ce qui vient d'Europe et des États-Unis.

Nous partîmes un dimanche, dans une embarcation, et au bout de quelques heures nous arrivâmes devant une grande fazenda. Le maître de la maison, un Portugais, vint nous recevoir, et nous conduisit immédiatement dans la salle à manger, lieu de passage d'où l'on communique avec le reste des appartements. La table était parfaitement nue ; je l'aurais préférée autrement, mais l'heure du déjeuner n'avait pas sonné, et j'appris avec terreur qu'il fallait attendre encore longtemps.

Dans cette fazenda étaient une cinquantaine d'esclaves occupés à fabriquer des vases de toute sorte ; on nous en montra de magnifiques, puis on nous conduisit au jardin où s'étalait du raisin verjus qui faisait le désespoir du propriétaire. Ce jardin, comme la plupart de ceux du Brésil, était découpé, par de petites allées, en plates-bandes, dont les bordures souvent en pierres ou en coquillages, remplaçant fort mal nos buis ou nos gazons, imprimaient à tout l'ensemble un cachet de sécheresse et d'aridité. La chaleur empêche les fleurs de se développer ou les développe trop tôt.

Le maître de la maison avait, au reste, une manière d'agir qui m'avait réduit au silence ; car en arrivant ayant dit franchement mon avis sur certaines choses qui me plaisaient, immédiatement il me les offrit.

On alla ensuite parcourir l'île; nous chassâmes en chemin, à l'ombre de bois très-touffus, et nous arrivâmes ainsi de l'autre côté de l'île, où je fis un croquis de mangliers et ramassai des coquillages. Ensuite, ayant laissé le reste de la compagnie retourner à la fazenda, nous allâmes, M. Leduc et moi, nous baigner, sans songer que nous étions dans le voisinage des caïmans. Notre appétit fut considérablement augmenté par cette séance nautique, la marche forcée qui suivit l'accrut encore. Quand nous arrivâmes on avait déjeuné; on reservit pour nous, et l'admiration fut au comble dans l'assemblée quand elle nous vit officier de façon à faire disparaître non-seulement le déjeuner qu'on nous avait gardé, mais une partie du dîner futur.

Le lendemain mon parti était pris : des Indiens à peindre commodément, des oiseaux peu méfiants et en grand nombre, des allées sombres pour la photographie.... que pouvais-je désirer de mieux? Il fut convenu que je viendrais m'installer dans ce lieu. Effectivement, quelques jours après je profitai de la barque qui va et vient régulièrement de Para à Ara-Piranga, et, M. Benoît en tête de mes bagages, nous vînmes nous installer dans l'île.

Je m'étais permis de lui dire avec les plus grands ménagements, avant de partir, qu'il était complétement dégoûtant, parfaitement abruti, et que je le

Jardin de la fazenda à Ara-Piranga.

priais de se modifier un peu, par pudeur, si ce n'était par propreté. Effectivement, mon avertissement parut le toucher, il changea de cravate. Je n'osai pas insister sur le reste, me réservant de le pousser dans l'eau, par mégarde, le premier jour où j'irais me baigner.

Il n'y avait à Ara-Piranga, quand j'y arrivai, que le frère du patron et un jeune artiste qui, sans avoir eu de maître, faisait tous les dessins de vases, quelquefois d'un style assez pur. Je m'installai de mon mieux dans une grande chambre ayant vue sur le fleuve, et pendant une quinzaine de jours je peignis tout à mon aise, pour la première fois depuis mon départ d'Europe.

Dans cette fazenda j'avais à choisir mes modèles, depuis le Mamaloca jusqu'au nègre. Quand j'eus peint quelques Indiens, je me mis à faire de la photographie.

Au bout de quelques jours mon bagage était d'autant plus facile à porter que j'en laissais une partie dans les bois; ma tente restait debout, et je ne craignais pas les voleurs. Malgré la chaleur, toujours accablante, je fus plus heureux que dans mes tentatives d'autrefois, et je pus grossir dans cette île mes collections de toute espèce. Je n'avais pas pour me désespérer des moustiques acharnés sur moi, mais j'avais, en compensation, M. Benoît. Grâce à lui, je perdis encore un pantalon, qu'il laissa tomber dans le fleuve en aidant une négresse à faire sécher mon linge; il eût pu le sauver, son horreur de l'eau le retint attaché non au rivage, mais sur les marches du débarcadère en planches d'où les esclaves descendaient ordinairement pour charger et décharger les embarcations.

J'ai dit que pour simplifier mon bagage, j'en laissais une partie dans le bois.... Je m'étais arrangé une cachette où je déposais mes glaces, mes flacons, et quand j'arrivais il n'y avait qu'à les faire porter près de ma tente, puis je renvoyais M. Benoît, qui, faisant toujours le contraire de ce que je demandais, m'aigrissait beaucoup le caractère. Le plus souvent il disparaissait tout à fait, mais d'autres fois je l'apercevais appuyé invariablement sur son bâton, dans la pose de ces jardiniers en terre cuite qui font l'ornement de certains jardins. Cette pose durait autant qu'il me plaisait de travailler, et quand j'avais enfin terminé, si je lui faisais signe de venir m'aider à arranger mes différents ingrédients, c'était presque toujours le signal de son départ.

Un jour, étant pressé de rentrer, je le laissai mettre seul mon matériel en sûreté. Le lendemain, en arrivant à l'endroit où M. Benoît a déposé mes flacons, je ne les trouve plus. Je cherche de tous côtés; insensiblement je m'éloigne du point de départ, je m'égare; plus je m'éloigne, plus je m'engage dans un fouillis de lianes; pour comble d'ennui, la pluie s'en mêle. Enveloppé de tous côtés, je veux faire usage de mon sabre, je ne trouve sous ma main que le fourreau. Ce n'est qu'après de longs efforts que je parviens à me dégager, furieux contre

Vue du rio Tocantins, prise d'Ara-Piranga.

M. Benoît, auteur de ma mésaventure. J'étais en outre mouillé jusqu'aux os. Au moment où je revenais sur mes pas, je tombai dans un trou où, pour me retenir, j'empoignai avec force le tronc d'un palmier épineux qui se trouvait devant moi. Quand je regardai ma main, je crus voir un hérisson : tous mes doigts étaient couverts d'épines, ainsi qu'une partie de l'avant-bras. A la douleur que j'éprouvais vint se joindre la crainte d'avoir été blessé par un arbre vénéneux; j'oubliai bien vite mon sabre, mes flacons égarés ; la souffrance était trop grande pour que je me préoccupasse d'autre chose. Je retirai le plus d'épines que je pus, celles qui pouvaient se saisir avec les doigts, en attendant que je pusse me servir de pinces ou d'aiguilles. Ma colère s'était calmée, et, plus maître de moi, je m'orientai sur un rayon de soleil, et après de nombreux détours, je sortis enfin du bois, très-loin de ma tente. J'aperçus près d'elle, dans sa pose de jardinier galant, M. Benoît, qui m'avait apporté un parapluie aussitôt qu'il s'était aperçu que la pluie avait cessé. J'avais autre chose à faire qu'à le gronder; et, sans l'enlever au charme de son attitude, je pris en toute hâte le chemin de la maison, où mes pinces à préparer les oiseaux me furent d'un grand secours. Une mulâtresse me fit l'opération très-adroitement; il ne me resta qu'une cinquantaine d'épines enfoncées très-avant sous la peau, et qui peu à peu sortirent sans me faire de mal. Je regrette d'avoir à ajouter que cette mulâtresse si adroite était un peu voleuse, et que j'eus la douleur de la voir fouetter quelques jours après, au grand contentement des autres femmes de couleur, moins jolies qu'elle. Cet événement, auquel sans doute elle était habituée, ne l'affecta pas beaucoup, car deux heures plus tard elle

La mulâtresse.

vint poser dans ma chambre avec tous ses atours et des fleurs dans ses cheveux.

M. Benoît me parut beaucoup plus peiné de ce qui m'était arrivé par sa faute : car étant rentré quelques heures après moi, le jour de ma mésaventure, il était resté jusqu'au soir dans son attitude favorite, sans donner autre signe de vie que celui de faire passer sa chique de la joue droite à la joue gauche. Je n'avais pas de suite aperçu toutes les qualités de M. Benoît. Il était de ces gens qui gagnent à être connus.

Aussitôt que ma main me permit de nouvelles courses, je pris forcément M. Benoît avec moi pour retrouver mes flacons. Il chercha vainement du côté où ils devaient être, à droite de la petite route, derrière un tronc d'arbre que je lui avais fait remarquer comme point de repère la première fois que je les avais cachés. Il me laissa perdre toute la journée en vaines recherches, et ce ne fut qu'au moment où je tombai par hasard sur les objets perdus, qu'il daigna se rappeler qu'il avait changé l'emplacement et l'orientation du dépôt. « J'allais vous le dire, monsieur, si vous n'aviez pas trouvé la chose. » Telle fut, à mes questions pressantes, la seule réponse de M. Benoît.

A quelque temps de là, fatigué de peindre j'eus recours à mon fusil; je mis M. Benoît sur sa route en le poussant par les épaules; il ne pouvait se tromper cette fois qu'en passant sur moi, et je le vis s'éloigner, plein d'espoir d'échapper cette fois aux maladresses quotidiennes dont ce malencontreux successeur de Jocrisse empoisonnait mon existence.

Je rencontrai sur mon chemin deux nègres esclaves de la fazenda; ils me suivirent pour me montrer des oiseaux que je ne voyais pas toujours dans la feuillée. Nous entrâmes ainsi dans l'épaisseur du bois. J'avais déjà témoigné le regret que j'éprouvais de ne pas rencontrer de serpents. Mes nègres en avaient vu de différents côtés, entre autres un boa énorme qu'ils s'engagèrent à traquer et à m'apporter vivant. Ces braves gens me contèrent toutes sortes d'histoires au sujet de ce dangereux reptile : il avait mangé des animaux d'une grandeur fabuleuse; mais, puisque cela me faisait plaisir, ils le prendraient certainement le jour suivant.

Nous nous glissâmes pendant quelque temps à travers les lianes, et j'essayais de franchir un tronc d'arbre abattu par la foudre, quand de l'autre côté je vis étendu à terre, dans une immobilité rigide, un très-grand serpent couleur de fer. J'avais regretté souvent d'avoir été forcé de me servir du fusil en pareille occasion; je me retournai vivement pour dire aux nègres de m'aider à prendre l'animal vivant; mais ils étaient devenus invisibles; leur bravoure avait failli en présence de la réalité.

Cependant la barre de fer commençait à se mouvoir; il fallut prendre le parti ordinaire : mon coup fit balle, et, à mon grand regret, je perçai d'un grand trou la tête de l'animal, qui avait près de quatre mètres de long. Je rentrai bien vite dans ma chambre, pour réparer le dommage pendant que la dépouille était encore fraîche. Ce serpent, d'une espèce peu dangereuse, car elle n'a pas de crochets, fait aujourd'hui le pendant du fameux souroucoucou que j'ai rapporté en Europe; tous deux sont enroulés autour d'un candélabre, et, ainsi que d'autres animaux gigantesques, font peur aux enfants qui se hasardent dans les profondeurs de mon atelier.

Tout le monde a fait cette remarque que dans les choses bonnes, comme dans les mauvaises, il y a une veine qui, une fois changée, ne s'arrête pas. Ainsi j'avais déjà passé bien des jours dans Ara-Piranga sans trouver de reptiles. Or, pendant que je préparais mon serpent de fer, on vint me dire qu'un grand crotale s'était glissé entre les poutres d'une baraque construite en haut du débarcadère où M. Benoît avait perdu mon pantalon.

J'y courus. La tête plate de l'animal, sa queue obtuse, ne me laissèrent aucun doute sur sa nature dangereuse. Il fallait de grandes précautions pour le prendre sans péril. Il était beau, du reste; ses couleurs me tentaient beaucoup; je n'avais jamais vu son pareil. Mais il était fort difficile de le saisir, car il se glissait de poutre en poutre, à chaque mouvement répandant au loin une odeur fétide. Enfin, après avoir essayé vainement divers moyens, nous lui serrâmes fortement le cou dans un nœud coulant, et on le tira à terre moitié étranglé, puis on le fixa à un piquet.

Certain que cette nouvelle proie ne pouvait m'échapper, je retournai bien vite terminer la préparation de l'autre. Quand ce fut fini, mon crotale était tout à fait immobile. Par prudence, je coupais toujours la tête de ceux dont je redoutais les crochets; je ne manquai pas d'en faire autant à celui-ci. Je crus comprendre au langage entremêlé de M. Benoît qu'il savait préparer aussi les animaux, ayant fait un voyage autrefois avec un savant dont naturellement il avait oublié le nom. Cette nouvelle me fut agréable : M. Benoît allait pouvoir m'aider et m'être utile à quelque chose. Tout le temps que j'avais mis à dépouiller le premier serpent, c'est-à-dire pendant deux heures, il avait suivi tout mon travail dans un silence profond, une immobilité religieuse. Quand j'entrepris de préparer le second, M. Benoît m'offrit son assistance. Il se mit donc à détacher doucement la peau, quand, avec mon scalpel, j'attaquai délicatement la colonne vertébrale du crotale. Cette peau très-fine méritait toute mon attention pour ne pas l'entamer avec cet outil extrêmement tranchant. J'étais arrivé à plus de la moitié quand sonna l'heure du dîner; je recommandai à M. Benoît d'aller tremper un linge dans la fontaine pour entretenir la fraîcheur de la dépouille pendant le temps du repas, que je me proposais de prendre à la hâte, voulant, avant la nuit, terminer une besogne qui me semblait une bonne fortune.

En ce moment on vint m'appeler; le dîner était servi dans une salle immense; la table aussi était fort grande et arrondie par les deux bouts, place ordinaire des maîtres du logis. On mangeait beaucoup d'herbages, des œufs de tortue, des agoutis (le lapin de l'Amérique), de la pasca, du tatou et de la tortue; des fruits nommés advocas, dont la pulpe est comme une crème fort bonne, surtout quand on y joint du rhum et du sucre, puis des melons d'eau et des ananas; les oranges ne sont pas bonnes au Para. On plaçait toujours du pain près de moi; les autres convives se contentaient de farine de manioc, et comme ils buvaient de l'eau, je n'avais pas osé accepter du vin qu'on m'avait offert, ayant affirmé modestement que ma santé exigeait que je me privasse de ce breuvage. Près de chaque couvert était un grand vase de terre en forme de calice; une Indienne le remplissait à mesure que nous buvions.

Le repas achevé, je me hâtai de revenir à mon sujet.... Hélas! M. Benoît, par excès de zèle, avait voulu achever d'en détacher la peau et y avait fait une cinquantaine de trous : mon serpent était perdu. Je l'arrachai des mains de M. Benoît, je jetai le malencontreux à la porte, lui défendant de me parler et de me regarder.

Peu après je pris congé de ma demeure hospitalière, de son propriétaire et de l'île d'Ara-Piranga. Je comptais la revoir à mon retour, ainsi que celle de Marajo, lorsque je reviendrais du haut Amazone, où je voulais aller sans plus de retard. Aussitôt que le président connut mon intention, il me fit la faveur de me donner gratis mon passage sur un navire à vapeur allant à Manaos, petite ville située au confluent du grand fleuve et du rio Negro.

M. Benoît était ravi de mes projets; il se rappelait ses courses au Pérou; il avait remonté plusieurs fleuves, fait le commerce avec les Indiens. En conséquence, il m'avait demandé de l'argent pour faire quelques acquisitions; il avait acheté des colliers, du tabac; j'en fis autant; et comme il était à peu près probable que je ne trouverais pas grand'chose, soit à Manaos, soit ailleurs, j'achetai, comme lors de ma première excursion dans les bois, des fourchettes, des couteaux, quelques livres d'huile, du poivre et du sel. J'aurais bien voulu avoir ma soupière. Je l'avais donnée au petit cabocle de Victoria. Il y en avait heureusement deux à vendre chez un tailleur, je profitai de l'occasion. J'achetai neuf livres de poudre anglaise de première qualité; un hasard très-grand me fit trouver du petit plomb, car dans ce pays les petits oiseaux sont négligés; on ne chasse que pour manger. Cependant pour monter à bord du vapeur, il fallait bien cacher ma poudre. Selon un bruit courant alors dans la ville, un individu convaincu d'avoir trop parlé avait vu saisir et jeter à l'eau ce qu'il n'avait pas su cacher, de la poudre et des capsules. En conséquence, et pour ne pas avoir le même sort, je pris de très-grandes précautions : j'enveloppai chaque livre de poudre, contenue dans des boîtes de fer-blanc, avec du papier d'abord, puis avec des serviettes, et j'emballai mes provisions prohibées dans un grand sac de nuit, bourré d'oranges par-dessus. Ce qu'il me fut impossible de trouver, ce fut du papier de couleur pour dessiner aux deux crayons. Je courus partout; j'en fis demander là où personne ne pouvait supposer qu'il y en eût.... Je pouvais tout espérer du hasard.... Il ne me servit pas, car aucun marchand n'en possédait même le souvenir, et sans une heureuse idée que me fit naître une caisse de Paris envoyée à un négociant, et dans laquelle se trouvaient des étoffes enveloppées dans un papier grossier, j'aurais été bien embarrassé. Je fis des albums avec ce trésor inattendu et tant cherché.

J'avais fait mes adieux; j'étais muni de lettres de recommandation; le navire partait le lendemain dans la nuit : M. Benoît, que j'avais envoyé au consulat pour son passe-port, ne paraissait pas. La journée se passa à attendre. Le lendemain, au point du jour, une odeur d'eau-de-vie m'éveilla : M. Benoît, se tenant à peine debout, quoique appuyé sur son bâton, était devant moi; mais sa pose manquait de cette régularité qui m'avait charmé. Le malheureux était ivre. Longtemps il avait voulu démentir les bruits qui couraient sur son compte, et depuis qu'il était à mon service, cette habitude qu'on lui connaissait ne s'était presque pas révélée. Mais sur le point d'être privé forcément et pour longtemps de la *cachasse*, dont il soupçonnait avec raison que je ne l'abreuverais pas, il était allé en bon lieu et avait passé la nuit à boire. J'ai toujours soupçonné depuis qu'il avait un sentiment caché, et qu'au dernier moment, après avoir ajouté une forte dose d'eau-de-vie à sa sensibilité naturelle, il avait reculé devant un pèlerinage de six mois et peut-être plus.

M. Benoît, inondé de larmes, me déclara qu'il ne pouvait plus me faire l'honneur de m'accompagner. En conséquence j'avais à, le payer. M. Leduc, chez lequel j'étais alors, vint pour m'aider à faire mes comptes, ce qui ne fut pas facile : l'état dans lequel était l'ivrogne lui faisait oublier ce que j'avais acheté pour lui, et il n'était pas davantage capable de me rendre compte des dépenses dont je l'avais chargé. Nous engageâmes M. Benoît à se retirer ; il nous dit des injures, ajoutant qu'il me faisait présent de tout. Comme on ne pouvait pas rosser un homme dans cet état, j'envoyai une petite négresse querir la police, quand il se retira en nous accablant d'invectives.

Il revint quelques heures après, complétement dégrisé ; il apportait ses comptes, me priant en outre de lui acheter ses colliers de perles, puisque j'étais mécontent de son service et *que je ne voulais plus l'emmener avec moi*. Un peu blasé sur les excentricités de M. Benoît, dont cette dernière phrase, dite moitié en français et moitié en portugais, pouvait donner une juste idée, après ce qui venait de se passer, je le fis mettre à la porte.

Cette fois je me trouvais encore plus embarrassé que le jour où je quittai mon Italien pour aller chercher un gîte chez les Indiens ; plus qu'en arrivant au Para : car j'ignorais alors l'impossibilité de me procurer un domestique, et l'espoir du moins me restait. Cette fois j'étais certain, m'embarquant à minuit, d'aller seul dans le centre de l'Amérique, connaissant à peine la langue, n'ayant personne pour m'assister en cas de besoin. C'était surtout mon bagage qui m'inquiétait; j'allais être réduit à ne faire que des croquis au crayon, moi qui n'avais entrepris ce grand voyage que pour compléter des études peintes!...

Entre les deux visites de M. Benoît, M. Leduc, qui voyait mon embarras, avait envoyé à tout hasard s'informer auprès de la compagnie des nègres si on pouvait m'en donner un pour compagnon (on sait qu'il faut bien se garder de dire un domestique). Le chef vint me parler. S'il y a une grande différence entre la laideur d'un vieux nègre et une jolie Parisienne, il y en avait une aussi grande entre cet homme et un vieux nègre. C'était bien la plus horrible tête que j'aie jamais vue; de plus il avait pour ornement, ainsi que cela se pratique dans certaines tribus africaines, une crête partant du front et descendant jusqu'au bout du nez. Cette crête, ou plutôt ces crans, ont dû être inspirés par la queue du crocodile (j'en ai rapporté un jeune qui me fait faire cette comparaison à l'instant où j'écris : heureusement pour moi, car j'étais embarrassé pour dire à quoi ressemblait cet ornement inusité parmi nous). Quand la bouche s'ouvrit pour répondre à ma demande, je crus voir la gueule d'un tigre : les dents, qui étaient taillées en pointe très-aiguë, ajoutaient à l'horrible expression de cette tête, que je me promis bien de peindre à mon retour, ainsi que l'une de ces figu-

Portrait et tic de Polycarpe.

res pâles et celle d'une négresse albinos que j'avais vue mendier dans les rues de la ville.

Cet homme nous dit qu'il ne pouvait pas me donner un noir, mais qu'il avait un Indien Tapuyo à ma disposition. Cet Indien connaissait le pays puisqu'il était des bords de l'Amazone.

J'étais pressé : une heure après l'Indien parut. C'était de plus fort en plus fort; je reculai d'un pas : j'avais devant moi Méphistophélès en personne. Goethe et Scheffer avaient deviné Polycarpe.... Il s'appelait Polycarpe. Ce nom, qui éloignait de la pensée toute idée diabolique, me rassura. A toutes les recommandations qui lui furent faites, il baissait la tête et ne répondait pas. Il parlait pourtant déjà le portugais, car il habitait le Para depuis un an. Je n'avais pas le choix ; l'affaire fut conclue à l'instant.

A la police, où j'allai demander un permis de passage pour lui, on me fit mille difficultés et on finit par me refuser net. Il pouvait être esclave, déserteur, débiteur, puisque Polycarpe n'avait pas de papiers : il était venu un beau jour au Para; il n'en pouvait prouver davantage. J'allai, en désespoir de cause, à l'administration des bateaux à vapeur, où, par considération pour moi — j'avais remis en arrivant, au directeur, une lettre de recommandation de M. le baron de Maoa — et puis des employés connaissaient de vue mon compagnon, l'affaire s'arrangea. Je payai pour son passage jusqu'à l'embouchure du rio Negro, 25 mille reis; je payai également pour moi la nourriture, encore 25 mille reis.

L'adjudant du président fit venir Polycarpe dans son bureau; il lui fit une longue morale sur ses devoirs envers moi, le menaçant, dans le cas où j'aurais à me plaindre de lui, de le faire mettre en prison, et ensuite de l'incorporer dans l'armée, ce qui effraye le plus les Indiens, qui jamais ne perdent dans la civilisation ce besoin de liberté qui semble être pour eux une seconde nature. J'ai appris plus tard qu'aussitôt en prison ils dépérissent et meurent en très-peu de temps.

Une fois le Polycarpe bien convaincu de l'importance de ses devoirs, j'allai par la ville acheter pour lui un fusil et un *machete*, ce sabre sans fourreau, destiné à ouvrir des voies dans l'intérieur des forêts.

En embarquant je vis M. Benoît sur le quai; il ne quitta pas son bâton tant qu'il fut en vue; sa pose était aussi régulière que de coutume. Il perdait sa dernière chance de briser le reste de mes produits chimiques et de détériorer mon dernier pantalon.

VI

L'AMAZONE

DE PARA A MANAOS

VI

L'AMAZONE.

DE PARA A MANAOS.

Navigation sur le *furo* de Brevès. — Les villes du Bas-Amazone. — L'arbre au poisson. — Les Indiens Muras. — Le grand bras de l'Amazone. — Pragua. — Santarem. — La rivière Tapajos. — Les villes d'Obidos, de Villabella et de Serpa. — Le rio Negro.

Le bâtiment était petit; sa dunette, au lieu de porter une tente, était couverte en planches supportées par de petites colonnettes. Quand je montai à bord, quoiqu'il fût encore jour, déjà des voyageurs, tous Portugais, avaient accroché leurs hamacs et empêchaient de passer. Je fis de même pour le mien; les malles les plus essentielles furent rangées le long du bord, près des hamacs, et servirent de bancs plus tard. J'avais voulu porter moi-même le fameux sac de nuit rempli de poudre, certain que personne ne viendrait le visiter à mon bras. En faisant transporter mes autres effets, j'avais vu du premier coup d'œil que Polycarpe ne se fatiguerait pas trop quand il pourrait s'en dispenser. Ce bon garçon à figure sinistre regardait les canotiers qui se passaient mes bagages, mais il se gardait bien de leur donner un coup de main. J'en augurai bien pour l'avenir.

Nous partîmes à minuit; nous passâmes entre des myriades d'îles après avoir laissé derrière nous celle de Marajo. On jouait au trictrac tout près de moi; un joueur enthousiaste, à chaque mouvement brusque qu'il faisait, — et il en faisait beaucoup, — repoussait mon hamac. Il ne s'apercevait pas qu'en revenant je le repoussais à mon tour. J'avais commencé à me plaindre, et peu à peu je pris autant d'intérêt à ce jeu de va-et-vient que l'autre à son trictrac; et comme la lune était belle, je pouvais de ma balançoire contempler les îles toutes couvertes de palmiers et de lataniers en fleurs, près desquelles nous passions.

Je repassais en même temps dans ma mémoire tout ce que déjà j'avais éprouvé de bien et de mal depuis mon départ de Paris. J'avais voyagé de Southampton à Rio avec des Français; de Rio à Victoria avec des colons, presque tous Allemands;

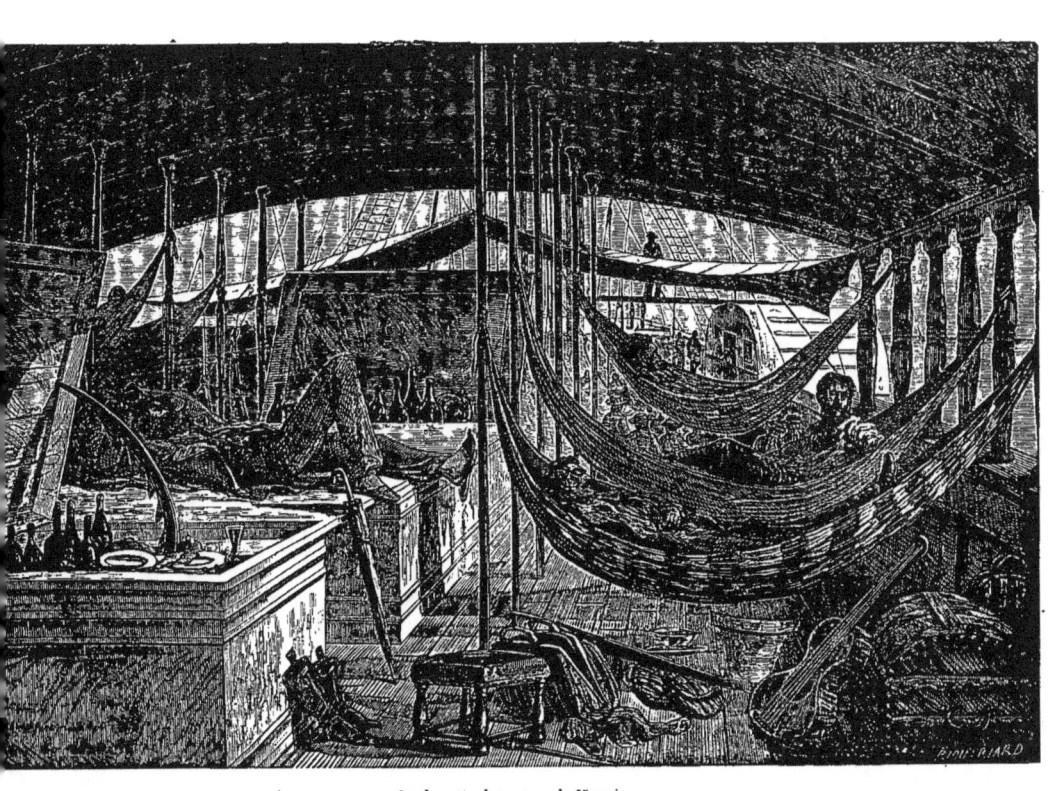

La dunette du vapeur *le Marajo*.

à Espirito-Santo avec des Indiens; de Rio au Para, presque exclusivement avec des Brésiliens; j'étais sur l'Amazone avec des Portugais : avais-je gagné au change ?

Le jour vint et, plus encore que pendant la nuit, nous pénétrâmes dans un labyrinthe d'îles. Ce que je voyais en ce moment était d'un caractère différent de ce que je connaissais. Toutes les îles étaient basses; les arbres peu élevés; les lataniers étaient toujours en grand nombre ainsi que les palmistes. De loin en loin on distinguait des huttes supportées par des pierres, précaution qui ne sauve pas toujours des inondations. L'une de ces huttes, un peu plus importante que les autres, avait, sur une espèce de quai, une planche également posée sur des pierres et portant un grand nombre de vases de fleurs. Derrière la hutte s'étendait un défrichement récent. Pendant que je regardais, bercé dans mon hamac, le chant bien connu d'un oiseau d'Europe me fit tressaillir. C'était un chardonneret, objet de l'attention toute paternelle d'un vieil amateur portugais. Il avait probablement acheté à grand prix cette curiosité européenne : celle-là avait du moins sur les magnifiques oiseaux du pays l'avantage de bien chanter.

Depuis le lever du soleil je remarquais des orchidées emportées par le courant; tenant aux arbres seulement par des rudiments de racines sans force, elles doivent facilement céder à la moindre impulsion.

On me dit que nous ne naviguions pas encore sur l'Amazone. Il est probable que je ferai quelquefois involontairement des erreurs géographiques. J'ai, en vain, employé au Para tous les moyens pour me renseigner : chacun m'apportait sa version, et rarement la même. Par exemple, j'ai appris que la ville de Para ou Belem est bâtie sur l'Amazone ; d'autres m'ont dit sur le Guajarra ; d'autres sur le Guama, et le plus grand nombre sur le fleuve des Tocantins[1].

Pendant la nuit nous avons touché à Brevès ; on y a pris et laissé des passagers, et embarqué du bois. Ici on ne brûle pas de charbon. Les bûches, jetées de main en main, sont rangées sur le pont ; chaque homme, nègre ou autre, en les recevant, répète, avec ce son monotone que j'avais déjà entendu pour mes péchés, à bord du navire où l'on jouait au loto, le chiffre déjà chanté par celui qui commence.

Depuis Brevès, les îles semblaient se multiplier autour de nous ; un enfant eût pu jeter une pierre de l'une à l'autre. Le *furo* ou chenal que nous suivions était calme ; cette merveilleuse nature s'y reflétait comme dans un miroir. Plus on s'éloignait de la mer, plus la végétation semblait grandir.

---

1. Il y a du vrai dans toutes ces allégations : la ville de Para est située dans une baie formée par le confluent du Guajarra et du Guama. Cette baie s'ouvre sur un golfe qu'on peut considérer comme l'embouchure du grand fleuve des Tocantins, qui s'unit au nord-ouest à l'Amazone par le *furo* de Brevès.

Nous étions alors éloignés de l'influence des marées ; l'eau était cependant encore un peu salée. Sur les bords je vis pour la première fois de longues tiges fort minces ; je les aurais prises pour des palissades bien alignées si au sommet de chacune d'elles, il n'y eût pas eu une grande feuille pareille à celles de nos nénufars. Au-dessous de cette feuille pendait une belle fleur blanche.

Dans la journée nous passâmes devant une case bâtie sur pilotis ; une foule de femmes et d'enfants, vêtus pour la plupart de vêtements bleus, se pressait pour y entrer : c'était sans doute l'heure du repas de la famille. Plus loin une grande case enduite à la chaux offrait les apparences d'une venda ; on y voyait des nègres buvant et payant leur eau-de-vie. Tout près de là jacassaient des perruches et un jacapou, oiseau dont le chant rappelle les orgues dans le lointain.

Le fleuve s'élargissait sensiblement et le vent commençait à souffler ; nous nous éloignâmes des cases, toujours placées à une assez grande distance les unes des autres. J'avais, dans la journée, fait une excellente connaissance, un Brésilien, M. O*****, allant ainsi que moi à Manaos. Il savait autant de français que je savais de portugais. Il m'assura que personne ne pouvait dire au juste le nombre des îles qui sont sur l'Amazone. Il m'expliquait différentes choses que j'aurais pu toujours ignorer ; me faisait remarquer certains arbres et me disait à quels usages ils étaient propres. J'avais entendu dans les

24

rues de Para, crier une boisson nommée assahi ; j'en avais même bu ; je crois me souvenir qu'elle m'avait plu médiocrement, étant épaisse et un peu aigre. L'île près de laquelle nous passions était remplie de l'arbre dont on la tire. C'est une espèce de palmier. On met simplement le fruit dans l'eau bouillante, et on passe le liquide dans un crible. Il me montra un arbre colossal dont la feuille donne la mort instantanément ; il se nomme assaca. Je vis également l'arbre qui produit la gomme élastique. Les hommes qui font cette récolte gagnent beaucoup ; il en est qui en rapportent jusqu'à vingt livres par jour quand les bois sont bons. On part le matin de bonne heure, et après avoir fait au tronc une légère blessure, on attache au-dessous un petit pot de terre, et on continue ainsi d'arbre en arbre jusqu'à la limite qu'on veut. En retournant, on vide chaque pot dans un grand vase ; puis on fait sécher à la fumée d'une espèce de bois dont je n'ai pas su le nom.

Depuis quelque temps je voyais des individus assis au-dessus de leurs canots, sur des échafaudages formés avec de petits troncs d'arbres ; ils étaient immobiles comme des statues. M. O***** m'apprit que c'étaient des pêcheurs ; j'étais trop éloigné pour m'apercevoir qu'ils étaient armés de flèches. Ils passent ainsi des journées entières, sans faire d'autre mouvement que celui nécessaire pour faire un cigaritto. Ces hommes, habitant les rivages des îles de l'Amazone, sont les Muras. Aucune autre tribu

Fabrique de caoutchouc.

ne veut s'allier avec celle-là. On pense généralement que ces Indiens ont émigré de l'ouest lors de la conquête du Pérou ; ils sont voleurs, leur parole ne les engage jamais, ayant pris, plus encore que les autres Indiens frottés à notre civilisation, les vices de

Indien chassant le poisson à l'arc.

l'Europe, et laissé les qualités.... Polycarpe était Muras !

M. O***** m'apprit encore qu'on appelait, en portugais, *paranao-miri* les canaux étroits qui circulent entre les îles.

Partout où nous passions la végétation descendait jusque dans l'eau, jamais de plage visible, les plantes aquatiques s'avançaient bien avant dans le courant; souvent nous avions l'air de naviguer au milieu d'un jardin couvert de fleurs; si bien que, l'aide-cuisinier ayant coupé en passant des roseaux fleuris, pour donner de la nourriture fraîche aux bœufs que nous avions à bord, on y trouva un petit serpent tout bleu, dont je ne pus sauver que la tête, le reste ayant été écrasé par les peureux.

Je ne pense pas qu'il existe dans le monde de navigation plus agréable que celle que je faisais. J'avais cru, en venant sur l'Amazone, voir une mer intérieure n'ayant que le ciel pour horizon, ou tout au plus des montagnes perdues dans le lointain, et rien de ce que je voyais ne ressemblait à ce que j'avais supposé. J'étais loin de m'en plaindre : à chaque instant, à la place de cette monotonie, je voyais se dérouler des panoramas aux aspects variés et toujours nouveaux. Et ce spectacle changeant, je le contemplais du haut d'un hamac léger comme un filet, ne laissant pas à la chaleur la possibilité de pénétrer mes vêtements, que je pouvais d'ailleurs simplifier beaucoup, bien abrité sous une dunette à claire-voie; ayant, en outre, pour me distraire sans fatigues, en face le mouvement de l'équipage, à droite et à gauche des oiseaux et des fleurs, au milieu d'une atmosphère tempérée par la marche du navire, et par cette brise qui souffle constamment sur l'Amérique du Sud.

J'écris ces impressions non avec mes souvenirs,

mais d'après des notes que l'habitude des voyages m'a fait regarder comme toujours utiles. On pourra trouver que j'ai bien peu d'égalité dans ma manière de voir et de sentir : tantôt triste, tantôt gai, mécontent aujourd'hui, enthousiaste demain. Je n'entreprendrai certes pas de combattre des appréciations qui peut-être seraient les miennes à l'égard d'autrui.

A quatre heures après midi nous débouchons dans le vrai lit de l'Amazone, après avoir quitté le rio Terragui. Voilà bien cette fois le grand fleuve, toujours parsemé d'îles, nombreuses mais espacées entre elles; c'est, en diminutif, cette mer que j'avais pensé trouver. Peu à peu le vent fraîchit, et vers le soir une bourrasque des tropiques accompagnée de pluie vint nous donner une idée de ce dont l'Amazone était capable. On s'empressa de fermer les rideaux de grosse toile qui entouraient la dunette, notre réfectoire et notre dortoir habituel: ce qui n'empêcha pas la pluie d'en faire en quelques instants une salle de bain. On tira de même deux immenses rideaux qui séparaient la dunette du reste du navire, à peu près comme un rideau de spectacle sépare le public des acteurs. La différence était qu'au lieu d'un seul nous en avions deux, se fermant au milieu, comme le corset des dames, à l'aide d'un lacet.

Je m'étais blotti à l'avant, dans un petit réduit, à l'abri de l'eau. La nuit était venue tout à fait; j'entendais les commandements du capitaine, mais je ne pouvais le voir. Ses ordres ne s'exécutaient pas facilement, tant le pont était encombré de bois pour le chauffage : nous venions récemment de faire notre provision. Le tonnerre grondait si fort qu'il semblait être au milieu de nous. Un éclair plus éblouissant encore que les autres illumina le pont, et je vis d'où partait la voix du capitaine. Dans l'intérieur de la dunette, il avait un peu desserré le lacet et avait passé sa tête couverte d'un grand chapeau qui le préservait de la pluie. De ce poste confortable il commandait la manœuvre, à peu près comme un régisseur prévient l'orchestre qu'il peut commencer l'ouverture. J'avais vu déjà bien des officiers, des généraux portant des parapluies, je ne pus qu'approuver la précaution du capitaine.

Quant à moi, j'aurais bien voulu être à sa place, me trouvant dans un bain de siége toutes les fois que le tangage faisait plonger l'avant dans les lames, les dalots ménagés pour l'écoulement de l'eau n'étant pas suffisants. Quand je pus revenir à mon hamac, je le trouvai dans un triste état et tout dégouttant d'eau ; il m'était impossible de songer à m'en servir. Heureusement c'était le seul : tous les autres avaient été serrés avec soin ; personne n'avait songé au mien. Polycarpe n'avait pas paru. Si M. Benoît eût été à sa place, en voyant ce qui se passait, il eût sans doute compris qu'il pouvait faire quelque chose pour mon service ; il se fût sans doute fourvoyé, mais il eût tenté quelque chose.... Cependant où était Polycarpe ?

Le beau temps avait remplacé l'orage; la lune brillait; nous avions tout près de nous, à droite, l'île de Gouroupa; le confluent du rio Xingu à gauche. Nous nous étions rapprochés du rivage. Le fleuve s'était resserré de nouveau : nous passâmes près d'une île fort petite nommée Adajouba. A notre approche, une bande de toucans perchés au sommet d'un arbre plus élevé que les autres, s'envola en poussant de grands cris. Les plantes aquatiques continuaient à envahir la surface de l'eau; les rives étaient couvertes de palissades fleuries, et comme je venais d'en voir des fragments emportés par le courant, je reconnus que je m'étais trompé en les prenant pour des orchidées.

Souvent on a accusé les voyageurs de mensonge : cela arrive quelquefois par leur volonté, mais non toujours. Dès la première campagne que je fis, j'écrivais toutes mes impressions. Les matériaux ne me manquaient pas : je venais de passer six mois en Grèce, et j'étais en présence du mont Liban, après avoir quitté l'île de Chypre. Notre corvette était mouillée à une lieue de Beyrouth : l'ancrage était dangereux, sur un fond de sable; plusieurs navires furent jetés à la côte pendant un coup de vent qui dura dix-huit jours. C'était en hiver. D'autres, plus heureux, purent appareiller et prendre la haute mer. Grâce à l'intelligence de notre pilote et à la connaissance qu'il avait des lieux, nos ancres résistèrent; mais notre position était critique : chaque jour nos basses vergues étaient mouillées.

N'étant pas encore très-marin, je souffrais beaucoup; j'avais la tête en feu. Toutes les nuits, ne pouvant dormir, je restais sur le pont aussi tard que la fatigue me le permettait; j'écrivais en rentrant dans ma chambre, consciencieusement, tout ce que j'avais vu. Le mont Liban se détachait en blanc sur le ciel; il était couvert de neige; de tous côtés j'apercevais des masses d'arbres que je qualifiais de cèdres gigantesques; car un cèdre ne peut être que gigantesque, je me conformais à la tradition. Je crois que je parlais dans mes notes de Salomon et de la reine de Saba. Je rappelais avec un peu de pédantisme que le cèdre était entré dans la construction du temple de ce même Salomon. A quelques variantes près, je disais tous les jours la même chose. Il en vint un où il fut possible d'aller à terre; nous devions partir aussitôt après. La mer était encore mauvaise, surtout à l'entrée d'une jolie rivière bordée de lauriers-roses. Notre canot fut jeté sur le sable : le bain était froid; pour me réchauffer, je partis en courant. J'arrivai ainsi au pied du mont Liban.... mes cèdres gigantesques s'étaient transformés en *mûriers nains*.

Quelque temps après, dans la presqu'île où s'est livrée la bataille d'Aboukir, à la place occupée par les Français, je trouvai, entre autres reliques, un os blanchi par le soleil et le sable du désert. Plus tard, revenu à la vie paisible, ne m'occupant que de peinture, je jetais les premiers fondements d'une de ces collections qu'on va chercher bien loin et qu'on paye

Le capitaine prudent.

souvent très-cher. J'avais à montrer des curiosités intéressantes, ayant acheté à Milo et à Paros de petits vases grecs, des lacrymatoires, etc. Je possédais en outre mon os de Français et de véritables pommes de cèdre du Liban. Cette fois c'était tout de bon : j'avais vu le reste de ces cèdres gigantesques dans les environs de Tripoli de Syrie.

Eh bien! à peu près à la même époque, j'eus deux déceptions à ajouter aux mûriers nains. Un camarade, passant par Lyon, que j'habitais alors, m'apprit que mes vases grecs étaient de fabrication anglaise, et que les fouilles, dont on avait tiré sous nos yeux les objets précieux, avaient été une de ces jolies spéculations commerciales qu'on se permet de temps en temps pour l'agrément des étrangers. Il ne me restait plus que ma relique, cet os que je regardais toujours avec attendrissement : un jour un médecin me fit remarquer que ce ne pouvait être qu'un os de mouton. Ce dernier coup fut rude, et comme depuis ce temps je suis devenu très-indulgent pour les voyageurs qui se trompent, je prie humblement les personnes qui me liront d'agir de même à mon égard.

J'avais pris l'habitude d'aller m'asseoir à l'avant du navire, à côté de la roue du gouvernail : c'était la première fois que je la voyais placée ainsi. Un jour, étant à ma place accoutumée, six matelots, tous gens de couleur, vinrent s'asseoir à mes pieds; ils pêchaient dans une grande bassine de fer-blanc des morceaux de poisson séché enveloppés de farine de manioc; et comme l'usage de la fourchette leur est inconnu, ils prenaient des poignées de ce mets ragoûtant et s'en barbouillaient mutuellement la figure. Quand le repas et le jeu furent terminés, ils laissèrent sur le pont les deux plats ainsi que les arêtes de poisson. — A quoi bon balayer! J'étais resté, moi aussi, non pour les admirer, mais pour faire un croquis du tout, n'ayant rien de plus intéressant dans le moment sous les yeux, car nous avions pris le large pour gagner l'autre côté du fleuve.

Bientôt les montagnes de la Guyane se dessinèrent au loin. M. O***** me fit remarquer une terre qui n'existait pas l'année d'avant. On voit très-souvent des îles formées ainsi : des arbres arrachés à la rive, trouvant des bas-fonds, des obstacles quelconques, arrêtent au passage les terres et les détritus emportés par les grandes eaux, et un terrain solide s'élève en peu de temps.

Placé à l'avant, j'avais, outre l'avantage de recevoir dans le visage de l'air plus directement qu'à l'arrière, celui d'assister à ces mille petites scènes de bord qui, comme on sait, prennent de l'importance faute de mieux. Sur le pont, près du paquet de cordages sur lequel j'étais assis, il y avait une cage, dans cette cage un sabia (la *grive d'Amérique*); ce sabia mangeait une banane; un grand cercle s'était formé autour de la cage où se consommaient de si bonnes choses; les spectateurs intéressés étaient des poules et un coq. Entre eux et la cage un gros chat gris faisait semblant de dormir quand une poule se hasardait à avancer la patte pour essayer de goûter du mets convoité, mais jouait de la griffe avec le coq, s'il s'oubliait au point d'imiter les membres de son sérail. D'un autre côté, trois amis collationnaient silencieusement : si le festin n'était pas somptueux, il était mangé avec beaucoup d'appétit. Les convives n'étaient ni plus ni moins qu'un chien caniche, un nègre et un Indien. Le premier service se passa assez bien; mais la discorde, qui autrefois entra dans le camp d'Agramant, vint troubler le festin de cette triade intéressante. L'Indien voulut s'emparer d'un morceau de choix, le nègre également; le caniche profita de la discussion, et disparut avec l'objet convoité. Ce petit débat attira l'attention du maître d'équipage, et comme le nègre devait avoir tort, il reçut, comme de juste, quelques coups de corde. Pendant ce temps le pilote, un gros mulâtre qui, à l'époque de la révolte du Para, a, dit-on, tué beaucoup de monde, lisait étendu dans son hamac; Polycarpe avait paru sur le pont et se pavanait dans une chemise rose, qui tranchait de la façon la plus discordante avec son teint de suie.

En dépit des arbres déracinés qui jonchaient les îles ravagées par les inondations; en dépit du soleil à pic sous lequel nous naviguions, mon enthousiasme pour la nature vierge était toujours le même : partout où je pouvais me mettre à l'abri du soleil, j'écrivais ou je dessinais, n'ayant pas toujours les innocentes distractions dont je viens de parler.

Cependant, je dois dire que cet enthousiasme subit, dans la soirée et dans la nuit suivante, un grand échec. Nous nous étions attardés un peu trop près d'un rivage, et bientôt j'entendis répéter de tous côtés : « Les carapanas ! » Ce sont de gros moustiques à longues jambes, qui rendent la navigation de l'Amazone insupportable. En un instant le navire fut enveloppé de leurs nuées; ce ne fut bientôt à bord qu'une gymnastique de contorsions et de grimaces, depuis le dernier mousse jusqu'au capitaine. Ce dernier me disait que depuis huit ans qu'il naviguait sur le fleuve il n'avait pu s'habituer à ce supplice.

J'avais de bonnes raisons pour le comprendre : le second tome de mes tortures venait de commencer, car plus que personne à bord j'avais souffert. Mon hamac, je l'ai dit, était en filet; j'y dormais la tête voilée; les carapanas, chassés de tous côtés, voltigeaient en dessous, et se fixaient, entre les mailles, sur mon corps, qui seul se trouvait à découvert; j'étais littéralement dévoré. Les autres voyageurs avaient sur moi un grand avantage. Dans leurs hamacs fabriqués en étoffes assez épaisses, ils ne pouvaient être attaqués qu'à la figure et aux mains. Quand le jour fut venu, chacun montra ses blessures : l'un avait l'œil enflé, l'autre les lèvres, un troisième avait des bosses un peu partout; chacun s'intéressait au mal du voisin, afin d'avoir sa part de doléances. Moi seul, hélas! je ne pouvais montrer mes *blessures;* pourtant un peu de compassion m'aurait fait du bien. Parlant très-peu le portugais, je ne pus même expliquer convenablement pourquoi j'eus à table la fantaisie de vouloir manger debout. On mit cette excentricité sur le compte de la belle nature, que j'admirais toujours, au grand étonnement de messieurs les voyageurs.

Le lendemain de cette nuit de désastre, le tric-trac avait repris ses droits; un grand monsieur fort triste chantait en s'accompagnant de la guitare; c'était le propriétaire du chardonneret. J'avais déjà, depuis mon arrivée au Brésil, fait une remarque, renouvelée en ce moment, c'est qu'en cette contrée les airs les plus vifs de nos opéras m'ont toujours paru travestis en complaintes. Je me suis endormi heureusement, malgré cette musique lugubre; il fallait à tout prix réparer le déficit de la nuit aux carapanas.

Au matin des cris de toute sorte m'ont éveillé; un instant je me crus dans ma case au milieu des bois; je m'empressai d'ouvrir mes rideaux : nous passions encore dans les plantes aquatiques; trois aras se sauvaient en répétant ce cri auquel ils doivent leur nom; une aigrette, plus brave sans doute, resta perchée sur une branche et ne se posa pas même sur sa seconde patte, qu'elle avait repliée sous son ventre quand nous passâmes près d'elle. Puis vint un autre cri que je ne pouvais méconnaître, c'était bien celui de l'oiseau-fantôme, ce cri, le premier que j'avais entendu le jour de mon arrivée dans les forêts vierges. Sur l'Amazone comme alors, je l'entendis et ne le vis pas. Était-ce donc une âme? Les Indiens avaient-ils raison? Cet oiseau de malheur m'avait prédit ce qui m'était arrivé plus tard chez mon hôte ; était-ce un nouveau présage de ce qui m'attendait dans les solitudes où j'allais vivre de nouveau?

Cette voix mystérieuse me causait une singulière impression, et me faisait voir seulement le mauvais côté des choses. Les îles ne me paraissaient plus aussi intéressantes; on m'avait parlé de plages immenses toutes couvertes d'œufs de tortue : les eaux les couvraient entièrement, et l'Amazone ne paraissait pas devoir rentrer de sitôt dans son lit. Cela changeait beaucoup mes projets.

Quand on jeta l'ancre devant Prayna, je mis bien vite de côté mes rêvasseries, et pendant que l'on débarquait des passagers, que d'autres embarquaient, je vins en grande hâte prendre ma place à l'avant, et je fis un croquis, cette fois plus sérieux que ceux que j'avais pu saisir pendant la marche du navire.

C'était la première petite ville que nous voyions depuis que je m'étais donné la tâche de reproduire toutes celles devant lesquelles nous passerions. Celle-ci, comme toutes les autres, était composée de baraques, dont quelques-unes enduites à la chaux. L'église, où on sonnait la messe, m'a paru très-petite.

La ville de Prayna.

Nous prîmes en passant un jeune prêtre, à tournure modeste; une heure après on ne l'eût plus reconnu dans l'élégant dandy, avec cigare et lorgnon, qu'on vit parader sur le pont.

Nous approchions de Santarem, la terre ferme commençait à paraître; les arbres n'avaient plus ces formes gracieuses empruntées aux plantes grimpantes. Le paysage ressemblait plus à ceux d'Europe qu'à ceux d'Amérique, et pour compléter l'illusion des bandes de canards s'envolaient devant nous. Nous entrâmes dans des eaux bien différentes de celles de l'Amazone, qui sont jaunes et sales; celles-là étaient d'un noir bleuâtre et avaient la tranquillité d'un lac; l'Amazone, au contraire, était fort agité; ses lames s'élevaient très-haut.

Nous arrivâmes à Santarem vers midi. Cette petite ville est bâtie un peu au-dessus de l'embouchure du rio Tapajos, dont nous venions de remarquer les eaux bleues. Le capitaine, allant à terre, m'offrit de descendre avec lui dans son embarcation.

Polycarpe m'avait demandé la permission d'aller de son côté. Il était de Santarem ou des environs : cette demande était trop juste; je lui avais donné en outre de l'argent pour s'acheter quelques effets, n'ayant pas eu le temps de le faire au Para. Il me promit, non en paroles, mais par gestes, de revenir dans une heure.

Je me promenais sur la plage, quand je vis venir à moi l'agent principal de la compagnie des bateaux à vapeur de l'Amazone. Le capitaine l'avait prévenu de mon passage; il mit sa maison à ma disposition, ne voulant pas qu'à mon retour, si je séjournais à Santarem, j'allasse autre part que chez lui. Son bon accueil et la lettre que je lui remis produisirent également leur effet sur le capitaine, qui depuis ne cessa de me témoigner une grande déférence.

De retour à bord, je n'y trouvai pas Polycarpe. Tous les passagers, à qui son affreuse figure avait déplu, s'accordèrent à dire qu'il était resté dans son pays, et que je ne devais plus compter sur lui. Ce n'étaient pas les vingt-cinq mille reis que j'avais donnés pour son passage, ni ce que j'avais avancé pour ses emplettes, qui me contrariaient le plus, mais c'était d'avoir été la dupe de cet horrible Indien; c'était aussi l'embarras dans lequel il me laissait, quoique, à vrai dire, ses services se fussent jusqu'alors réduits à peu de chose. Le mal était fait; j'avais pris mon parti sur d'autres déboires, je l'eus bientôt pris sur celui-là.

Je dois convenir ici que je rencontrai auprès de mes compagnons de route un intérêt que je n'aurais pu soupçonner au début. C'est pour cela que je fais ici amende honorable des murmures que m'avaient arrachés leurs jeux et leurs chants monotones.

Nous avions laissé quelques passagers à Santarem et à Brevès, sur le compte desquels je ne serais sans doute pas revenu de même. Depuis leur départ tout le monde était gai à bord : le capitaine, gros bon garçon, riait toujours; l'*immediat* (le second) était un

Santarem, dans la province du Para.

charmant jeune homme, blond comme un Américain du Nord. Il y avait en outre un jeune docteur militaire allant ainsi que moi à la Barra de Rio-Negro. Quand on voyage au Brésil dans les navires à vapeur on est certain de voir toujours des employés en grand nombre, quelques négociants, mais jamais de curieux. Comme ici toutes les professions ont des docteurs, nous en avions quitté plusieurs et nous en possédions encore, et moi aussi j'en étais un.

En sortant de Santarem et du fleuve Tapajos, nous regagnâmes l'Amazone par un charmant petit canal. La nature ici n'était pas grandiose, mais si jolie que je regrettais de passer outre. Des oiseaux de toutes couleurs se promenaient sur les bords fleuris de ce petit paradis terrestre; l'eau était si calme que, la chaleur aidant, tout le monde exprimait le désir de se baigner. On ne courait aucun danger, et déjà nous parlions de demander la permission au capitaine. Un quart d'heure eût suffi; ceux qui ne savaient pas nager auraient cherché aide et appui sur des troncs d'arbres qu'on voyait glisser légèrement à fleur d'eau. La demande expira sur nos lèvres quand nous vîmes que ces pièces de bois remontaient le courant, et, qu'en y regardant de plus près, nous reconnûmes que c'était bel et bien des caïmans.

En côtoyant l'île formée par le confluent du rio Tapajos, et près d'entrer dans l'Amazone, je vis pour la première fois une plage de sable près de laquelle des pêcheurs, montés dans leurs troncs d'arbres creusés, attendaient, dans une immobilité complète, des tortues au passage. A leurs flèches est attachée une longue corde, qui se déroule aussitôt que la tortue est blessée ; cette corde est amarrée dans le canot, qui suit l'animal jusqu'à l'extinction de ses forces, comme dans la pêche de la baleine.

J'ai déjà dit que cette année 1859 avait causé beaucoup de dégâts sur l'Amazone et sur les autres fleuves. Dans les environs de Santarem tout le bétail, ainsi que dans l'île de Marajo, avait été submergé. Les plantations de cacao avaient été emportées par le courant ; les deux rives étaient couvertes de leurs débris.

Nous avions pris à Santarem deux dames ; elles ne mangeaient pas à table et se tenaient constamment dans la petite chambre de l'arrière, que j'avais dû abandonner à leur arrivée. Galanterie à part, j'en ai été contrarié, car c'était là que j'allais me mettre pour dessiner et pour écrire, quand le soleil ne me permettait plus de rester sur l'avant.

Vers six heures nous passâmes devant une petite agglomération de cases adossées à une colline dont les bois rachitiques n'avaient rien de pittoresque. Ce lieu se nomme Guajarra. Le terrain, coupé de tous côtés par des éboulements produits par les pluies, n'avait presque pas de végétation.

Pendant que je regardais à ma gauche, je ne m'étais pas aperçu que nous avions à notre droite, et très-près de nous, une île de Piranga. Là, comme de l'autre côté, des terres basses d'abord, puis de

Les caïmans.

petites falaises. Le soleil couchant éclairait d'une façon très-vive les terrains rouges et les faisait briller du plus beau vermillon, tandis que de l'autre côté du canal l'ombre avait déjà tout couvert. Le ciel était pur et sans nuages; pas un souffle de vent ne ridait l'Amazone. Partout ailleurs on eût joui de cette belle soirée; mais le voisinage de ces deux rivages si rapprochés nous faisait craindre une seconde édition de la nuit aux carapanas. Il n'en fut rien cependant.

Le lendemain de très-bonne heure nous étions mouillés devant Obidos, sur la rive droite. Nous fîmes là notre provision de bois; et de nouveau notre pont fut encombré. Il fallait, pour aller de l'arrière à l'avant, grimper sur des bûches mal posées à la hâte; c'était non-seulement incommode, mais dangereux; je préférais passer sur les plats-bords en me retenant aux cordages.

De la place où nous étions, je ne pouvais voir que le drapeau qui flottait sur la forteresse. On me dit qu'elle avait été commencée à une époque peu éloignée, pour arrêter des flibustiers américains qui avaient tenté de pénétrer dans le bassin de l'Amazone et de s'y installer. Je donne ce détail tel que je l'ai reçu en passant, encore ne suis-je pas certain d'avoir bien compris. Naturellement je demandai pourquoi on avait choisi ce lieu pour le fortifier, plutôt qu'un autre. C'est, m'a-t-on dit, parce que l'Amazone est ici très-étroit et forme un passage dangereux pour les envahisseurs.

Au-dessus d'Obidos le pays change sensiblement d'aspect : les huttes y sont en meilleur état que sur le bas Amazone. Sur la rive droite, près de laquelle nous passions, on apercevait des champs de cocotiers ; ils ne s'élevaient pas très-haut et portaient de grandes et larges feuilles. Le pays est très-cultivé.

On faisait des sondages depuis Obidos, dont nous étions déjà loin : la sonde, près des bords, ne trouvait pas de fond. Les passagers, et moi également, nous regardions avec tout l'intérêt que prennent des gens désœuvrés à la chose la plus ordinaire. On se montrait un martin-pêcheur perché sur une branche, une barque dans le lointain ; et surtout, si l'on apercevait une pièce de bois sur l'eau, c'était toujours un caïman : car, depuis la méprise à laquelle ils avaient donné lieu, nous ne voyions et ne rêvions plus que caïmans. Et il faut bien dire qu'il est facile de s'y tromper, car ces affreux animaux semblent effectivement immobiles ; ils nagent très-doucement, ne montrent le plus souvent que la partie la plus élevée de l'épine dorsale, le sommet de la tête et le dessus des yeux.

Bientôt nous laissons sur la rive gauche le confluent du rio Fresou et l'île Macourez. Les plantations avaient de nouveau disparu ; nous étions en pleine forêt vierge, et pas un seul endroit pour poser le pied ! Toujours des arbres brisés, des terrains emportés.

Je dois faire remarquer, avant d'aller plus loin et pour ne pas donner une étrange idée de l'Ama-

Obidos.

zone, que si, à tout instant, je fais passer le navire d'une rive à l'autre, il ne s'ensuit pas que ce grand fleuve ne soit pas d'une largeur immense, ou que nous faisions une bien singulière navigation, qui devait nous prendre beaucoup de temps, par ses énormes louvoiements; je n'ai voulu parler que des rivages des îles près desquelles nous passions, et non des berges mêmes de la grande terre, espacées qu'elles sont par un trop grand intervalle pour que l'œil puisse les embrasser à la fois, quand même des myriades d'îles intermédiaires ne seraient plus là pour arrêter le regard.

A neuf heures du matin, nous nous trouvâmes en vue de la petite ville de Villabella. Les maisons, fort basses, à rez-de-chaussée seulement, sont peintes à la chaux, comme celles devant lesquelles nous avons passé. La ville est bâtie sur une petite colline sablonneuse et n'offre rien de beau; le pittoresque y manque tout à fait. Elle me plaît cependant, car déjà j'y retrouve un léger commencement de montagnes, un terrain solide; je commence à avoir assez de ces paysages à fleur d'eau.

Je faisais ces réflexions en dessinant; les matelots, qui, les premiers jours, me prenaient probablement pour un fou, avaient, depuis mon premier croquis de la ville de Prahina, changé sans doute d'avis : car aussitôt qu'ils me voyaient tirer de ma poche mon album et mon crayon, ils se rangeaient respectueusement pour me laisser choisir la place qui me convenait le mieux; et, de même que les enfants de Santa-Cruz, ils s'associaient à mes travaux, me montrant des objets à dessiner, soit un camarade dormant la bouche ouverte, soit nos deux bœufs attachés par les cornes et se débattant pour se séparer.

Tandis que je dessinais Villabella, je me sentis frapper doucement sur l'épaule : un Indien me montrait quelque chose d'informe qu'on jetait sur le pont; c'était une demi-douzaine de très-grosses tortues couchées sur le dos. Elles avaient, aux pattes de derrière, des trous dans lesquels étaient passées des lianes qui les attachaient ensemble. Les pauvres bêtes devaient souffrir beaucoup.

En sortant de Villabella on avait mis le cap au nord-ouest, pour traverser le fleuve en diagonale. A cinq heures nous touchions presque à la rive gauche; riche et bien cultivée, elle offrait aux yeux des bananiers aux larges feuilles, avec leurs régimes pendants et terminés par un tubercule du plus beau violet, des cocotiers, dont la noix renferme une liqueur blanche et douce comme le lait, puis des champs de maïs, des orangers, des cacaotiers; de toutes parts des guirlandes de fleurs sauvages, de belles masses de verdure entremêlées avec les arbres à fruit. La nature vierge, s'unissant aux plantes cultivées, formait le plus magnifique spectacle. Puis le panorama changeait d'aspect : ce commencement de civilisation expirait peu à peu dans la forêt primitive. Depuis longtemps je n'avais rien vu de si pittoresque. Là se retrouvaient ces formes

Villabella.

fantastiques, ces lianes gigantesques, pareilles aux chaînes des plus gros navires, avec leurs anneaux si bien soudés entre eux qu'aucune force humaine ne pourrait les désunir.

Le temps était magnifique; l'eau du fleuve reflétait le ciel; un oiseau-mouche voltigeait et suçait le calice des fleurs; plus bas un crocodile pêchait.

Plantes aquatiques du bassin de l'Amazone.

Je m'étais couché dans mon hamac pour jouir à mon aise, sans fatigue, des merveilles qui se déroulaient devant moi. Déjà plusieurs fois mes yeux s'étaient involontairement fermés quand je regardais avec trop d'attention. C'est ce qui m'arriva encore, vaincu par la chaleur; car si je n'en parle plus, elle ne s'amendait pas pour cela. Un mouvement inusité m'éveilla; c'était l'ancre qui tombait devant la petite ville de Serpa. Bâtie comme Villabella sur une colline de sable, elle n'a rien de particulièrement remarquable.

Je m'aperçois qu'en parlant des sensations que j'ai éprouvées, j'ai oublié quelques particularités de la journée. Nous avions passé devant un des courants les plus dangereux de l'Amazone, le Caracara, un peu au-dessous d'un parana-miri, au bout duquel sont un lac et le village de Saraca. Il a fallu arrêter la machine pour couper des roseaux. Nos bœufs mugissaient quand nous passions sur ces champs de verdure. J'avais également oublié une chose bien étrange : la nuit précédente nous avions eu grand froid; on n'avait pu dormir pour cette cause, et cela sous l'équateur.

Après avoir quitté Serpa, en côtoyant toujours la rive gauche, nous sommes entrés dans les eaux du rio Negro, dont les eaux tranchent avec celles de l'Amazone bien plus encore que celles du rio Tapajos. Nous vîmes pendant longtemps deux lignes parallèles, l'une blanche, l'autre noire : les deux fleuves semblaient vouloir être séparés éternellement. Depuis quelque temps nous avions laissé sur notre gauche une des bouches du rio Madeira; enfin nous entrâmes dans le rio Negro lui-même, et on jeta l'ancre devant Manaos. Le voyage était fini.

Pendant tout le temps qu'avait duré cette navigation, j'avais à peine aperçu Polycarpe; jamais il n'était venu s'informer si j'avais besoin de lui.

Serpa.

J'avais oublié de dire qu'on l'avait retrouvé dans le faux pont, cuvant une portion de cachasse qu'il s'était payée à mes frais le jour de notre descente à Santarem.

On a vu que, malgré la monotonie d'un grand voyage sur l'eau, j'avais eu toutes sortes de distractions : d'abord celles que m'offraient les beautés

Orchidées du bassin de l'Amazone.

d'une navigation unique dans le monde, puis les petites scènes du bord, et celles que mon amour du travail m'avait procurées : les plantes aquatiques aux noms inconnus, mais aux formes charmantes que mon pinceau avait reproduites.... enfin, à part quelques contrariétés, j'avais assez bien passé mon temps. Maintenant j'allais me fixer à terre pour quelques mois, voir des tribus nouvelles, faire des études sérieuses, continuer mes collections, réparer mes avaries en photographie, et, par-dessus tout, me refaire libre de toute contrainte; car déjà je voyais avec effroi qu'il me fallait endosser l'habit noir pour faire des visites indispensables; et en outre je n'avais plus qu'un gant; M. Benoît avait égaré l'autre : c'était le bon ! Je fis ma toilette à bord, mais quand j'eus essayé le pantalon de drap, je ne pus y résister, et au risque de passer pour mal élevé, je le changeai contre un blanc. En ce moment il y avait à l'ombre trente-sept degrés de chaleur.

Orchidées du bassin de l'Amazone.

VII

L'AMAZONE

MANAOS ET LE RIO NEGRO

VII

L'AMAZONE.

MANAOS ET LE RIO NEGRO.

Courses dans Manaos et dans les bois. — Cascade. — Le nègre hospitalier. — Une ménagerie. — Installation dans les bois du rio Negro. — Solitude. — Travaux. — Indiens Muras. — Achat d'un canot. — Les vautours. — Les tortues. — Apprêts de départ.

Le bon M. O*****, au sortir du bateau, me conduisit à sa maison, où il me donnait l'hospitalité. Mais comme depuis quelques mois il était absent, on avait fermé la chambre qu'il me destinait; quand les volets furent ouverts, une nuée de guêpes nous fit fuir avec précipitation. Elles avaient, pendant l'absence du maître, construit plusieurs nids, qui, malgré tous nos efforts, ne furent pas abandonnés ; car, chassées d'un côté, elles revenaient de l'autre. Il fut convenu, de guerre lasse, que je pendrais mon hamac dans le salon, quand mes effets seraient débarqués.

Ma première visite fut pour le colonel de la garde nationale ; il eut la complaisance de m'accompagner chez le vice-président de la province du haut Amazone. Là je trouvai le chef de la police, pour lequel j'avais également une lettre d'introduction. Ces messieurs eurent la bonté de se mettre à ma disposition, et me firent beaucoup d'offres de services.

De là j'allai remettre mes autres lettres, profitant de mon insupportable toilette pour en finir d'un seul coup. L'une des personnes m'offrit d'aller dîner chez elle tous les jours à midi. Cela tombait à merveille, puisque j'étais certain d'autre part de ne pas coucher dans la rue.

J'allai ensuite chez un Italien, où je me sentis à mon aise. L'excellent M. Costa Geronimo m'obligea de tout son pouvoir, quitta de suite ses affaires et m'offrit d'aller à bord avec moi, faire débarquer mes bagages.

Il fallut pousser l'affreux Polycarpe pour le décider à nous aider un peu. J'avais une malle qui n'avait jamais été portée que par un seul nègre ; deux Indiens, que nous pûmes nous procurer à grand'peine, se mirent après celle-ci, et si nous

Maison du président de Manaos.

n'y eussions mis bon ordre, un troisième les eût aidés. Quant à Polycarpe, il se chargea de son coffre.

Je fis connaissance, par l'intermédiaire de M. Costa, d'un Français venant de Lima; il faisait de l'horlogerie et du daguerréotype.

Cependant la nuit était venue, et chacune des personnes chez lesquelles j'étais allé me croyant engagé ailleurs, n'avait songé à m'inviter à dîner. S'il m'eût été possible d'aller dans un hôtel, ce n'eût rien été; mais moins encore là qu'ailleurs il ne fallait y songer. J'errais de côté et d'autre, espérant que la Providence me prendrait en pitié, quand je rencontrai le Français dont je viens de parler. Je lui exposai ma détresse, à laquelle il ne pouvait pas grand'chose, car il vivait dans une maison particulière, recevant l'hospitalité, impossible à acheter ici avec de l'argent. Il essaya cependant de me tirer d'affaire : nous entrâmes chez un individu qui lui louait une chambrette, et qui, par faveur, me vendit fort cher un morceau de pain, du beurre rance dans du papier et une bouteille de vin de Portugal. Puis, après ce repas un peu exigu, j'allai accrocher mon hamac chez M. O*****, ignorant où était Polycarpe. Le lendemain il était couché en travers de ma porte.

De bonne heure et sans voir personne, je partis à la découverte, décidé à me loger près des bois, en supposant que cela fût possible toutefois : car déjà, de même qu'au Para, et plus encore, j'avais été découragé, et cela devenait désespérant. Mon temps s'écoulait; il fallait à tout prix accomplir la mission que je m'étais imposée.

Nous marchâmes bien longtemps, Polycarpe et moi, sans qu'un seul oiseau se fît voir; le pays était monotone, sans intérêt. Nous cheminions à l'aventure, et je commençais à perdre courage, lorsque j'entendis au loin le bruit d'une cascade, qui fit sur moi le même effet qu'une trompette sur un cheval de bataille. De ce moment je ne connus plus la fatigue, et je débouchai au milieu d'une immense clairière, suite d'un défrichement. Tout autour s'élevait des arbres d'une prodigieuse grandeur. Leurs troncs, en partie desséchés, n'ayant conservé que peu de verdure, étaient lisses et polis. Les lianes, dépouillées aussi, semblaient au premier aspect de véritables cordages. Avec un peu d'imagination, on eût pris cet ensemble fantastique pour les agrès d'innombrables navires, d'autant plus que la base du tout était dans l'eau. Cette eau, lac ou étang, était une dérivation de la grande cascade dont le bruit m'avait attiré là. Comme celle du rio Negro, cette eau était noire, et probablement avait la même origine. J'ai su plus tard que l'on attribuait cette couleur à la quantité de salsepareille dont les terres de l'équateur, que baignent ces eaux, sont couvertes. Je laisse à plus savant que moi le soin de décider si cette question présente quelque probabilité.

Je suivis quelque temps la petite rivière : c'était

bien ce que je cherchais pour mes études; mais il ne fallait pas songer à aller tous les jours si loin. J'étais à réfléchir si, pour venir vivre là, je ne me ferais pas construire une baraque, ainsi que je l'avais fait ailleurs un an auparavant. Polycarpe, que j'avais envoyé à la découverte, arriva au petit pas, comme il était parti, se conformant ainsi à l'usage indien de faire toujours à sa tête et non autrement : car je lui avais dit d'aller vite et de revenir de même s'il découvrait quelque chose d'intéressant pour moi. Il savait ce que je désirais. Il vint donc très-doucement, et pour m'indiquer qu'il avait trouvé ce que nous cherchions, il commença à se servir d'un procédé qui lui était propre : au lieu de m'indiquer avec le doigt ce dont il était question, il se tourna du côté d'où il venait, et, levant la tête de bas en haut, il forma avec les lèvres la voyelle U, ainsi que le recommande le maître de langues dans *le Bourgeois gentilhomme*. Plus tard, et pour varier, il imitait instinctivement les carpes de Fontainebleau mangeant le pain que les badauds leur distribuent chaque jour.

Sur cette indication, je me risquai au milieu d'une quantité de buissons épineux, et enfin je vis ce que je n'aurais pas osé espérer : une case habitée et une autre, plus éloignée, à moitié construite. M. Benoît eût triomphé et se fût posé carrément; l'affreux Polycarpe profita, pour s'asseoir, du petit temps d'arrêt que m'imposa la nécessité d'enlever quelques épines qui m'étaient entrées dans les jambes.

Le lieu où je me trouvais avait été défriché en partie. Ensuite on avait planté du manioc, qui sortait à peine de terre dans certains endroits. Les feuilles piquantes au milieu desquelles je venais de me fourvoyer avaient poussé dans le terrain dédaigné par la culture.

Quand j'arrivai près de la case qui me paraissait habitée, je me vis entouré d'une foule d'animaux de toutes sortes, dont aucun, excepté les chiens et une famille de chats, ne ressemblait à ceux d'Europe. Un perroquet de l'espèce amazone était perché sur la barre de bois que formait l'arête du toit de palmier; quelques hoccos noirs à bec rouge, un peu semblables à des dindons, vivaient, ainsi que d'autres oiseaux domestiques, en bonne intelligence. Sur la porte, un grand nègre, d'aspect très-vigoureux, se tenait les bras croisés; un fusil de munition, pareil à ceux de l'armée, était à ses côtés. J'allai directement à lui, suivi, à cent pas au moins, de Polycarpe, que j'avais distancé de beaucoup; car il avait dû perdre du temps pour se relever.

Je savais toute l'importance d'un blanc en présence d'un nègre, et j'allai m'asseoir dans la case, en passant près de celui-ci et lui faisant seulement un petit signe de tête amical.

Je demandai à mon homme à qui appartenait ce terrain défriché, ces cases, et à quel titre il était gardien de tout cela, puisque je ne voyais personne autre que lui. Avant de me répondre, il alla me chercher dans une calebasse de l'eau fraîche; il y versa un verre de cachasse et vint me l'offrir très-respectueusement. Il m'avait vu m'essuyer le front avec mon mouchoir. J'acceptai avec plaisir : je crois que s'il m'avait donné de la farine de manioc, à moi qui ne l'aimais pas, j'aurais accepté de même. Polycarpe arriva enfin, il devait m'aider dans cette

Case dans un défrichement près du rio Negro.

conversation, un peu embarrassante, vu le peu de portugais que je possédais.

J'appris que tout cela appartenait au colonel B*****, commandant d'armes de Manaos; que Chrysostome, le nègre, était soldat, et chargé de veiller sur la nouvelle plantation.

Je me hâtai de revenir sur mes pas; mon parti était pris. J'oubliai de suite que j'étais harassé; que je n'avais eu pour déjeuner qu'une jatte d'eau et qu'il fallait retourner à la ville pour trouver à dîner; je ne pensais qu'à obtenir la case que je convoitais.

En arrivant à Manaos j'allai de suite achever mon pain et mon beurre de la veille, conservés précieusement par mon compatriote; et muni d'une lettre d'introduction que m'avait donnée le colonel de la garde nationale, je me rendis chez le commandant de la place.

Le hasard me servit : il avait été en France, dont il parlait très-purement la langue. De plus chez lui se trouvait le jeune docteur brésilien avec lequel j'avais fait le voyage depuis le Para. Ma demande me fut accordée à l'instant. Le colonel ne voulut pas me permettre de m'occuper de mes effets; il voulut m'installer lui-même. En attendant, il m'offrit à dîner.

J'allai, avant le repas, visiter une ménagerie composée de singes, d'oiseaux du Para, de hoccos, de coqs de roche. J'avoue, qu'en cette occasion, je me laissai entraîner grandement au péché d'envie, surtout à l'endroit du coq de roche. Je n'en avais pas encore vu en liberté, pas même en captivité. En regardant attentivement ce bel oiseau de couleur orange, orné d'une crête de même teinte, je remarquai une chose étrange : il avalait avec avidité des piments, sa nourriture ordinaire, et les rendait de suite dans le même état qu'il les mangeait. Je lui offris des boulettes de mie de pain, qui furent rendues de même que les piments, sans être plus déformées. Les Indiens assurent avoir vu ces oiseaux s'assembler sur des pointes de rocher et danser en rond pendant longtemps. J'aurais voulu

Salle à manger à Manaos.

être déjà en chasse, non pour assister à ce galop un peu douteux pour moi, mais pour orner ma collection, déjà assez belle, et dont je venais chercher si loin le complément.

Le bon M. Costa m'avait accompagné chez tous les marchands, fort mal approvisionnés, de la ville.

Certain de mon gîte, il fallait monter de nouveau mon ménage. Polycarpe, toujours assis en attendant les acquisitions, fut chargé de les transporter chez le colonel. Elles consistaient d'abord en une pièce de savon, que je m'empressai d'acheter : c'était la dernière qui fût dans Manaos; je comptais utiliser mon Indien en le chargeant de mon blanchissage. Je dois dire en passant qu'il remplit une fois son mandat; depuis ce coup d'essai le savon disparut. Mes autres acquisitions consistaient en un flacon à large goulot plein de beurre salé et très-rance, en biscuit, quelques livres de fromage, huile et chandelle. Le tout pouvait bien peser 10 kilos. Polycarpe en fut écrasé. Quand je vins dîner, je le trouvai étendu dans la cour. J'allai encore ce soir-là coucher chez M. O*****.

Le lendemain, après avoir pris le café, nous partîmes dans un canot armé de six Indiens ayant chacun une pagaie. C'était la première fois que je voyais cet outil indigène remplacer la rame. Nous avions pour pilote un petit sauvage d'une dizaine d'années, ramassé six mois avant par les gens du commandant de Manaos. Il n'avait su dire ni où il allait ni d'où il venait; il était très-fier maintenant avec un pantalon et une chemise. Il fallait voir comme il faisait son travail avec conscience et dignité; il ne sourcillait pas, évitant avec une adresse inconcevable chez un aussi jeune enfant, tous les obstacles que nous rencontrions souvent. Il avait d'autant plus de mérite, que les six pagaies maniées par des hommes fort habiles, ne lui auraient pas donné le temps de détourner le canot s'il eût commis la moindre erreur ou hésité une seconde. Mais tout se passa pour le mieux, et, malgré les racines, les troncs penchés sur l'eau, les amas de feuilles, nous débarquâmes sains et saufs. J'embrassai de bon cœur le petit Juan, et lui, pour ne pas rester en arrière de ma gracieuseté, se mit, sur un signe du colonel, à jouer du violon sur son bras gauche avec sa main droite, en chantant un étrange refrain, accompagné de danse et de grimaces non moins étranges.

Un autre canot avait apporté mes effets, sous le patronage de Polycarpe. Ce brave garçon, dans la crainte d'être obligé de se servir de la pagaie, s'était de suite placé à la barre comme le petit Juan, et quand les hommes eurent apporté dans la case tout ce qui m'appartenait, il parut avec son coffre.

Quand mon nouvel hôte me quitta, non sans m'avoir donné à déjeuner, il me restait pour le lendemain un morceau de tortue et du porc salé, que je serrai précieusement; puis, étant très-fatigué, et voulant me coucher de bonne heure, j'appelai Polycarpe de tous côtés; ne recevant pas de réponse, je dus accrocher mon hamac tout seul. Chrysostome le nègre avait déménagé, et logeait dans un autre compartiment de la case. J'étais au moment de m'endormir, quand sur le rebord de ma fenêtre j'entrevis, éclairés par la lune, deux animaux formant un groupe que je ne pus m'expliquer, d'autant qu'ils sautèrent dans la case et se perdirent dans l'ombre. Cette visite n'avait rien d'agréable; je savais par expérience qu'il ne faut négliger aucune précaution quand on vit dans les bois; j'eus donc de suite recours à mon bâton ferré, et je me mis à espadonner dans tous les coins; j'aperçus un animal s'enfuyant par le même chemin qu'il avait pris en arrivant, et je mis sur le compte de mon imagination la forme bizarre qu'il avait revêtue d'abord. Pour éviter une nouvelle invasion, je fermai mon petit volet à mon grand regret, en laissant toutefois pour respirer ma porte entre-bâillée. Une demi-heure après, elle s'ouvrit toute seule, et je revis encore l'être fantastique. Le bâton était bien près, je n'eus qu'à étendre le bras, le coup porta; un miaulement s'échappa, et sans nul doute j'avais presque assommé un chat; mais un autre cri un peu plus faible y répondit. Mon bâton en touchant la chatte, car c'était une chatte que j'avais endommagée, avait également servi à pousser la porte; elle n'avait pu fuir. La pauvre bête rapportait un à un tous ses nourrissons dans un lieu d'où on l'avait expulsée. Elle était accroupie dans un coin, me regardant avec fureur; un de ses petits, celui qu'elle venait d'apporter en dernier lieu, s'était blotti sous elle. Hélas! en espadonnant, lors de sa première expédition, j'avais assommé un de ses fils, celui qui peut-être était son Benjamin.

N'ayant aucune sympathie pour l'espèce féline, et mon crime ayant été commis dans le cas de légitime défense, je n'avais aucun remords; j'envoyai donc la chatte et son petit retrouver le nouveau gîte qu'on leur avait préparé, et je pris soin de tout fermer, ne me souciant plus d'être réveillé. Le lendemain toute la famille était réunie sous mes yeux, couchée sur un de mes habits. La mère avait emménagé le tout pendant mon sommeil, en descendant du toit, auquel elle avait fait un trou. Je mis de nouveau tout ce monde à la porte, sans me vanter du désastre occasionné par mon bâton ferré. Pendant plus d'une semaine, la chatte et moi, nous avons insisté avec une égale ténacité, elle à reprendre ses anciens droits, moi à défendre mes droits nouveaux, sans que le nègre Chrysostome ni l'Indien Polycarpe en eussent le moindre soupçon.

J'avais de nouveau à m'organiser un atelier. Il s'agissait de faire cette fois de la photographie. Je ne craignais pas de voir le soleil déranger les effets dont j'avais besoin, comme cela m'était arrivé dans mes excursions précédentes : tous mes modèles étaient à découvert, la lumière ne me manquait pas ; je n'avais que l'embarras du choix.

J'allai donc planter ma tente dans la grande case à claire-voie. J'y fis porter tout ce qui m'était nécessaire, mes glaces, mes flacons, qui tous étaient bouchés hermétiquement à l'émeri. Une fois bien organisé, et Polycarpe devant qui je fis tous mes préparatifs, bien prévenu de ce qu'il allait avoir à faire, je me mis à parcourir mes domaines. Ce n'était pas très-commode, et plus d'une fois, pendant mon travail, en allant et venant, j'ai bronché.

Le lieu me parut plus intéressant, à mesure que je le connus mieux. La cascade fut une des premières études que je me proposai de faire. Le défrichement, fort étendu, suivait le cours de l'eau; on avait respecté les arbres qui étaient sur les bords; c'étaient les premiers que j'avais vus. De l'autre côté les bois étaient restés vierges; ils s'étendaient fort loin et s'appuyaient à une montagne peu élevée, mais c'était bien une montagne, et je me proposais, comme on peut le croire d'après ce que j'ai dit de mes regrets de les avoir quittés, d'y aller faire souvent des excursions, si cela était possible.

Ce qui rendait la chose au moins douteuse, c'est que précisément de ce côté on avait abattu, sur une grande étendue de terrain, des bois qui n'attendaient, pour être brûlés, que l'époque où l'ardeur du soleil rendrait un incendie plus facile. Il devait être impossible de pénétrer au milieu de ces amas de branches, de ces troncs d'arbres abattus, de ces souches énormes que je voyais de loin le premier jour.

Ce qui m'étonnait pendant cette première visite, c'était un silence profond : la nature paraissait morte; pas un cri ne se faisait entendre; aucun oiseau ne volait; aucun reptile à terre; pas un insecte; rien ! toujours rien ! Le soleil brillait pourtant; j'étais au milieu d'une immense clairière semée de fleurs et de baies de toutes sortes. J'avais toujours vu dans des

Forêt du rio Negro.

lieux analogues des insectes en grand nombre. J'ai déjà dit que là où les arbres étaient abattus, là où de jeunes pousses les remplaçaient, j'allais faire de riches moissons de toute sorte : ici je voyais tout le contraire, et déjà je me disais : « J'irai plus loin. »

Cette déception ne me fit pas abandonner mes projets pour le lendemain; et quand j'eus vu tout ce dont j'avais besoin, je revins à la case où était ma tente, et où Polycarpe, couché sur le ventre, dormait en m'attendant. Je fus désagréablement surpris de voir plusieurs de mes flacons débouchés, sans qu'il me fût possible de deviner comment cela s'était fait. J'éveillai Polycarpe; il ne put pas davantage me donner de renseignements.

La chaleur de ma case, dont la porte et la fenêtre se trouvaient au soleil couchant, me fit lever avant le jour, et après avoir tout préparé, je commençai l'éducation de Polycarpe comme aide-photographe. Il devait porter ma chambre noire et son pied jusqu'à destination; je le suivrais portant mon parasol, ma montre et ma chaise de voyage. Une fois ma place choisie, il devait se tenir à ma disposition, et chaque fois que mes opérations me rappelleraient à ma tente, me suivre pas à pas si le chemin était passable, ou me précéder, le sabre à la main, si les obstacles étaient trop difficiles à franchir; enfin quand le soleil serait trop chaud, tenir sur ma tête un parapluie ouvert.

Tout cela fut parfaitement exécuté, quant au fond, mais la forme laissa toujours à désirer. J'étais souvent, ainsi que l'exige la photographie, obligé d'aller très-vite, surtout quand j'étais éloigné de ma tente. L'affreux Polycarpe n'en allait que plus lentement; je n'ai jamais pu le faire courir une seule fois. Il me fallut peu de temps pour découvrir un mauvais vouloir permanent. Jamais je ne l'ai vu sourire; je l'ai surpris souvent me regardant d'un air étrange, avec cette figure de démon dont je garderai longtemps le souvenir.

Plusieurs journées se passèrent à faire à peu près la même chose; j'avais mis la peinture et la chasse de côté momentanément, et me consacrais à la photographie dans des lieux où certainement personne n'en avait fait. Ce moyen peu artistique, reproduisant des détails qui eussent été trop longs à rendre, avait l'avantage d'économiser mon temps.

Un jour mes lunettes, que j'avais déposées sur mon siége de voyage, disparurent, comme les bouchons de flacons, qui, depuis la première fois que j'en ai parlé, avaient été de nouveau enlevés. Polycarpe, Chrysostome et moi nous fîmes des perquisitions minutieuses, sans succès d'abord; enfin je vis mes lunettes à deux cents pas au moins du lieu où je les avais posées. J'avais plusieurs fois repoussé de ma case les volatiles et les chiens qui, par habitude, en faisaient leur salon autrefois; j'avais été obligé de retirer du bec des hoccos tantôt un objet, tantôt un autre. Cette manie de toucher à tout me fit souvenir de la pie voleuse, et un jour que je les vis dans le voisinage de mes flacons, je me mis en embuscade; ils allèrent tout droit déboucher l'un d'eux. Du moment que je connus mes voleurs, je pus m'en garantir.

Le colonel venait de temps en temps me visiter; il me faisait toujours présent de victuailles, et toujours elles étaient reçues avec reconnaissance. Ceux qui vivent à Paris, n'ayant d'autre inquiétude que de savoir s'ils dîneront au café Anglais ou à celui de Paris, trouveront sans doute que je pense beaucoup à mes repas : j'y penserai bien davantage dans quelques mois, et le bon colonel B***** ne sera plus là pour mettre sur ma table tantôt un morceau de lard, tantôt des œufs de tortue, une poule, et plus que tout cela, du pain!

Un jour il vint, accompagné du juge de droit; celui-là aussi parlait français. Il avait par hasard dans sa bibliothèque un volume du *Musée des familles*, ou de *la Mosaïque*, ou tel autre recueil dont j'ai oublié le nom. Il y avait trouvé la gravure de mon tableau *Duquesne devant Alger*. Était-ce l'auteur qui vivait actuellement au milieu des forêts, à l'embouchure du rio Negro? Il s'agissait de constater le fait. J'avais souvent déjà éprouvé un vif sentiment d'orgueil en apprenant, bien loin de mon pays, que mon nom était connu; mais cette fois cela me rendit bien heureux : je n'étais plus un voyageur ordinaire pour le bon colonel qui m'avait accueilli.

Ces messieurs me pressèrent de terminer mon travail et de revenir à la ville, où dans quelques jours le président allait donner un bal. Oui, un bal, et on y va en habit noir! Dans un pays où tous les jours le thermomètre marque quatre-vingt-dix degrés Fahrenheit, et au soleil cent vingt-cinq! Je me serais bien gardé, par politesse, d'exprimer toute mon horreur pour cette affreuse tenue de cérémonie, qui fait toujours le bonheur des gens du Sud!

Ma solitude, depuis quelques jours, indépendamment de cette visite, avait été un peu animée. On avait envoyé quatre Indiens Muras pour travailler à la grande case non encore achevée. J'avais de nouveau quitté la photographie pour la peinture, n'ayant garde de négliger la bonne fortune qui s'offrait à moi dans la personne de ces Indiens. Une fois la palette reprise, je voulus utiliser mes couleurs, qui séchaient à vue d'œil. Il ne fallait pas songer à peindre dans un endroit découvert : c'était bon quand il s'agissait de photographie : quelques minutes suffisaient; encore m'abritais-je soigneusement, ayant organisé un système de poche dans laquelle j'installais le manche de mon parapluie, qui de cette façon me servait aussi de chapeau. Ce procédé était fort simple : j'avais cousu un petit fourreau de toile; il était attaché à ma ceinture, et mon parapluie, planté dedans, me laissait libre l'usage de mes mains.

Il s'agissait donc de pénétrer dans les bois du côté où la rivière n'était pas immédiatement bordée par les arbres qui presque partout poussaient dans l'eau. Je n'avais d'autre moyen que de me

La cascade du rio Negro.

déshabiller. Quant à Polycarpe, ce n'était pas une
affaire. Puis sur l'autre bord il fallait se frayer un
passage au milieu des troncs, des branches, des
épines. Pour apprendre à Polycarpe le métier de
guide, Chrysostome alla lui-même devant nous le

Promenades avec mes guides dans la forêt.

premier jour. Le costume de ce dernier était d'ordinaire encore plus simple que celui de Polycarpe.

La petite rivière ne fut pas un grand obstacle.
Nous marchâmes plus d'un quart d'heure au soleil,
dont la chaleur semblait croître encore au milieu de
ces amas desséchés. Enfin nous arrivâmes à la fin
du défrichement maudit, et nous trouvâmes un sen-

tier. Nous étions dans les bois. Le nègre nous quitta alors pour aller inspecter les Indiens. Il dut, en s'en retournant, remettre les pieds dans nos traces, afin de nous frayer une espèce de sentier pour le lendemain.

Polycarpe portait mon sac de voyage, et moi mes ustensiles de chasse. Il me précédait d'abord assez facilement : la forêt, peu encombrée de sous-bois, ne rendait pas le sabre très-nécessaire. Cependant, après plusieurs haltes, opérées sous divers prétextes, mon page me laissa passer devant. Je ne fus pas longtemps à comprendre qu'il avait peur, sans pourtant soupçonner pourquoi, car il ne m'avait pas dit une particularité dont il était instruit : c'est que depuis quelques nuits on avait entendu de ce côté des bruits annonçant la présence d'un ou de plusieurs jaguars.

Je connaissais déjà l'Indien en général; j'apprenais chaque jour à le connaître en particulier, et il ne gagnait pas dans mon esprit. J'avais en Polycarpe un ennemi : il m'en donna plus tard des preuves. Ce misérable savait que je courais toujours seul quand je ne faisais pas de photographie. Il comptait là-dessus : il me sembla plus tard que je l'avais vu sourire quand j'avais dit au nègre de m'indiquer le chemin du bois. Chrysostome, comme on sait, était retourné bien vite sur ses pas, et Polycarpe, qui, selon la coutume indienne, ne m'avait pas averti du danger, se trouvait alors pris dans ses propres filets. Il fallait marcher, et si je l'appréciais selon ses mérites, de son côté il connaissait mon naturel impatient.

J'avais déjà, quand il allait au pas au lieu de courir, passé brusquement devant lui, ce qui ne lui avait pas fait accélérer sa marche. Donc, dans ce sentier périlleux, j'avais pris le parti d'aller devant et d'écarter moi-même les obstacles. Que m'importait Polycarpe? J'allais à l'aventure, m'étonnant toujours de n'entendre aucun autre cri que celui des sape-boë (crapauds-bœufs); pas plus d'oiseaux que dans le voisinage de ma case; mais comme mon seul but en venant était de peindre, je marchais toujours, en notant les points que je viendrais reproduire chaque jour. L'extrême bonheur de ne pas être dévoré par les moustiques me donnait la possibilité de pousser la reconnaissance aussi loin que mes forces le permettraient. Quand je me retournais, j'avais Polycarpe sur mes talons : il se plaçait sous la protection de mon fusil, qu'il savait bien chargé, se promettant intérieurement de ne pas revenir le lendemain, en me donnant un prétexte quelconque.

Depuis longtemps le bruit d'une cascade se faisait entendre : en approchant je retrouvai la rivière avec ses eaux noires; tombant d'abord sur une pierre ayant la forme d'un tombeau, elle s'en échappait pour se précipiter sur une masse de rochers semblables, d'où elle s'élançait plus bas avec un grand bruit.

Ce lieu me parut devoir former une des limites

naturelles de mes excursions. J'appelai Polycarpe ; je plantai, non ma tente, mais mon parasol, et fidèle à ma vocation, je commençai mon quatrième panorama, à l'abri des moustiques, au murmure des cascades, et sous un toit de verdure impénétrable aux rayons du soleil.

J'étais parfaitement heureux dans ce moment ; ayant tous les avantages sans les inconvénients : mes belles forêts que j'avais tant regrettées, tant désirées, je les avais retrouvées. L'affreux Polycarpe

Cascade au rio Negro.

s'était fait un lit avec des branches de palmier ; il ne dormait pas, il écoutait, ayant placé près de lui mon fusil, sous le prétexte de l'empêcher de tomber dans l'eau. Je lui sus gré intérieurement de cette attention, n'en connaissant pas le vrai motif.

Au-dessus de la cascade, un îlot de rochers laissait la possibilité de passer la rivière, sinon à pied sec, du moins sans être obligé de nager ; il n'y avait qu'un léger inconvénient, le risque d'être emporté par le courant, qui était très-fort près de la chute.

Naturellement je pris mes précautions, et, après une longue séance dans ma forêt, — car cette forêt était bien à moi; j'ignorais alors que des jaguars pouvaient me la disputer, — je pris un bain délicieux dans une baignoire en granit.

Nous nous en retournâmes par le même sentier; Polycarpe continuant prudemment à se tenir derrière moi. Nous quittâmes enfin l'abri de la forêt, pour subir un nouveau supplice, au milieu des arbres abattus, en plein soleil.

Le bon commandant m'avait fait apporter un petit cochon de lait; le nègre l'avait préparé, et j'ajoutai un bon dîner à une journée si complète. Je fis mettre le reste du cochon de lait de côté, me réservant de l'emporter le lendemain pour déjeuner; mais quand je le réclamai on ignorait ce qu'il était devenu.

Chrysostome le nègre avait sans doute arrosé le cochon de lait introuvable de quelques verres d'eau-de-vie; car, poussé par un besoin d'exprimer ses sentiments, il fit entendre dans le milieu de la nuit, en s'accompagnant de la guitare, une voix aigre, que je pris pour celle d'un enfant. Tant que je pus supporter ce concert, je tins bon; mais à la fin, de guerre lasse, je décrochai mon hamac et j'allai le pendre dans la grande case ouverte à tous les vents, en prenant toutefois la précaution de mettre mon fusil près de moi et de planter mon sabre dans la terre, à portée de ma main. Il me sembla bien entendre des cris que je connaissais, mais je n'y pris pas garde; j'étais fort content d'avoir quitté ma case, toujours trop échauffée par les derniers rayons du soleil : j'avais ici de l'air de tous côtés, et depuis lors je couchai ainsi. Mais comme il ne fallait pas que j'eusse tous les bonheurs à la fois, ma destinée m'envoya des moustiques !

Le lendemain je me levai de bonne heure, et, ne trouvant pas le reste de mon dîner, je mis un peu de

La case des palmiers.

beurre dans un flacon, du biscuit dans mon sac. J'en voulais au nègre et à l'Indien; il ne me convenait pas de le laisser paraître, et je partis seul, selon l'espérance de Polycarpe. Je ne fis pas de rencontre fâcheuse. Une fois seulement j'entendis fuir des animaux qui, à en juger par le bruit, me parurent devoir être assez gros. Mais ne soupçonnant pas le moindre danger dans mon voisinage, j'allai directement reprendre la suite de mon panorama. J'ajoutai des branches fraîches au lit de Polycarpe, et, mon fusil étendu près de moi, mon sabre hors du fourreau, je pus dormir pour la première fois dans ces forêts pareilles à celles où l'an d'avant il ne m'était même pas possible de m'asseoir sans être dévoré.

Forêt près du rio Negro.

Plusieurs journées se passèrent ainsi. Le bon commandant m'envoyait des provisions fraîches; quand elles manquaient j'avais recours à mon pot de beurre. La peinture allait à merveille; car, n'étant dérangé ni par la chasse, ni par des préparations, ni par la photographie, je lui donnais tout mon temps; et déjà je triomphais à la pensée de terminer ce dernier panorama sans accident.

Pendant que je faisais ces réflexions en revenant, je tâchais de mettre mes pieds avec précaution dans chacune des traces que j'avais imprimées sur le sol depuis ma première visite en ce lieu. Je portais de gros souliers et des guêtres à la grecque; car, pour passer dans ces milliers de branchages, il ne fallait pas songer à avoir les pieds nus. Je sentis à peine une légère piqûre entre ma guêtre et mon soulier, et je continuai à marcher avec précaution. Je croyais être arrivé sans malencontre, quand, m'étant déchaussé et mis dans l'eau, je sentis ma jambe plier sous moi. Dans la pensée que ce n'était qu'une de ces légères entorses que je me faisais souvent sur ce sol accidenté, je n'en pris pas moins mon bain; mais quand je voulus me relever, je ne pus le faire que très-difficilement. Je laissai là mon bagage, mes chaussures, une partie de mon costume, et appuyé sur mon fusil, je revins à la case à cloche-pied, et je me mis dans mon hamac, souffrant de plus en plus. Je me fis visiter par Polycarpe et par le nègre; les Muras vinrent aussi examiner mon pied malade : la cheville était très-enflée; on ne voyait rien; d'où venait ma souffrance?

Le jeune docteur, mon compagnon de voyage, était, comme je l'ai dit, logé chez le commandant; il vint me voir et, comme tous les autres, n'aperçut rien. Il m'ordonna toutefois un remède

L'épine dans le pied.

innocent, m'affirmant que le lendemain il n'y paraîtrait plus. Malheureusement il se trompa, car une semaine après j'étais encore couché.

Privé de travail, et à peu près certain d'avoir dans le pied une épine vénéneuse, d'autant plus dangereuse qu'on ne pouvait ni la voir ni l'enlever, j'éprouvai un ennui insupportable. Un matin je repris mon bagage, et, entortillant mes jambes avec du linge pour préserver ma blessure et en éviter d'autres, je mis plus de trois heures à arriver près de la cascade. C'est ainsi que je vis la fin de ce quatrième panorama, auquel je payai mon tribut de souffrance, comme aux trois autres qui l'avaient précédé.

Pendant tout ce temps, jamais Polycarpe ne s'offrit à m'accompagner. Quant à moi, certain d'avoir en lui un ennemi, je prenais peu à peu son horrible figure en telle exécration, que je l'évitais autant que cela m'était possible.

Quand j'eus terminé ce long travail dans la forêt; quand, tant à l'aller qu'au retour de mes promenades, j'eus fait de plus un grand nombre de croquis au crayon et des provisions de plantes pour mon herbier, je songeai à revenir sur mes pas. J'avais fait tout ce qui était possible en photographie; j'avais peint les quatre Indiens; il n'y avait pas à compter sur la chasse, puisque, pendant tout le temps que j'avais habité ces bois, je n'avais tué qu'un toucan. J'étais loin d'être guéri, mais j'avais un peu moins de peine pour marcher; je pouvais presque me poser sur mon pied malade.

Le commandant vint lui-même, pour m'emmener dans son canot piloté par mon ami Joao. Nous passâmes la journée entière dans ce lieu solitaire que je commençais à aimer, que je ne pensais plus

Plantes aquatiques du rio Negro.

revoir, et que je regrettais. J'allais être obligé de vivre dans la ville; et, bien que Manaos ne fût pas comparable avec ce que j'avais l'habitude de nommer ainsi, il s'y trouvait des autorités de toutes sortes; il fallait mettre un habit, sinon précisément noir, du moins affectant la toilette, et c'était là une gêne que je comptais bien esquiver le plus possible.

Pendant que j'habitais les bois plusieurs personnes m'avaient promis de s'occuper pour moi de l'achat d'un canot, mais je ne pouvais compter sur personne pour me procurer des hommes : cela concernait le président. A mon retour rien n'avait été fait, et les difficultés avaient augmenté, car les eaux avaient baissé; tous les habitants, c'est-à-dire les gens du peuple, les Indiens, etc., se préparaient à la pêche de la tortue et ne voulaient rien vendre. — *La tortue est la nourriture de tous les riverains des fleuves.*

M. Costa vint avec moi courir la ville. J'avais en marchant échauffé ma blessure; je ne sentais plus rien heureusement, et je pus conclure affaire en une seule journée. Nous trouvâmes d'abord un canot, du prix de six cents francs (deux cent mille reis). Quand nous allâmes le visiter, il était complétement submergé : il fallait le retirer de l'eau, le calfater de nouveau, lui installer un tendelet pour me mettre à l'abri du soleil et du reste. Je ne savais où donner de la tête. En passant devant un petit coude du rio Negro, où flottaient d'autres canots, M. Costa m'en fit remarquer un :

« Voilà ce qu'il vous faudrait, dit-il, je le connais; il n'y aurait qu'à le faire couvrir. »

Je fis observer qu'il ne s'agissait pas de ma convenance, mais de l'opinion du propriétaire.

« Eh bien, mon cher monsieur Biard, dès ce

moment ce canot est à vous. Si vous eussiez trouvé autre part, j'aurais gardé le silence; mais vous êtes dans l'embarras, je vous le cède : il m'appartient. »

Je fus très-sensible à cette offre, et je remerciai avec effusion : car je venais d'apprendre de quelle importance était pour moi ce canot, si difficile à se procurer. M. Costa voulut bien céder le sien au prix de soixante mille reis (160 francs); j'achetai une voile dix mille reis (30 francs); il ne me restait qu'à m'occuper de l'aménagement intérieur.

En courant la ville nous avions vu passer un enterrement : c'était celui d'un jeune homme qui depuis quelque temps avait été ainsi que moi blessé au pied; adonné à l'eau-de-vie, comme tous les Indiens, celui-ci avait continué à en boire malgré sa blessure, et la gangrène s'y était mise.

Le commandant avait fait porter mes effets dans un galetas sans meubles, qu'il avait emprunté à mon intention; ne pouvant me loger dans sa maison, où mon couvert était toujours mis. J'avais un moyen de reconnaître les politesses dont j'étais l'objet, en peignant le portrait ou de la personne elle-même ou d'une autre, à son choix, et cette fois encore je fus assez heureux pour faire plaisir au bon colonel. Je profitai donc du logement qui m'était donné; on mé prêta une table, un pot de terre; j'avais des malles; mon hamac fut accroché, et pendant quelques jours je repris la peinture, en attendant que mon canot fût prêt.

Comme le colonel déjeunait à midi, et qu'il venait ensuite des visiteurs, je perdais mon temps à entendre répéter bien souvent la même chose; j'avais donc pris le parti d'envoyer Polycarpe m'acheter tous les jours un pain de deux sous, que je grignotais en attendant. D'autres fois je laissais là le déjeuner et j'allais flâner avec le juge de droit, M. Gustave Fereira, ou M. Costa, ou j'allais m'asseoir sur les bords des sentiers, à l'entrée des bois; hélas! ceux-là, loin d'être vierges, étaient, le plus souvent, réduits à l'état de broussailles. Quant à entendre et voir des oiseaux, je n'y comptais plus.

Le lendemain d'une de ces promenades je vis mes jambes couvertes de carapatas (espèce de tique), qui déjà pénétraient assez avant dans la chair; elles furent toutes délogées à l'aide d'une aiguille que je leur passais à travers le corps. Je crus en voir une sur la blessure de mon pied. Polycarpe me dit que ce n'était pas une carapata, mais bien une épine. Je lui donnai des pinces pour l'extraire, mais il rencontra un obstacle inattendu : les chairs s'étaient rapprochées, et le corps étranger qu'elles recouvraient était plus gros qu'il n'avait pensé; il fut obligé de débrider la blessure avec le scalpel, et il m'extirpa, sans trop me faire souffrir, une épine énorme, d'un pouce de longueur. Le docteur, à qui je la fis voir, ne put jamais s'expliquer comment elle avait pu me permettre de marcher ainsi que je le faisais depuis quelques jours. Je fus soulagé immédiatement.

Ce qui n'allait pas si bien, c'étaient les lenteurs qu'il me fallait subir au sujet des Indiens dont j'avais besoin. Le bon colonel ne se doutait pas de mon supplice. Je n'étais pas venu là pour courir les rues : c'était des sauvages qu'il me fallait ; c'était après une vie indépendante que je soupirais.

Forêt. — Rio Negro.

Et je m'entendais dire toujours : « Cela se fera tantôt, *Logo*. » J'enrageais de voir la manière dont à Manaos on passe et on estime le temps ; chaque habitant semblait croire que les jours sont de quarante-huit heures et davantage.

Dans cette petite ville toute composée de montées et de descentes, où les pavés sont remplacés par l'herbe, j'ai entendu plus de cancans, j'ai vu plus de petites haines qu'en n'importe quel autre endroit. Que sont les *canards* de France auprès de ceux de ce pays? Sans parler des tigres qui m'ont mangé.... dans plusieurs journaux, voici ce dont j'ai été témoin : Un individu, pendant mon séjour, va à la police déclarer un meurtre commis par une femme sur la personne de son mari, surpris par elle en flagrant délit d'infidélité. Après avoir tué son mari et la complice de celui-ci, avec un long couteau, elle avait ensuite découpé les deux cadavres en petits morceaux et les avait jetés dans le fleuve. Quelques jours après cette furie vint à Manaos. On se saisit d'elle, et depuis trois jours elle était en prison, quand le mari, qui ne se doutait pas d'avoir été assassiné, arriva aussi de son côté, pour réclamer sa femme, dont il était fort inquiet!...

Un autre jour, comme on savait que je cherchais des sujets à peindre, quelqu'un vint me dire que je ferais bien de profiter d'une bonne occasion : on venait d'amener en ville un Indien sauvage qui avait tué sa femme.

Mon ami le juge de droit, qui devait savoir la vérité, me parla de l'affaire; mais dans sa bouche elle avait changé de face : c'était une femme sauvage qui avait tué son mari. Cette version n'était pas plus vraie que l'autre.

Ce que j'ai appris de nouvelles vraies ou fausses,

par des gens ennemis les uns des autres, est incroyable. Cela me donnait de plus en plus le désir de partir.

Tous les soirs on me donnait, pour me reconduire à mon galetas, un caporal armé de sa baïonnette. Nous montions et descendions dans des rues formées

Retour au logis, à Manaos.

d'ornières et de grosses pierres, où j'ai bien souvent trébuché. Presque toujours la porte de mon galetas était fermée : le maître du logis avait des esclaves; il les faisait coucher de bonne heure et emportait la clef de la rue. Si Polycarpe, qui passait sa vie assis sur les degrés, se trouvait dehors, il attendait à la porte, toujours assis ou couché ; le caporal allait chercher cette clef, et je me dirigeais à tâtons vers mon hamac. Quant à Polycarpe, je n'en entendais plus parler de toute la nuit.

Mais si Polycarpe était muet, il n'en était pas de même des factionnaires. Quand l'heure sonnait, l'un d'eux criait : alerte ! le second répondait, et ainsi de suite jusqu'au plus éloigné. J'aurais pu me croire dans une ville de guerre attaquée, et il n'en était rien cependant. Si je n'avais entendu ce cri qu'en revenant de la cascade, j'aurais pu penser qu'il y avait alerte au sujet d'un jaguar qui, chaque nuit, commettait quelque dommage et répandait l'alarme parmi les habitants de Manaos. Mais déjà, le premier jour de mon arrivée, j'avais été réveillé subitement par le factionnaire placé en face de la maison de M. O*****. En y réfléchissant, j'ai pensé que deux causes pouvaient légitimer cette précaution militaire : d'abord l'importance du rio Negro, qui vient de l'intérieur, et communique par un bras navigable (le Cassiquiare) avec l'Orénoque ; puis la position de Manaos qui commande le cours inférieur du rio Negro et défend l'entrée de l'Amazone.

Quand je disais à quelqu'un que pour échapper d'abord à la musique de Chrysostome, et plus tard à la chaleur, j'avais pris le parti de coucher à découvert dans un lieu dangereux sous tous les rapports, et surtout quand j'eus appris qu'on entendait des jaguars toutes les nuits, — je passais pour avoir un courage de Romain. Je n'en étais pas plus fier; j'aurais préféré m'en aller; mais plusieurs fois la visite d'adieu projetée chez le président avait été retardée pour diverses raisons, et chaque jour, en attendant cette visite, j'allais voir travailler à mon canot dans le petit bras du rio ou *furo* où il était encore. Qu'on se représente un monsieur bien vêtu, bien cravaté, possesseur d'un gant, assis sur des amas de feuilles de cocotiers; à quelques pas de lui un cochon est enfoui dans la vase; tout autour une centaine de vautours noirs se disputent des restes de tortues en poussant un petit cri comme celui d'un chat en colère. Un arbre dominant le tout était complétement chargé de ces vilains animaux; tous les pieux de clôture des jardins du voisinage en étaient également envahis. A la moindre panique, ces affreuses bêtes s'envolaient, faisant le bruit d'une machine à vapeur; il en était de même quand l'une d'elles avait eu la chance de se procurer quelque morceau délicat. Et il faut bien se garder d'en tuer aucune, sous peine de la prison et de l'amende; car on compte sur elles pour nettoyer les rues et les places, où s'amoncellent des quantités d'ordures et les restes de tortues qu'on ne peut pas utiliser.

Tous les matins j'entendais de mon réduit des éclats de rire sous ma fenêtre. Ordinairement je m'intéressais assez peu aux travaux des esclaves de la maison que j'habitais, travaux toujours accompagnés de caquets et de commentaires; si une négresse portait, selon l'usage, un pot, une écuelle

Une rue de Manaos.

ou un parapluie sur la tête, c'était un prétexte à conversation. Depuis longtemps déjà j'étais blasé là-dessus ainsi que sur bien d'autres choses; mais ces éclats de rire avaient tant d'écho!... J'avais déjà fait le portrait de plusieurs mulâtresses et Indiennes, parties intégrantes du mobilier de la maison que j'habitais; j'avais une espèce de prédi-

La grosse Phylis.

lection pour une bonne et belle fille indienne à grosses joues, à bouche riante; elle se nommait Phylis. A dater de ce jour, et dès que j'eus regardé dans la rue, je la pris en horreur. Ma protégée, armée d'une hache, était retroussée jusqu'au coude; sa robe rose à volants était pleine de sang. Elle essayait de détacher le plastron de la carapace d'une tortue à coups de hache. Une autre de mes modèles, une petite fille moitié Indienne et moitié négresse, jouait, avec sa mère, à qui prendrait la tête de la victime, et comme la force de la pauvre bête était très-grande, elle leur glissait entre les doigts. C'était surtout cette partie du drame qui exaltait la joie de l'assemblée. Polycarpe seul ne riait pas : il dormait. Enfin ces dames parvinrent à faire une large ouverture à la gorge de la tortue. Ce n'était pas assez, cet animal est tellement vivace, qu'il faut employer d'autres moyens pour le tuer tout de bon; ses bonds, ses tressaillements musculaires gênaient beaucoup l'action de la hache et nuisaient à l'adresse de ses bourreaux femelles. Je leur vis enfoncer une broche de bois dans la colonne vertébrale de la malheureuse bête; elle devint immobile à l'instant, et on put la disséquer à loisir. Les pattes étaient bien endommagées, mais on s'était tant amusé!... ces pattes qui tremblotaient, cette tête qui échappait aux mains étaient si drôles! Le sang, on le lave.... Le plastron enlevé, on découvrit l'estomac et on retira les œufs. Ils sont ronds, un peu plus petits que ceux des poules, sans coquille et fort délicats. Depuis ce jour je n'accordais plus l'entrée libre de mon galetas à Mlle Phylis ou à ses aides.

Cependant le canot s'achevait; le président avait donné l'ordre au chef des travailleurs de mettre à ma disposition les Indiens moitié sauvages dont j'aurais besoin. Il venait de recevoir de son collègue du Para des lettres me concernant. Sa Majesté, me sachant dans les environs de l'Amazone, et ayant sans doute oublié que je ne pouvais rien décider avant mon retour en Europe, et que jusqu'à cette époque il m'était également impossible d'accepter ce que sa bienveillance lui avait dicté pour moi,

La grosse Phylis.

me faisait dire qu'on attendait à Rio ma décision au sujet des services qu'on réclamait de mon zèle et de mes talents. A cette demande, à laquelle je n'étais point encore en mesure de me rendre, je répondis en exposant mes motifs et en priant

Sa Majesté de vouloir bien accepter toute l'expression de ma reconnaissance. Mais ce message m'avait donné aux yeux du président une grande importance, et avait plus fait en un instant que toutes mes démarches depuis plusieurs mois.

Certain de partir, enfin, je fis mettre mon canot en face de l'habitation du colonel, près des siens, sous la garde d'un soldat : car on lui en avait volé déjà plusieurs fois ; et comme l'époque de s'en servir était venue, qu'il serait impossible de le retrouver une fois pris, le faire garder n'était pas une précaution inutile.

Pour achever d'installer mon canot, il fallait, outre le toit composé de cerceaux et recouvert de branches de palmier, dans la partie de l'arrière que j'allais habiter, un petit plancher sur lequel je passerais mes journées assis, et mes nuits couché. Ces matériaux existaient à la fazenda où j'avais vécu, au milieu des défrichements. C'était une occasion de la revoir. Le colonel me proposa d'y aller le lendemain, et, après avoir arrêté l'heure du départ, je pris vite congé de lui, car il avait société, et comme j'avais toujours remarqué forcément que dans bien des circonstances on oublie l'étranger qui ne comprend pas la langue, je laissai ces messieurs s'échauffer au sujet d'un journal qu'il était question de fonder à Manaos. Après tout puisqu'il y avait déjà dans cette ville un président, une armée de trois cents hommes, une garde nationale du même nombre, des colonels, un tribunal, et qu'on y donnait des bals, on pouvait bien s'y passer aussi la petite fantaisie d'un journal, ne fût-ce que pour voir.

J'avais une dent contre ces réunions concernant le journal projeté. Peu auparavant, j'avais déjeuné avec mes deux sous de pain et un verre d'eau, et ma journée de travail y avait gagné : la peinture avait bien réussi. Puis je m'étais présenté à l'heure du dîner.... à l'heure ordinaire.... un peu plus tôt, peut-être, à cause du déjeuner. On causait du journal. J'allai, en attendant la fin, flâner chez M. O*****, en prévenant qu'on me trouverait là au besoin. Une heure après je retournai en personne pour éviter les erreurs. On causait toujours. Je revins une autre fois, puis encore, allongeant par discrétion l'intervalle de mes retours : l'intérêt grave qui se débattait avait fait oublier l'heure du dîner, et quand d'autres intéressés vinrent remplacer les premiers, ils pensèrent que le repas était terminé. Enfin dix heures et demie sonnèrent et l'on vint me prévenir que j'étais servi. Mais il fallut attendre encore que deux convives, l'un après l'autre, eussent pris leur bain, selon l'usage. Cela n'alla pas au delà de onze heures et demie. Mes deux sous de pain étaient bien loin.

Aussi, à la seconde réunion de messieurs les protecteurs du journal futur, je les laissai débattre en liberté les clauses et conditions de son existence et j'allai d'abord me baigner; puis, le petit Juan avec moi, je pris un canot et je fis plusieurs croquis, jusqu'à l'heure du dîner. La nuit était venue, il fallait de la lumière pour s'embarquer sur ces eaux noires.

Le même soir, le juge de droit, avec qui je m'étais un peu lié, vint me dire :

« Mais vous accusez Polycarpe de paresse ; je

Défrichement.

viens de le voir portant un panier rempli de provisions. »

Ceci sortait des us et coutumes de Polycarpe; j'eus peur un instant qu'il ne fût malade; mais, en rentrant, je le trouvai, comme toujours, dormant d'un profond sommeil. J'inspectai ses travaux. Ayant acheté une provision de coton nécessaire à la préparation des oiseaux, je l'avais chargé de séparer la bourre des noyaux. Il avait fait le quart de cette besogne en quinze jours; en deux heures je fis le reste.

Le lendemain je me levai avec un pressentiment que rien cependant ne m'avait inspiré. Je voulais voir mon canot avant de m'occuper d'autre chose. Qu'on se mette à ma place.... le canot avait disparu! Le soldat de garde, interpellé, nous dit

Défrichement. — Rio-Negro.

que la veille, quand nous étions à la cascade, un homme était venu déclarer que ce canot lui appartenait, et l'avait emmené. Je fus atterré de ce coup autant que je l'avais été de mon troisième panorama dévoré par les fourmis. Je me mis à courir de tous côtés comme un fou. Dans peu de temps la ville fut en rumeur. Où était ce canot, trop grand pour un homme seul? Mais celui qui l'avait pris pouvait avoir des compagnons non loin de là. On avait attendu qu'il fût en bon état. Je n'étais d'ailleurs qu'un étranger : c'était de bonne prise. Ainsi tous mes projets étaient avortés. Ce moyen de voyager enlevé, il fallait me remettre dans un bateau à vapeur et revoir ce que j'avais vu.... Plus de vie sauvage; plus de chasse; plus de cet inconnu après lequel je courais depuis si longtemps!

Une partie de la journée s'écoula. J'avais erré de tous les côtés, sous un soleil de feu; je ne sentais rien que la perte de mon canot, emportant

La forêt près de Manaos.

toutes mes espérances. Je revins chez le colonel. Là, un Indien sciait du bois; il voyait et entendait tout, mais ne disait rien. Depuis une heure il avait trouvé et ramené le canot. Celui qui l'avait pris était ivre; il l'avait abandonné dans une petite anse, où l'ouvrier indien l'avait reconnu et l'avait ramené, le tout sans mot dire. Voilà l'Indien tout entier!

Une journée entière se passa encore. Polycarpe, aidé d'un ouvrier, arrangea mon canot. Je pouvais m'y coucher ou rester assis à l'ombre, selon mon goût.

On ne voulut pas me laisser partir comme un simple particulier : aux Indiens rameurs on joignit un garde national.

Le premier qui fut désigné s'en alla de tous côtés répandre le bruit qu'il était arraché à sa famille par intrigue; le colonel était un tyran, un monstre....

Flore des bois.

Prévenu à temps, et ne voulant pas avoir près de moi un homme qui me serait probablement hostile, je demandai son changement.

Le canot armé, il fallait l'approvisionner. Il était arrivé d'Europe six fromages de Hollande : le dernier était presque retenu, une haute protection me le fit adjuger. Si j'ai souffert plus tard, je l'ai dû sans doute aux malédictions dont m'a accablé celui que je dépouillais ainsi. Ayant usé quelques produits photographiques, je fis remplir de beurre rance deux flacons vides. On m'avait donné le choix entre deux tonneaux venant, l'un de France et l'autre d'Angleterre; je pris naturellement celui qui devait, en qualité de compatriote, convenir le mieux à mon estomac. Mon patriotisme a été de trop dans cette circonstance. On me fit du biscuit. Une personne à qui j'avais été recommandé me fit présent d'une petite quantité de biscottes. J'avais apporté de Para quelques livres de chocolat. Je fis mettre pour mes Indiens douze bouteilles de cachasse dans le fond du canot. J'achetai pour les nourrir des paniers pleins de farine de manioc, et du poisson séché nommé piraroco, qui se pêche particulièrement dans les lacs. Dieu et les Indiens que je trouverais en route pourvoiraient au reste.

Le rendez-vous fut donné pour six heures du matin.

J'emprunte à mon journal ce qui suit :

Mercredi 28. — Je suis assis à l'ombre d'une palissade; il fait très-chaud; je suis furieux. Levé à trois heures du matin, je me suis hâté d'arranger tous mes paquets et de courir à mon canot. Polycarpe, aidé d'un petit nègre, avait attaché à un pieu deux singes destinés à être mes compagnons de voyage. Personne autre n'avait paru sur la plage. Je courus chez M. L..., n'osant pas déranger M. le président à cette heure. Il nous dit que les ordres étaient pourtant donnés de la veille, et qu'il s'étonnait de ne pas les voir exécuter. J'allai de là chez le chef des Indiens, un Portugais qui dirige les travaux auxquels ils sont soumis. Cet homme, comme pour augmenter les difficultés que j'avais à comprendre le portugais, parlait en bégayant; nous eûmes beaucoup de peine à nous expliquer. Cependant il nous promit d'envoyer les deux hommes, et de plus trois autres pour transporter mes bagages et réparer ainsi le temps perdu. Effectivement ces derniers firent chacun un voyage de mon réduit au canot; après quoi, ce travail leur paraissant sans doute trop pénible, mes trois aides ne se montrèrent plus. J'avais profité de la présence de Polycarpe pour m'entendre avec mes deux rameurs. Ces hommes, ainsi que le font quelquefois les sauvages, étaient venus depuis quelques mois en ville demander du travail. On me les confiait, ainsi qu'un deuxième garde national, à la condition que, ma grande excursion sur le Madeira terminée, je les ramènerais sur l'Amazone, et payerais leur passage pour retourner à Manaos.

Laissant ces deux hommes et Polycarpe s'installer à bord, j'allai bien vite serrer de nouveau la main au colonel. De retour au canot je ne trouvai plus les Indiens; ils étaient allés chercher du tabac, etc. Il fallut envoyer Polycarpe à la découverte; quand une heure après ils revinrent le garde n'y était plus, il fallut envoyer à sa recherche, mais vainement.

A cinq heures du soir j'étais encore à la même place ; un peu plus furieux que le matin. On découvrit le garde dans un coin obscur de sa hutte, mais tellement ivre qu'il était impossible d'en tirer une parole. J'avais voulu me passer de garde, mais on m'avait fait observer que ce n'était pas prudent. Il me fallait un homme qui imposât l'obéissance aux autres. D'ailleurs les rameurs, espèce de sauvages à peine civilisés, ne sont capables de rien faire de raisonnable, et ces gardes leur imposent toujours.

On m'en présenta un troisième ; il avait une bonne figure joufflue. Comme je lui demandais s'il venait avec plaisir avec moi, il me répondit que oui, et que je serais content de son service. Il ne lui fallait qu'une heure pour s'installer et emporter ce dont il avait besoin. Effectivement, je le trouvai près du canot, mais les deux rameurs avaient disparu à leur tour.

A six heures j'étais de nouveau assis à la même place que le matin ; je résolus d'y passer la nuit, afin que si mes hommes paraissaient, n'importe à quelle heure, je pusse les embarquer et pousser au large. M. Costa, que des affaires avaient retenu, vint en se promenant sur le quai, certain que j'étais parti. Il ne voulut pas que je passasse la nuit à attendre ; il connaissait les habitudes des Indiens. Il paraît qu'il en est ainsi quand ils entreprennent un voyage : ils se grisent pour le temps où ils seront obligés de se priver de cette douceur.

Avant de rentrer chez lui, en passant près de

Le canot devant Manaos.

quelques bateaux, nous trouvâmes au fond de l'un d'eux mes rameurs complétement gris et la figure barbouillée d'un limon vert produit par l'humidité de l'eau. Il eût été impossible de les éveiller et plus encore de les emmener; nous les laissâmes dormir, et j'allai tâcher d'en faire autant de mon côté; mais je n'y pus réussir : un orage mêlé d'une averse des tropiques, un déluge partiel, me tint éveillé. J'allais sans doute trouver tous mes effets perdus, car le canot n'était pas complétement couvert.

Enfin au point du jour j'ai pour la dernière fois dit adieu à Manaos; car ayant trouvé un des ivrognes debout, j'ai fait emporter l'autre à bord. Comme nous n'avions qu'à descendre, on pouvait se passer de rames pour le moment.

Une fois parti, je m'occupai de mes effets : ils n'avaient pas trop souffert de l'orage de la nuit. J'avais acheté une grande natte qui avait été étendue sur eux avec soin. Si je n'ai pas adressé à Polycarpe de trop vifs remercîments, c'est qu'en abritant mes malles, il s'était préservé lui-même, ayant eu la présence d'esprit de se coucher au milieu. M. le garde avait trouvé commode de se coucher, lui, sous ma petite tonnelle; il s'était arrangé avec soin dans ce petit réduit, à peine assez grand pour me contenir, moi et quelques objets indispensables. Il avait d'abord parfaitement installé son shako, son fusil, sa baïonnette et son sabre. Si j'avais trouvé que ma fameuse carabine des chasseurs d'Orléans était lourde, c'était avant d'avoir pesé ce fusil primitif, dont le garde prévoyant, dans la crainte sans doute d'un malheur, avait garni la batterie d'un morceau de bois entouré de coton, au lieu et place du silex ordinaire.

Ayant prié ce soldat sans gêne de me céder la

Le garde Zephirino.

place, je commençai mon installation, bien plus difficile encore que dans mes précédentes habitations, car sous ce petit toit de palmier je ne pouvais me tenir qu'à genoux. Mon petit plancher était formé de morceaux de palmiste attachés l'un à l'autre par des lianes. Je plaçai d'abord en dessous divers objets dont je pensais n'avoir pas besoin ; ceux qui craignaient d'être cassés et dont je voulais avoir la direction immédiate : les douze bouteilles de cachasse d'abord. Polycarpe et le garde se les passèrent de main en main ; mais quand, après en avoir emménagé huit, je demandai la neuvième, elle ne se trouva pas. Je compris de suite où avait été puisée la cachasse qui avait retardé mes Indiens et le garde numéro 2. Cette petite diminution dans mes provisions me fit tenir sur le qui-vive pour l'avenir : je plaçai mes huit bouteilles à portée de ma main. Je fis une petite provision de biscuit et je plaçai le reste sous le parquet, dans le voisinage de la cachasse. Cette disposition ne fut pas heureuse plus tard.

Entre la dernière branche formant le cercle de ma tonnelle et l'arrière on avait laissé une place pour le pilote ; il pouvait s'y coucher au besoin. Naturellement l'affreux Polycarpe avait pris ce poste : ce n'était pas fatigant.

On m'avait fait présent d'une charmante perruche ; elle était d'une grande douceur ; cette petite bête me suivait partout. Une fois à bord je voulus la bien caser ; mais l'infâme Polycarpe avait jugé à propos de l'oublier dans mon logement ; elle a dû mourir de faim. J'ajoutai ce grief aux autres, et ma haine pour ce misérable s'en augmenta.

Sous ma tonnelle j'avais attaché, de chaque côté, mes deux singes, *Rio Negro* et *Amazone* : c'étaient deux intéressantes petites bêtes dont le pelage était exactement celui des souris; jamais je ne les ai vus mordre, et tout ce que je leur offrais, ils le prenaient avec la queue, dont le bout était comme un doigt dénué de poils.

Sur mon petit parquet de palmiste une natte assez épaisse me tenait lieu de lit : elle couvrait toute l'étendue de mon réduit. Quand j'eus placé tout autour, à portée de ma main, tous mes flacons pour la photographie, bien assujettis avec de la paille; mes provisions de beurre et d'huile (il ne s'agissait que de ne pas se tromper); puis mes albums de papier à emballage, mes crayons, mon canif et mes lunettes; les outils pour disséquer et empailler, de l'argent en grosse monnaie de cuivre, ma poudre, mon plomb et mes capsules; et enfin, dans une caisse à savon, mes provisions de bouche et ma calebasse pour puiser de l'eau, il me restait juste la place pour m'étendre, en posant toutefois mes bras où je pourrais. Au bout de quinze jours j'y étais très-habitué. Comme ce n'était que le matin, de bonne heure, que je devais faire usage de ma chambre noire, elle pouvait me servir de table le reste du temps.

Les rameurs avaient arrangé une place sur l'avant, où ils se tenaient ainsi que le garde. Polycarpe, à l'arrière, s'était fait un lit de branches de palmier. En dehors de ma tonnelle, j'avais placé le canon de mon fusil, la crosse à portée de la main et à l'ombre. Enfin j'étais libre de nouveau.

Libre, oui! mais à la merci de mes guides. Ceci

L'intérieur du canot.

était assez imprudent; ils pouvaient maintenant disposer de moi à leur guise. S'il m'arrivait malheur, je devais m'en prendre à moi seul; car si au Para on m'avait conseillé ce voyage, je dois dire que personne à Manaos n'avait fait de même : bien au contraire; et si, par suite de mes goûts de solitude j'ai fait de légères critiques sur des habitudes qui n'étaient pas les miennes, je n'ai pas oublié toute la bienveillance dont plusieurs personnes m'ont donné des preuves, en s'opposant presque à ce départ, dont l'issue leur paraissait douteuse.

Ces personnes me disaient que rien n'est moins certain que les promesses des Indiens : je le savais. Elles me faisaient craindre d'être abandonné là où le retour serait impossible : je l'ai éprouvé plus tard. M. le chef de police avait été assez bon pour me donner des lettres pour le cas où je reviendrais dans des lieux habités. L'excellent M. O***** m'avait tracé un itinéraire jusqu'à une certaine limite. De Manaos sur le rio Negro, je devais rentrer dans les eaux de l'Amazone, et les suivre jusqu'au confluent du Madeira, puis remonter ce dernier fleuve jusqu'à un endroit nommé Cauoma; le reste devenait incertain. Je voulais voir des Indiens à l'état de nature; il fallait donc pénétrer dans le Sud tant que je pourrais. J'allais bien cette fois à l'inconnu.

Pendant les premières heures un seul rameur travailla; l'autre cuvait sa cachasse au fond du canot. Le garde avait quitté sa chemise et faisait la lessive. Shako en tête pour se garer du soleil, Polycarpe tenait la barre et dormait.

Quant à moi, livré à moi-même, je pris des mesures pour ne pas être, autant que possible, livré à d'autres. En conséquence, profitant du réveil de l'ivrogne, je me livrais à une petite manœuvre ostensible, sans avoir l'air de me préoccuper d'autre chose, et surtout des regards, qui tous étaient fixés sur ce que je faisais. Après avoir nettoyé scrupu-

Le revolver.

leusement un petit instrument parfaitement inconnu à mon équipage, j'y plaçai quatre capsules, et, avec la plus grande délicatesse, sans avoir l'air d'y toucher, je fis éclater les quatre amorces instantanément. Les Indiens, pas plus que le garde, ne cachèrent pas leur étonnement; les pagaies cessèrent de fonctionner, le garde enfonça son shako, et Polycarpe parut se réveiller. Je recommençai ma manœuvre, mais cette fois je dévissai proprement, avec un des bras de mon moule à balles, les quatre canons du revolver, et j'y glissai quatre balles qui parurent sortir de la poche de mon pantalon, mais que je puisais effectivement dans un sac que je tenais invisible, préférant leur faire croire que j'en avais toujours sur moi une provision.

Pendant cette seconde opération, les Indiens, ces êtres si peu démonstratifs qu'on ne les voit jamais rire ni pleurer, sur la figure desquels on ne peut saisir aucune expression, bonne ou mauvaise, avaient tout à fait cessé de ramer, de laver et de dormir, pour voir jusqu'au bout ce que j'allais faire de cet instrument, qui, par sa petitesse, ne paraissait pas devoir être autre chose qu'un joujou. Polycarpe avait déjà dû leur dire ce qu'il pensait de moi. Je dirai plus tard comment j'ai appris les services qu'il me rendait et ce que je pouvais en espérer pour ma sécurité.

M'étant placé dans une situation dangereuse, j'avais besoin d'inspirer sinon l'affection, — cela se trouve quelquefois chez le nègre, jamais chez l'Indien, — du moins la crainte. Je fis retirer du canot une énorme planche, épaisse de deux pouces, qui servait à supporter la plus grosse de mes caisses, et à lui éviter le contact de l'eau, dont nous étions déjà incommodés. Cette planche une fois fixée le long du bord, je commençai sur elle mes expériences et la perçai d'outre en outre de mes quatre balles. Ce jeu ne parut pas plaire à mes compagnons; cependant, comme il s'agissait de leur donner une excellente opinion de mon adresse, je ne le cessai qu'après avoir fait un grand trou à cette planche en bois de fer. Prenant ensuite une petite chaînette en acier, je l'ajustai à l'objet inconnu et me la passai au cou, ainsi qu'on le fait d'une chaîne de montre. Celle-ci était assez longue pour descendre jusque dans une des poches de mon pantalon. Puis, toutes ces précautions prises, et des balles, pour mon fusil, placées également dans mon autre poche, je donnai gracieusement un verre de cachasse à mes compagnons. Le verre bu et remis en place, je prononçai d'une voix formidable : « *Vamos!* » et les pagaies fendirent les eaux de l'Amazone : nous venions de quitter le rio Negro.

VIII

L'AMAZONE

DU RIO NEGRO AU RIO MADEIRA

VIII

L'AMAZONE

DU RIO NEGRO AU RIO MADEIRA.

Une tempête sur l'Amazone. — Les œufs de tortue. — Un jaguar. — Repas dans une île. — Un bras du rio Madeira. — Les moutouques. — L'intérieur du canot. — Polycarpe et ses compagnons. — Un bain dangereux. — Bords du Madeira. — Le colon blanc. — Le gouffre de sable. — Colère. — Ses résultats. — Canoma. — Les Indiens Mundurucus.

Mon intention était d'aller toucher terre et de descendre dans un *sitio*[1] appartenant à M. Costa. Sa femme et ses enfants venaient de s'y installer.

1. Endroit défriché et planté.

Mais, dès le début, y trouvant la chasse tout à fait infructueuse, je ne voulus pas y séjourner, et nous reprîmes le large.

Je trouve sur mon journal ce fragment écrit sous l'impression du moment.

Cinq heures du soir. — Nous voici en pleine tempête sur l'Amazone. Nous venons d'être forcés de chercher un abri au milieu d'un amas d'arbres brisés. On entend un très-grand bruit dans le fleuve:

Bords du rio Negro.

je ne sais si c'est un effet des courants contraires qui se heurtent. Mes hommes essayent de raccommoder ma voile, qui a été déchirée après avoir failli être emportée. Nous sommes percés à jour par la pluie; le tonnerre semble être sur notre tête. Je suis sous ma tonnelle, assis et couvert de mon parapluie; si cet état dure longtemps, mes effets seront perdus.

Six heures. — La nuit approche; le temps se calme. Tout à l'heure un grand vautour est venu se poser sur un de ces troncs d'arbres brisés au milieu desquels nous avons trouvé un abri. Mon fusil n'est pas parti; l'humidité avait produit son effet. Il n'est pas prudent de quitter le lieu où nous sommes : on s'arrange pour y passer la nuit.

Le beau temps est revenu tout à fait, la voile est raccommodée tant bien que mal, le vent est bon.... *Vamos!*

Vers midi la chaleur était bien forte; la tourmente avait recommencé à nous ballotter; mes deux singes, qui pendant la tempête de la veille n'avaient cessé de crier, recommençaient de plus belle : mais cette fois le désordre atmosphérique n'eut pas de suite, ce n'était qu'une légère réminiscence. La journée fut bonne et la nuit aussi. On avait poussé au large, et nous descendîmes, nous laissant entraîner par le courant.

J'avais essayé de dormir étendu sur ma natte, à l'abri de ma tonnelle, mais la chaleur ne m'avait pas permis de rester ainsi : il m'avait fallu mettre mes pieds à la place où je mettais ma tête dans la journée. De cette façon j'avais un peu d'air à la figure; seulement ma tête se trouvait un peu plus bas que les pieds, mais du moins je n'étouffais pas.

Plusieurs journées se passèrent sans événement. Nous désirions arriver près d'une de ces plages de sable sur lesquelles on peut descendre, et ce fut une grande joie quand nous vîmes au loin une ligne blanche trancher sur le fond obscur des forêts vierges. Avant ce moment une descente à terre nous était interdite : les rivages, à découvert par l'abaissement des eaux, formaient d'immenses degrés, résultat des différentes couches de détritus que le fleuve avait déposées en se retirant. Si on se fût hasardé sur ces marches de terre détrempée, on eût disparu à l'instant même, enfoui à une grande profondeur, sans qu'aucun secours humain vous fût venu en aide, faute d'un point d'appui, pour vous retirer de ce sol mouvant.

Les pagaies firent leur office vigoureusement, et nous touchâmes cette plage désirée. Les Indiens s'empressèrent de tirer le canot à terre. Polycarpe prit son fusil, le garde son shako, et moi tout mon attirail de chasse. Tout le monde avait sauté dans l'eau, qui était tiède, et chacun s'en alla, selon ses goûts, chercher fortune sur toute l'étendue de terrain qu'on pouvait parcourir.

Je ne m'occupai donc de personne, et je partis à l'aventure, forcé de revenir bien souvent sur mes pas; car de toutes parts je rencontrais des endroits mous et profonds; et comme je ne me souciais pas d'être enterré tout vif, n'ayant pas la chance d'être secouru comme je l'avais été autrefois en Laponie, je choisissais mon chemin. Cette fois ma chasse fut heureuse, et j'eus lieu de me féliciter d'avoir compté sur cet exercice salutaire pour mes approvisionnements.

Ayant été arrêté par des bois impénétrables, je revins près du canot. Polycarpe s'était éveillé; la gourmandise avait produit plus d'effet que mes paroles. Il avait trouvé un grand nombre d'œufs d'une

Bords de l'Amazone.

espèce de tortue que les Indiens nomment *tracaja*. Les œufs de cette tortue, contrairement à ceux des grosses que je connaissais, ont une coque dure. J'ai cherché vainement plus tard dans le sable les amas d'œufs que ces tortues y cachent. Les Indiens étaient plus heureux; ils les reconnaissent à certaines traces imperceptibles : car je crois me souvenir que les tortues, après la ponte, cherchent à effacer leur piste; les vents et les pluies font le reste.

Je voyais à quelque distance des volées de grands

Les tortues.

oiseaux appelés ciganes, dont nous étions séparés par une petite anse. Nous avons dû nous embarquer de nouveau, et je pus abattre un de ces oiseaux, qui déjà depuis longtemps étaient le but de mon ambition. Je l'apportai triomphalement au canot.

J'étais occupé à recharger mon fusil, quand j'aperçus un caïman qui se glissait doucement entre les roseaux. Cette vue n'avait rien de bien rassurant, et tout en reculant je regardais s'il n'avait pas de camarade à terre. Une fois convenablement éloigné, je me disposais à lui envoyer une balle dans les yeux, lorsqu'un des Indiens, occupé de son côté à viser des tortues avec ses longues flèches armées d'un fer dentelé, me fit signe de regarder dans le fleuve. Je fus longtemps à distinguer l'objet désigné; enfin, à une assez grande distance, je vis un point noir, quelque chose ressemblant à une tête, et paraissant venir à nous d'une île éloignée de plus d'une lieue. Au premier moment j'eus la pensée que c'était quelque indigène qui venait visiter ses compatriotes. Cependant la grande étendue d'eau qu'il aurait eu à franchir à la nage, et l'impossibilité de nous avoir aperçus de si loin, me firent repousser cette première supposition. Mais si ce n'était pas un homme; qu'était-ce donc?... C'était un jaguar qui nageait droit sur nous. Sa belle tête était en peu de temps devenue visible. Il nous avait vus à son tour, et comme il ne pouvait retourner en arrière pour regagner le bord opposé, force lui était de prendre terre au plus près rivage.

Ne pouvant compter sur Polycarpe, occupé d'ailleurs de ses œufs de tortue, bien moins encore sur le garde et son fusil inoffensif, je profitai de la balle que j'avais glissée dans le mien pour le caïman, et j'attendis. Le cœur me battait bien fort; cette tête que je voyais alors distinctement, il fallait la toucher. J'invoquai le souvenir de mon ancienne connaissance, le brave Gérard. Au moment où j'ajustais, l'animal se tourna brusquement et se dirigea d'un autre côté. Il avait compris. Je me mis à cou-

Chasse au jaguar

rir pour me trouver directement en face de lui au moment où il poserait le pied à terre, et le tirer à bout portant. Mais dans cette manœuvre je fus arrêté net par des épines, des lianes toutes remplies de piquants. J'avais les pieds nus, il me fut impossible de gravir un petit monticule qui me séparait du lieu où le jaguar allait prendre terre.... En désespoir de cause, je tirai à la hâte, et le touchai sans doute, car il porta subitement une de ses pattes à sa tête en se grattant l'oreille comme l'aurait fait un chat. Je le perdis de vue un instant, et quand il reparut de l'autre côté du monticule, je le vis s'enfoncer dans le plus épais des bois.

Cet épisode de chasse avorté, je me promis de ne plus laisser à l'avenir mes caoutchoucs sur le sable quand je descendrais, et d'emporter mon revolver, dont le poids et les formes anguleuses me gênaient souvent, mais qui, depuis ce temps, ne m'a plus quitté.

De retour au canot, j'ai dû préparer de suite les oiseaux que j'avais tués. Celui qu'on nomme cigane est gros comme une petite poule; il est d'un beau mauve violet; sa tête est ornée d'un panache; il a le tour du bec bleu de ciel, les yeux rouge laque.

Des Indiens sont venus nous proposer à acheter une tortue; ils voulaient la vendre cinq pataques, à peu près quatre francs cinquante centimes; j'étais occupé à mes oiseaux, je n'ai pas accepté.

Cinq heures du soir (extrait de mon journal). — Je suis encore sous l'influence d'une peur bien motivée par le lieu où je suis. Nous avions touché, il y a quelques heures, dans un sitio où se trouvaient quelques individus. J'avais été faire un croquis pendant que mes hommes causaient. Nous étions déjà bien loin de ce lieu quand je me suis aperçu que j'avais perdu mes lunettes. Ce malheur était grand. Celles-ci étaient les dernières qui me restassent, et j'avais à ajouter à mes griefs contre M. Benoît celui de m'avoir cassé une demi-douzaine de verres de rechange. Quand j'en avais fait la découverte, il n'était plus temps de les remplacer. La chose avait trop d'importance pour me permettre de continuer ma route. Je fis rebrousser chemin au canot, et j'eus l'inestimable bonheur de retrouver mon trésor.

Nous avons longtemps navigué ensuite le long du rivage d'une grande île, sur laquelle il ne fallait pas songer à descendre : ce n'étaient, ainsi que je l'ai déjà dit, que d'immenses degrés de boue, sur lesquels se penchaient des arbres à moitié déracinés. Arrivés à la pointe de l'île, nous avons trouvé une grande plage, et aussitôt tout le monde s'est empressé de se jeter à l'eau et d'amarrer le canot. La chasse et la pêche ont de suite commencé, chacun de nous selon ses goûts.

Je m'étais bien promis de garder à mes pieds des caoutchoucs, pour ne plus être embarrassé comme je l'avais été au sujet du jaguar; mais je dus bien vite abandonner ce projet, car, outre qu'ils me gênaient pour courir dans le sable, ils s'échauffaient au soleil, au point de devenir insupportables.

La plage se prolongeait fort loin ; nous ne pouvions nous procurer du bois pour faire cuire notre tortue : il fallait traverser une immense flaque d'eau. On prit le parti d'embarquer et d'aller à l'aventure en côtoyant. Je restai à terre et le canot me suivit. Nous arrivâmes ainsi à l'extrémité de la dune, et nous fûmes assez heureux pour trouver un rivage élevé bien au-dessus de l'eau et des arbres en quan-

Bords du rio Madeira.

tité : c'étaient d'énormes *acajous*. Ce terrain était pierreux ; il nous fut possible de grimper jusqu'au sommet sans enfoncer. Je fis deux croquis de ces acajous, dont les racines avaient été lavées par les eaux de l'Amazone, quand il avait débordé. Ces racines, ainsi que celles du manglier, ne paraissaient tenir à la terre que par des fils.

Les Indiens firent du feu et y installèrent une grande marmite ; ils tirèrent d'abord les œufs et en emplirent chacun une grande calebasse qui leur servait tour à tour d'assiette et de verre. Ils y ajoutèrent une certaine quantité d'eau : cela forma une pâte dont ils parurent faire leurs délices; ils avaient déjà procédé de la même façon avec les œufs de tracaja, et selon les habitudes indiennes, ils n'avaient pas songé à m'en offrir. Mais j'y avais songé de mon côté, j'en avais pris une douzaine, que j'avais fait cuire sous la cendre chaude; ils m'avaient paru très-bons. Il est probable que je n'en aurais pas connu le goût si je n'avais mis également la main au tas.

On fit bouillir l'intérieur de la tortue à peu près comme un pot-au-feu, et le plastron, auquel beaucoup de chair restait attachée, fut lié à une baguette et rôti simplement. Nous avions des provisions pour plusieurs jours. Chaque homme prit sa part et la mangea comme il l'entendit. Moi, tirant la gamelle entre mes jambes, je trempai mon biscuit dans le bouillon, qui me parut délicieux. Puis vint la distribution de la cachasse, dont j'augmentai un peu la ration ordinaire pour encourager tout mon monde.

Ce n'était pas une petite besogne que d'aller chercher sur la rive droite de l'Amazone une des bouches du rio Madeira. Le garde, digne pendant de Polycarpe, n'avait encore rien fait d'utile. Mais cette fois il fallait payer de sa personne : il ne s'agissait plus de s'abandonner doucement au courant, il fallait traverser le talweg même de l'Amazone. Je donnai l'exemple et pris une pagaie; j'en mis une autre entre les mains du garde, et le canot vola sur l'eau. Quelques heures s'étaient à peine écoulées que nous entrions dans ce Madeira, fleuve

Entrée du Madeira.

si !peu connu encore et qui devait réaliser toutes nos espérances.

En ce moment je crus apercevoir quelque symptôme de mauvaise volonté parmi tous mes compagnons : la pensée d'avoir pendant longtemps à remonter un fort courant semblait leur peser beaucoup. Ce n'était plus le cas de rester des heures entières à regarder couler l'eau ; il fallait travailler et gagner son argent et sa nourriture.

En entrant dans le fleuve, au coucher du soleil, nous fûmes assaillis par les maringouins. On sait déjà quelle nuit j'avais passée sur l'Amazone, à bord du vapeur. Les Indiens, qui avaient pris la voile du canot et s'en étaient entortillés avec soin, ne purent pas plus que moi dormir une seconde. Je m'étais, malgré la chaleur, roulé dans mon manteau ; une dame m'avait donné, au Para, un filet à papillons, j'en enveloppai ma tête. Hélas ! à défaut de la tête, mes persécuteurs s'attaquaient aux pieds. Aucun moyen ne pouvant réussir, nos mains battirent en cadence jusqu'au jour, où nous devînmes la proie d'une autre espèce de bourreau. Ce nouvel ennemi était une mouche noire appelée *moutouque;* elle agit sur le corps humain comme le taon sur celui des chevaux ; elle s'aplatit et reste collée sur la blessure ; c'est en petit l'effet de la sangsue. Ainsi que la bourachoude, elle fait venir instantanément le sang à l'endroit où elle se pose. Cette mouche ne voltige pas, elle se tient cachée dans l'endroit le plus obscur qu'elle peut trouver, et de là se lance directement là où elle veut se poser, et s'enfuit de même.

A partir de mon entrée dans le Madeira, j'ai eu tous les soirs les pieds et les jambes enflés, au point de ne pouvoir supporter de chaussures.

Toutes les fois que n'étant pas couché, je m'asseyais pour dessiner ou faire n'importe quoi, j'avais les jambes plongées dans le petit espace réservé entre mon plafond et les planches sur lesquelles posaient mes bagages. Dans ces régions basses et ombreuses habitaient des hordes de moutouques et de maringouins. Quand, ne pouvant plus supporter leurs piqûres incessantes, je frappais au hasard sur mes jambes, je retirais mes mains pleines de sang. Notre canot faisant beaucoup d'eau, j'avais presque toujours les pieds immergés. Aussi ai-je passé bien des heures, quand j'étais content de mon travail, à guetter les moutouques, pour en noyer quelques-unes. Il fallait voir quel intérêt je mettais à ce nouveau genre de chasse : le cœur me battait, je ne respirais pas pendant que je tenais mes pieds hors de l'eau, et que je les y replongeais vivement quand l'ennemi s'y attendait le moins, occupé qu'il était à me dévorer. Une mort instantanée aurait été trop douce pour lui. J'en avais écrasé des myriades; j'ai voulu en noyer autant, et je crois que j'y suis parvenu.

Une grande natte recouvrait mes bagages; l'ayant soulevée un matin, je pus admirer le soin que l'affreux Polycarpe avait mis à arranger mes effets. M. Benoît n'eût pas mieux fait. Tout ce qui était fragile, entre autres une corbeille pleine de différentes parures en plumes, était presque entièrement dans l'eau; mon carton à chapeau était aplati. Mais son coffre à lui se trouvait bien garanti, ainsi que tout ce qui appartenait aux trois autres. Je fis moi-même le déménagement, je réparai le désordre le plus que je pus, et j'améliorai ainsi ma place pour la nuit.

Une fois lancé dans la voie du comfort, j'ajoutai à mon manteau et à la natte ma tente de photographe, dont je me fis pour la nuit une sorte de matelas.

Jusqu'à trois heures du matin en proie à une chaleur insupportable, je me sentais peu après couvert d'une humidité froide comme la glace. Alors je remontais bien vite ma natte sur moi, et quelquefois je parvenais à me rendormir. Mais à peine le soleil paraissait-il que les moutouques s'éveillaient et m'arrachaient bientôt au sommeil.

Ne pouvant éviter le soleil comme à bord d'un navire, où l'on se réfugie à l'intérieur, quand il incommode par trop, j'avais fait d'une grande moustiquaire verte, pliée en huit doubles, un rideau derrière lequel je m'abritais. Cela allait assez bien quand le soleil se trouvait en face de moi; mais quand il venait de l'arrière, où je n'avais pu placer de rideau, je lui opposais mon parapluie.

Je n'ai dit que deux mots, en passant, des singes que j'avais amenés avec moi. J'avais eu la précaution de les attacher de chaque côté du bateau pour qu'ils pussent boire à leur aise. Je dus, au bout de quelques jours, raccourcir leurs chaînes et les rapprocher de l'eau. Les événements du magasin de Victoria s'étaient renouvelés à mon préjudice ; il importait de les éloigner de l'endroit sous lequel je couchais. Comme je les nourrissais avec de la farine de manioc, ils grattaient mon toit pour en retirer les petites parcelles qu'ils laissaient tomber entre les mailles de la natte de palmier qui couvrait ma tente. Ils firent, chacun de leur côté, de petits trous sur lesquels ils appuyaient un œil, comme on le fait à une lorgnette. Tant qu'ils se bornèrent à m'admirer, je ne pouvais pas sérieusement me fâcher; mais à cette admiration succéda le désir de partager avec moi tout ce qu'ils voyaient, et ils commencèrent à agrandir les ouvertures, malgré quelques coups de fouet que je leur faisais administrer par Polycarpe, placé commodément pour ce service. Il n'est pas nécessaire sans doute de dire qu'il faisait ce que je demandais à ce sujet quand cela lui convenait. Je me souvins, à propos, de l'effet qu'avait produit autrefois mon bâton sur les rats occupés à manger mon toit en peau de bœuf. Ayant enveloppé ledit bâton ferré avec des chiffons pour ne pas crever ma tonnelle et faire un mal plus grand que celui causé par les singes, je le poussai avec force à l'endroit où ils grignotaient. Ils firent sans doute d'étranges grimaces, car elles firent retourner les Indiens. Il est vrai que ces grimaces étaient accompagnées de cris à rendre sourd. Après plusieurs expériences ils comprirent qu'il fallait arrêter leurs travaux de démolition. A la moindre démonstration, je n'avais qu'à passer tout doucement par un des trous une paille, un petit manche de pinceau, le moindre fétu, pour les faire fuir au bout de leur corde et souvent à moitié dans l'eau. C'était bien autre chose quand je prenais mon fusil; ils en avaient entendu avec effroi la détonation; mais quand un Indien descendu à terre m'eût rapporté l'oiseau que j'avais tué, ils se mirent à pousser des cris épouvantables. Ces singes étaient fort poltrons, mais très-doux, et excepté de légères tentatives de pillage bien vite réprimées, ils ne me donnèrent pas trop d'embarras à bord de mon canot. Plus tard ce fut autre chose, et leur arrivée en Europe me coûta beaucoup.

Un matin, après une nuit détestable, nous accostâmes sur un banc de sable, près d'une immense berge, taillée par les eaux en forme d'amphithéâtre, avec de vastes gradins très-réguliers. La plage sur laquelle nous avions débarqué était une petite presqu'île basse; on pouvait là planter ma tente sans avoir la peine de préparer le terrain. Je fis pour la première fois débarquer tout ce dont j'avais besoin, et je revis l'affreux Polycarpe faire une addition à sa grimace ordinaire en prenant de ma main chacun des objets que je tirais du canot.

J'obtins là quelques vues photographiques; mais comme tout, dans ce voyage, devait être obstacle et contrariété, ma tente, déposée un instant sur le sable, tomba sur mes produits chimiques, et si mes clichés ne furent pas perdus, ils furent tout persillés.

Tout en travaillant j'aperçus le garde Zephirino la tête sous ma tonnelle ; j'arrivai au pas de course, et à temps pour saisir au passage sa main tenant une calebasse pleine de cassonade qu'il me volait. Je ne lui dis rien ; je remis tranquillement la cassonade où il l'avait prise, et je lui rendis son vase sans avoir l'air fâché le moins du monde ; puis je retournai serrer mes objets photographiques.

Immédiatement après survint un événement qui me donna à réfléchir profondément. Mes compagnons avaient pris l'habitude, aussitôt que le canot touchait terre, de se jeter dans le fleuve, en ayant soin de ne pas s'éloigner. Je croyais que, ne sachant pas nager, ils étaient forcés de rester sur le bord. Comme j'avais deux affreux pantalons tout tachés de nitrate, que je changeais quand l'un était mouillé, je me jetai dans l'eau après mon travail, tel que je me trouvais alors, nu-pieds et avec mon pantalon, et je fis, pour montrer ma supériorité de nageur, une foule de tours usités parmi les amateurs de natation. Pendant que j'allais gagnant le large, les quatre Indiens s'étaient assis sur la berge. Tout à coup, à un mouvement de lèvres particulier à Polycarpe, je remarquai qu'il indiquait de la tête quelque chose que je ne voyais pas. Tous les yeux se tournèrent du même côté, mais pas un mouvement ne se fit dans le groupe des spectateurs ; ils restèrent immobiles. Je ne sais pourquoi un frisson me saisit ; en quelques brassées, je pris terre, et je me mis à courir, sans m'expliquer la cause de cet effroi instinctif. Arrivé près des Indiens, je compris tout. Quelques secondes de plus et je devenais la proie de plusieurs caïmans découverts et montrés par le fidèle Polycarpe à ses camarades, qui, ainsi que lui, attendaient le résultat d'une rencontre probable entre ces animaux et moi. Décidément j'avais eu raison de me livrer à l'exercice du revolver. Je me jurai de nouveau de me tenir sur mes gardes et, vivant avec des Indiens civilisés, c'est-à-dire avec des hommes sur lesquels je ne pouvais compter et dont je devais me défier, d'agir, moi aussi, en Indien. J'avais eu, en partant du Para, la bonne pensée de donner à Polycarpe une somme d'argent égale à celle de ses gages. Je voulais en faire autant pour les autres. Ce que je venais de voir, ce que je savais déjà de leur caractère, ne m'encouragea pas à persister dans mes bonnes intentions.

Le soir même de cette aventure, pendant que mes hommes faisaient du feu pour cuire du poisson, j'allai, selon ma coutume, chasser au bord de l'eau. Je tuai trois magnifiques engoulevents d'une espèce particulière, et ce ne fut pas facile, car j'étais alors enveloppé dans une nuée de moustiques blancs, qui ne piquaient pas, mais dont le bruit m'étourdissait. Je restai bien cinq minutes dans ce brouillard vivant, pareil à ces tourbillons d'éphémères qu'on prendrait pour de la neige. J'ai espéré quelque temps avoir trouvé dans mes engoulevents une espèce inconnue, mais de retour

Un bain dangereux.

en Europe, je viens d'avoir la certitude qu'ils étaient déjà décrits, quoique fort rares.

Le même soir, ayant ramené le canot au milieu du fleuve pour y passer une nuit tranquille, au milieu des bourdonnements des moustiques blancs, nous avons, pour la première fois, rencontré sur

Petit bras du Madeira.

le Madeira un canot monté par un Indien. Celui-ci a préféré un hameçon à de l'argent pour me vendre un poisson qu'il venait de tuer avec une flèche. Je n'ai rien mangé de meilleur en ma vie que ce poisson, rôti au bout d'une baguette, seule méthode qu'emploient les Indiens.

Tout en remontant le rio Madeira, j'avais fait des albums, avec ce gros papier d'emballage dont on m'avait fait présent, et comme les bois devenaient de plus en plus magnifiques, je faisais

Bords du Madeira.

pagayer d'un bord à l'autre, n'ayant que l'embarras du choix.

Je voyais, entre autres bizarreries, d'immenses escarpolettes fleuries habitées par des légions d'oiseaux, et qui avaient l'air d'être mises en mouvement par des bras invisibles. Sur des arbres énormes, des centaines de nids pendaient comme des fruits et se balançaient au moindre souffle de vent. De presque chacun de ces nids sortait une tête armée d'un bec blanc et rose : c'étaient des caciques. Il m'a été facile de m'en procurer quelques-uns. Mais quand j'ai voulu essayer de faire manger mes petits captifs, j'ai découvert sur chacun d'eux une particularité bien inattendue : ils avaient dans la chair une quantité de parasites; quelques-uns en étaient presque dévorés. Une mouche dépose dans ces nids ses œufs, toujours en grand nombre; d'une substance gluante, ils s'attachent au corps des jeunes caciques, et quand ils éclosent, la larve s'introduit sous la peau et grossit tellement que j'en ai trouvé de la capacité d'un petit haricot. Ces pauvres petits oiseaux étaient enflés sur tout le corps ; le trou qu'avait fait la larve était bouché à la partie postérieure; et il me fallait l'agrandir avec la pointe du scalpel pour les retirer.

Ce même jour et pour la première fois depuis notre entrée dans le Madeira nous vîmes, sur une petite hauteur, une case en réparation; car elle avait été brûlée en partie. J'étais toujours content de mettre pied à terre sur un terrain solide, et aussitôt le canot amarré, je pris mon fusil et je me mis à grimper. L'habitant principal de ce lieu était un individu à l'air dur et sauvage. Je lui demandai de suite s'il y avait derrière sa case un sentier pour aller dans le bois. Ma tournure ne prévenait pas en ma faveur. J'ai dit que mes pantalons étaient tachés du haut en bas par le nitrate d'argent; mon chapeau de planteur, détrempé par la pluie, frangé de déchirures, se repliait de tous côtés et me cachait en partie le visage; mes armes seules pouvaient inspirer jusqu'à un certain point la confiance, sans parler de ma chaînette d'acier, qui n'avait pas encore eu le temps de se rouiller. Je lais-

Case au rio Madeira.

sai mes Indiens causer avec ce monsieur, car c'en était un, et non un mulâtre; c'était un blanc, un vrai blanc comme moi; et, passant outre, j'allai chasser. Ma chasse ne fut pas longue; j'avais tiré un oiseau rouge, le scarlate, mais quand je voulus aller le chercher au milieu d'une forêt de broussailles, une nuée de moustiques, armés cette fois d'instruments offensifs, me força à fuir à toutes jambes. Ce n'étaient plus les moustiques blancs. Ma fuite mit tout le monde en belle humeur; je crus voir sourire les Indiens. Quant à l'homme blanc, il ne se gêna pas pour exprimer ses sentiments, et il me cria : « Adio, senhor Francese! » en éclatant de rire. J'eus le bonheur de riposter par le seul mot qui pût mettre un terme à cette hilarité : « Adio, senhor mulâtre! » et nous poussâmes au large. Le coup avait été tellement rude, que cet homme si gai descendit aussi vite que j'avais fui, et il me cria, jusqu'à ce que sa voix se perdît tout à fait dans l'éloignement : « Je ne suis pas un mulâtre, senhor Francese, pas plus que Portugais, senhor Francese; je suis Brésilien, senhor Francese! »

Nous mouillâmes la pierre, qui nous servait d'ancre, au milieu du fleuve, un peu resserré en cet endroit. Pendant la nuit un vent très-fort nous fit craindre d'être emportés, malgré cette précaution, et nous fûmes forcés d'aller nous amarrer sur un des bords, sans redouter cette fois les moustiques, toujours chassés par la plus faible brise. Les Indiens, ne pouvant résister à la tourmente, s'étaient serrés les uns contre les autres et avaient tiré sur eux la grande natte : heureusement il ne pleuvait pas. Mes pauvres singes poussaient des cris lamentables. Quant à moi, je m'étais entortillé dans mon manteau; mais dans ma tonnelle, ouverte aux deux extrémités, le vent l'enflait quelquefois comme un ballon, malgré mes efforts pour le serrer près de moi.

Je me disais en luttant de la sorte que si j'étais

assez heureux pour rapporter quelques croquis en Europe, je pourrais bien les avoir achetés un peu cher. Ces réflexions reviennent peut-être sous ma plume plus souvent que je ne le voudrais. Qu'on me les pardonne, elles n'ont pas pour but de me donner un air intéressant. Je ne cherche pas à me poser en héros; malheureusement je suis blasé sur les dangers, et c'est à peine si j'ose en parler. Seulement, il faut probablement avoir, pour entreprendre des voyages dans les glaces du pôle, ou dans les solitudes brûlantes de l'équateur, quelque organe oublié de Gall et de ses disciples : car moi aussi je pouvais peindre tout à mon aise, les pieds sur des tapis pendant l'hiver; je pouvais, comme d'autres, aller continuer à la campagne un travail inachevé, et jouir l'été de tous les agréments d'une vie indépendante. C'est donc, sans doute, cet organe inconnu qui m'a poussé à aller chercher des contrastes aussi grands que ceux que la zone équatoriale oppose à la zone arctique. On m'a engagé à raconter mon voyage parce qu'indépendamment de mes notes écrites au jour le jour, j'avais rapporté des vues peut-être intéressantes; ce n'est pas ma faute si, en disant ce qu'elles m'ont coûté de peines, de fatigues, je me vois forcé de me répéter.

Le lever du soleil fit, contre l'ordinaire, tomber le vent; on répara les avaries, on vida le canot; je fis comme les autres avec ma calebasse, et nous reprîmes le large. Toute la journée on passa devant des éboulements, présentant presque tous l'as-

Les arbres suspendus.

-pect de cirques ayant pour gradins des couches de terrains mouvants, séparées par de grands arbres déracinés, retenus par de nombreuses lianes à ceux que le fleuve n'avait pas pu emporter. J'avais fait approcher le canot d'un de ces endroits : outre mon désir de faire des croquis, j'avais la chance d'y tuer quelque oiseau ou quelque singe, que j'apercevais de loin.

Bien que les Indiens n'expriment jamais ce qu'ils pensent, j'avais cru voir que le mouvement ordonné n'était pas agréable aux miens. Polycarpe pérorait alors. Cet affreux Polycarpe prenait dans ses narrations un air si doux, qu'il me faisait oublier sa figure féroce. Il commençait à parler sur un ton ordinaire; peu à peu sa voix baissait et il me semblait entendre au loin un chant mélodieux; ce n'était plus une voix humaine; il me magnétisait! Que disait-il? Était-ce l'histoire des hommes de sa tribu, dépossédée des domaines de feuillage où ils régnaient autrefois en souverains? Parlait-il de ces joies inconnues qu'ils iront trouver dans les grands territoires de chasse? Je ne sais, mais on l'écoutait en silence; la pagaie glissait sur l'eau. Souvent lui-même s'endormait, la main appuyée sur la barre du canot; malgré moi et malgré l'antipathie que son mauvais vouloir m'inspirait, j'oubliais tout et je lui pardonnais.... Mais bientôt ce misérable se chargeait de la transition. Cette fois, par exemple, il fut réveillé par ses camarades, qui, à un détour que le canot avait franchi, avaient vu ainsi que moi une terre blanche à une grande distance. J'ai dit tout le plaisir que nous avions à aller chercher fortune sur les plages, selon nos goûts particuliers. En avançant je crus distinguer de grands oiseaux roses, que je pris d'abord pour des flamants. Je brûlais d'être à terre; plus nous approchions, plus je voyais de richesses à conquérir, entre autres un oiseau bien plus grand que les autres, perché sur une longue patte et qui avait l'air de dormir. A peine le canot eut-il touché le fond, bien qu'il fût encore éloigné du sable sec, que déjà debout, j'étais disposé à sauter quand les Indiens l'auraient amarré, selon leur usage. C'était, je crois, la seule circonstance où ils se pressassent un peu. C'était d'abord le garde qui se jetait à moitié dans l'eau, avec ou sans shako, selon la hauteur du soleil; puis les deux rameurs, pendant que Polycarpe, toujours prudent quand il s'agissait de travailler, cherchait un objet qu'il ne trouvait que quand il ne redoutait plus d'avoir à aider ses camarades.

Cette fois le garde n'avait pas quitté le canot, il regardait; les rameurs attendaient, la pagaie à la main. En me retournant, je vis Polycarpe encore assis; je lui dis : « Eh bien! nous restons là? » Il me fit une réponse évasive. Les Indiens ne bougèrent pas. L'oiseau rouge posé sur l'autre patte semblait nous avoir éventés; ces fainéants d'Indiens allaient être cause que de tout ce que je convoitais je n'emporterais rien! N'écoutant que mon impatience, j'avais déjà un pied hors du canot, quand, voyant cette immobilité à laquelle je n'étais pas accoutumé, au lieu de m'élancer, mon fusil à la main, le plus près possible du rivage, je pris une perche longue d'une quinzaine de pieds, qui nous servait de mât, je sondai le sable contre lequel nous étions appuyés. La perche s'y enfonça à plus de moitié sans toucher le fond!...

Je ne puis dire ce qui se passa en moi en comprenant le péril que je venais de courir : je fus saisi d'un tremblement nerveux qui un instant paralysa toutes mes facultés. Je tenais cette perche dans mes mains crispées, bien convaincu que mes compagnons, n'osant se défaire de moi ouvertement, profiteraient de toutes les occasions naturelles qui se présenteraient, et qu'ils avaient compté sur ces sables mouvants. Si je m'y fusse perdu, ce n'eût pas été de leur faute, mais de la mienne; ils seraient revenus à Manaos, après s'être partagé mes dépouilles.

Combien de temps dura l'espèce d'atonie dans laquelle j'étais plongé? Je ne sais; mais tout à coup, passant de l'immobilité à la fureur, je fis tomber à plomb sur chacun de mes guides une grêle de coups. Ils avaient fait de moi non plus un homme, mais un démon. J'aurais alors donné tout au monde pour les voir regimber et prendre à leur tour l'offensive, personne ne bougea, et comme Polycarpe était le plus coupable, je lui brisai sur la tête une pagaie, ce dont le misérable dut être content : il n'avait plus à s'en servir.

Après cette exécution, je me jetai sur ma natte et je fermai mes rideaux; j'armai mon revolver et j'attendis.

Mes réflexions étaient bien tristes; je cherchai dans ma mémoire ce que j'avais pu faire à ces hommes pour qu'ils me fussent aussi hostiles. Qu'avais-je fait à ce Polycarpe? Il avait été constamment mon ennemi. Je n'ai pas cru devoir m'appesantir sur les mille inconvénients qu'il a semés sous mes pas, dans la crainte de passer pour vouloir faire un pendant à Benoît. J'avais suivi le conseil de fermer les yeux sur ses défauts; j'avais tout enduré; quant aux autres, pour leur rendre le travail moins pénible, je les encourageais, je jouais avec eux, je les aidais souvent à ramer; je n'avais pas grondé le garde quand il m'avait volé; et voilà le résultat de ma bonté!

Pendant que j'étais livré à ces pensées, sans oublier certaines précautions devenues nécessaires, comme d'emplir mes poches de balles, d'en glisser dans mon fusil, d'attacher mon sabre à ma ceinture, un conseil se tenait à voix basse sur l'avant du canot, j'en connus peu après les résultats : Je le sentis qui changeait de place; chaque Indien avait pris sa pagaie; le garde avait, contrairement à ses habitudes, saisi la sienne; Polycarpe avait commandé la manœuvre à voix basse : une minute après nous étions en route.

Et voilà ces hommes dont autrefois j'avais déploré le sort, ces hommes pour lesquels j'avais tant de

Le gouffre de sable.

sympathie quand je lisais en Europe le récit des souffrances que les blancs leur ont infligées. On m'avait bien dit qu'ils étaient perfides ; depuis que je vivais côte à côte avec eux, j'avais cherché à l'oublier. J'ai été bon pour eux et ils ont voulu me perdre.... désormais ils ne trouveront en moi qu'un maître. Ma vie tient à ce rôle obligatoire.

A dater de ce moment, je ne permis plus au garde d'être à mes côtés, sur la natte; je lui fis ôter ses armes de ma tonnelle. J'avais souffert le matin qu'une tortue fût déposée dans le canot, près de moi; elle fut également transportée à l'avant. Je ne parlai plus à Polycarpe qu'en fronçant le sourcil. A l'heure de la distribution de la cachasse, je la fis comme à l'ordinaire : personne ne parla. Le lendemain, voulant dessiner, je n'eus qu'à faire un signe, et en quelques coups de pagaie j'étais, pour la première fois, exactement où j'avais le dessein d'aller ; les Indiens avaient compris. Si parfois j'eus ensuite à répéter un ordre, j'étais certain que la mauvaise volonté n'y était pour rien; l'on n'osait plus en montrer.

Une seule crainte me resta après cet événement dont je tirai si bon parti, crainte qui ne s'est jamais dissipée tant que j'ai navigué dans mon canot solitaire. Quand j'allais dans l'intérieur du bois, le cœur me battait avec violence en revenant ; mon imagination me faisait toujours voir le canot fuyant à l'horizon, et m'abandonnant dans le désert pour y être dévoré par les bêtes fauves ou pour mourir de faim.

En attendant, je profitai de mon coup d'État. Aussitôt qu'un oiseau était en vue, perché sur quelque branche, les Indiens se retournaient pour me l'indiquer, et Polycarpe dirigeait habilement le canot de ce côté, combinant avec adresse le coup de barre qu'il avait à donner pour me mettre à portée de tirer, ce que je faisais toujours assis, sans trop me déranger, mon fusil étant posé devant moi; l'Indien qui était du côté du rivage se baissait, et je tirais par-dessus sa tête. Quelquefois mon coup de fusil mettait en émoi des tribus inaperçues de singes qui nous suivaient alors en sautant de branche en branche et en faisant la grimace.

Cependant, même sur le rio Madeira, le gibier ne vient pas toujours s'offrir aux coups du chasseur; le paysage n'est pas toujours pittoresque, surtout quand les grands acajous bordent les rivages de leurs troncs lisses et blancs et de leurs larges feuilles clair-semées. Alors je me contentais de mettre de l'ordre dans mes ateliers : les scalpels étaient repassés soigneusement, les crayons taillés finement; je lavais mes glaces, et je n'oubliais pas mes armes. Ces moments-là n'étaient pas précisément perdus.

Quelquefois, après une journée brûlante, je m'asseyais sur ma tonnelle, je prenais mes deux singes sur mes genoux, ce qui pour eux était le bonheur suprême, d'autant plus que les oranges et les bananes, quand il y en avait, n'étaient pas épargnées. Je restais là bien avant dans la nuit, pendant que mes Indiens dormaient, sur la foi de la pierre qui nous tenait lieu d'ancre. Ma petite embarcation s'enlevait en noir sur le fond uni et brillant du fleuve, qui reflétait un beau ciel; aucun cri ne se faisait en-

Les singes du canot.

tendre; je pouvais penser que j'étais seul : mes singes avaient à leur tour cédé au sommeil. J'avais passé déjà bien des heures, à bord des navires, à contempler l'immensité, à regarder sans voir, ou à suivre les différentes formes que prennent les nuages poussés par le vent. Mais alors il m'était impossible de m'isoler complétement; j'avais des compagnons, j'entendais, au milieu de mes rêveries, le commandement d'un officier, le sifflet d'un contre-maître. Ici, rien; la nature était muette; ma barque semblait glisser dans l'espace.... Trouvera-t-elle un port?... En rêvant ainsi tout éveillé, je finissais toujours par m'associer au calme qui m'entourait, et je m'endormais à mon tour, pour me lever en sursaut, tout couvert de la rosée de la nuit. Je rentrais bien vite alors pour me sécher dans mon manteau en attendant le jour, le soleil et les moutouques.

C'est à travers ces alternatives que nous arrivâmes devant plusieurs sitios à l'état de culture et parsemés de cases en bon état. Nous touchions à Canoma; là était le véritable Madeira. Nous venions de remonter un de ses bras secondaires, et j'avais le projet d'en redescendre un autre, le Parana-Miri, qui complète du côté de l'Orient le delta que le rio Madeira forme à son confluent avec l'Amazone.

Arrivés en face de Canoma, nous passâmes la nuit sur l'eau, pour être prêts à descendre le lendemain de bonne heure.

Le vicaire de ce lieu pour qui j'avais une lettre était absent; mais son frère me reçut si bien que je le priai de me procurer de suite un modèle.

Dans ce petit endroit, habité seulement par le vicaire et quelques Portugais sous ses ordres, on faisait construire une église, et plusieurs Indiens à peu près sauvages avaient été requis pour ce travail.

Canoma.

Il y avait là une tribu entière de Mundurucus : hommes, femmes et enfants. Ces Indiens sont les plus estimés pour leur douceur, leur bravoure et surtout leur fidélité.

La plupart d'entre eux étaient à moitié vêtus; les femmes avaient de tout petits corsets descendant sur la gorge, et celles qui avaient des jupes les attachaient fort bas. Ces braves gens passaient la journée à travailler et à rire aux éclats avec leurs femmes, grosses et fraîches gaillardes, qui alors ne s'inquiétaient guère si leur corset ou leur jupon se dérangeait un peu. Ces Indiens-là m'auraient réconcilié avec les autres.

Je savais que les Mundurucus habitaient les bords de la Madeira; on m'avait assuré que plus haut je trouverais des Araras, tribus dangereuses et ennemies des Mundurucus. Je voulais, à tout prix, rapporter quelque souvenir palpable de ces peuplades non encore civilisées; mais les renseignements me manquaient tout à fait. Aussi, me confiant à la destinée, comme les Turcs à la fatalité, je quittai Canoma et je fis prendre de nouveau le large à mon canot.

Si mes Indiens ne réclamèrent pas, ils ne purent s'empêcher de montrer quelques signes de mécontentement quand j'ordonnai de ramer du côté de l'intérieur, d'où descend le Madeira. Plus nous remontions vers le sud, plus les arbres me paraissaient élevés. Quatre jours se passèrent sans qu'il fût possible d'aller à terre; mes provisions étaient presque épuisées, et forcé d'être constamment assis ou couché, j'attendais avec bien de l'impatience l'occasion de changer de position et de contempler autre chose que des terres mouvantes et des arbres brisés. On m'avait dit à Manaos que je trouverais sur le Madeira, depuis l'embouchure jusqu'à Ca-

Bords du rio Madeira.

noma, des provisions en quantité, et, entre autres, du gibier; et cependant nous n'avions rencontré que de rares Indiens, auxquels on avait acheté deux tortues et un poisson.

J'avais heureusement une provision de pain; mais quand fut consommée celle qui se trouvait à ma portée, et que je dus recourir à la réserve placée sous mon parquet, je fus terrifié. Les pluies m'avaient déjà détérioré des objets sans importance, en déteignant des rideaux verts, dont la couleur avait fait tache sur d'autres effets, mais cette fois

Indien mundurucu.

le dommage était bien autrement grave : tous mes biscuits étaient collés les uns contre les autres, ne formant qu'un seul morceau gluant et de couleur bleu sale. C'était le commencement de mes privations. Je passai une partie de la journée à détacher chaque biscuit et à le laver dans mon *coui*[1] plein d'eau, m'efforçant d'enlever autant que possible ce bleu, qui ajoutait au moisi naturel une apparence plus repoussante encore. Je fis sécher au soleil mes pauvres provisions. Il s'en perdit bien

Flore du bassin de l'Amazone.

un peu, car je ne pus me décider à manger ce qui était par trop pourri; cependant, comme j'ignorais ce qui m'était réservé, je n'en fis pas moins mon possible pour sauver ces malheureux restes.

1. Sorte de calebasse.

La cachasse, dont une partie m'avait été volée de nouveau, avait pu se renouveler à Canoma. Je donnais, outre la cachasse, des poignées de farine aux Indiens; ils la mêlaient avec de l'eau, et cette boisson paraissait leur être fort agréable. J'avais

Flore du bassin de l'Amazone.

augmenté leur portion, mais depuis mon coup d'État, je ne leur en donnais plus qu'une fois par jour; je commençais sérieusement à sentir la nécessité de nous mettre à la ration. En attendant mieux, je fis pousser le canot à terre pour faire une cueillette de limons et d'oranges, que j'avais aperçus au sommet d'un monticule. Ces limons me servaient à aciduler à la fois mon poisson salé et ma boisson : avec mon coui rempli de limonade légère, je me passais très-bien de boire du vin. Mais peu à peu ce régime altéra ma santé; car, si je buvais beaucoup, je ne mangeais presque pas. J'avais économisé mon fromage de Hollande; un jour il fallut l'entamer. J'ai oublié de dire qu'à Manaos on m'avait fait présent d'un cube de fromage d'une espèce particulière, et qui devait sans doute subir pour être mangé une sorte de préparation que j'ignorais, ou peut-être fallait-il un outil spécial pour l'entamer. J'avais, dans la crainte de le voir encore durcir, commencé par celui-là. Cette crainte était puérile : ce fromage était déjà passé à l'état fossile quand il entra dans la caisse aux provisions. J'essayai sur lui tous mes outils, depuis le canif et le scalpel jusqu'aux couteaux et au sabre; rien ne put l'entamer, et j'aurais sans doute pris le parti de l'abandonner comme aliment, pour le conserver comme minéral, si, par bonheur, mon sabre ne se fût trouvé d'un côté orné d'une scie. J'avais donc deux fois par jour scié mon repas, en recueillant les miettes bien précieusement dans mon chapeau.

Mais je venais de terminer le dernier morceau, et dans ma gourmandise, qui prenait quelquefois le pas sur l'économie, je me délectais à la pensée que j'allais trouver quelque chose de bon cette fois dans ce fromage de Hollande si chèrement acheté, si longtemps conservé ; et puis c'était nouveau de forme : l'artiste perçait même dans mes convoitises ; il m'était agréable de voir un rond succéder à un carré. Un beau jour donc, m'étant bien assis sous mon toit, que j'aurais pu au commencement du voyage appeler un toit de verdure, mais qui alors

Les singes des bois.

n'était plus qu'un affreux paillasson, après avoir bien assujetti mon coui plein d'eau, dans mon chapeau, à portée de ma main, j'avais placé entre mes jambes le mets désiré. Puis dessinant une petite place, avec mon couteau, sur la croûte, j'appuyai doucement dessus, comme on le fait pour enlever le couvercle d'un vol-au-vent. N'ayant pas probablement appuyé assez fort, je recommençai, et à chaque épreuve j'ajoutai un effort de plus au précédent. L'arme inutile me tomba des mains, un léger frisson me parcourut tout le corps. M'avait-on trompé? Avais-je, par mégarde, acheté l'enseigne du marchand et fait la conquête d'un fromage de bois? Cette fois, je n'allai pas essayer tous les outils tranchants; c'eût été du temps perdu inutilement : la scie, bien dirigée, fit encore son office. Ce boulet était bien un fromage, mais il avait peut-être encore plus que l'autre le sentiment de la résistance; car pour y goûter je fus forcé d'employer une vrille afin de faire un léger trou au milieu. — Une fois entré dans la place, je répandis dans le trou un peu de beurre, qui, grâce à la température, était à l'état d'huile, et je pus augmenter ensuite, à l'aide de mon couteau, l'ouverture ainsi détrempée. Cet excellent repas fut pris sous les yeux de mes deux singes, postés à une des fenêtres de leur observatoire.

IX

L'AMAZONE

LES RIVES ET LES RIVERAINS DU RIO MADEIRA

IX

L'AMAZONE.

LES RIVES ET LES RIVERAINS DU RIO MADEIRA.

Les Indiens du Bas-Madeira. — Munduracus et Araras. — Les portraits interrompus. — Le capitaine Joao. — Un jeune homme bon à marier. — Un nouveau-tour de Polycarpe. — Croyances et coutumes des Indiens. — Les devins. — Le curare et les vieilles femmes. — La sarbacane. — Retour. — Maoes.

Je commençais à trouver que le temps se passait et que les photographies ne me suffisaient pas. Les rives du fleuve étaient presque toujours inabordables. Il me fallait des Indiens, et nous ne trouvions plus personne. Les vivres diminuaient, et pas moyen de les remplacer. Enfin, un terrain solide, s'étant présenté, nous l'accostâmes.

A peine étions-nous descendus que nous entendîmes des chiens aboyer. Ils appartenaient à une *malloca*, habitation d'une tribu de Mundurucus. Cette malloca, ainsi que celles dans lesquelles je suis allé depuis, était construite comme les autres cases, mais bien plus grande. Des cloisons faites, comme les murailles, les portes et les toitures, en feuilles de palmier, y séparaient les familles. Chaque compartiment avait un foyer en pierre, des nattes, des hamacs, un mortier et un pilon pour la farine de manioc; des arcs et des flèches étaient accrochés dans les coins.

Forcé de me servir de Polycarpe et du garde, je les envoyai demander si l'on pouvait acheter quelque chose, et j'appris que c'était à peu près impossible. J'avais peint à Canoma un Indien de la tribu; je montrai cette étude à tous ceux qui étaient autour de nous. Il fallait voir les gestes que faisaient ces bonnes gens : ils regardaient derrière le papier, ils le touchaient, en répétant un mot que je ne comprenais pas. Les femmes, les jeunes filles n'osaient approcher, et quand j'allai à elles, toutes se sauvèrent.

J'accrochai mon portrait à un tronc d'arbre, et je puis dire que cette fois j'eus un grand succès, si bien que le chef de la tribu, un pauvre vieillard malade, voulut voir à son tour la merveille, et vint appuyé sur son fils. Nous nous donnâmes une poignée de main ; j'envoyai chercher une bouteille de cachasse. Le garde, chargé de l'apporter, en but un peu en chemin, mais je me gardai bien de m'en apercevoir. Il avait pris son shako et le reste de son fourniment. Il était loin de se douter qu'il me servait en se présentant ainsi devant le chef, que je crois avoir entendu qualifier de cacique.

Le vieux cacique.

J'offris de plus au vieillard deux colliers de perles bleues et un bout de tabac, pour une heure de séance. L'affaire fut conclue. On accrocha le hamac du malade à deux arbres en face de celui où brillait le portrait exposé. Il s'y assit, les jambes pendantes, et sous les yeux de tous je peignis le nouveau chef-d'œuvre au milieu d'un silence solennel. Tous les cous étaient tendus, personne, je crois, ne respirait. Au second plan se voyaient quelques jolies têtes de femmes, et au dernier, Polycarpe-Méphistophélès, faisant contraste avec ces bons Mundurucus.

Ayant ainsi gagné la confiance de ces sauvages, nous achetâmes de la farine et du poisson; je les payai avec des hameçons et du tabac.

J'avais aperçu dans les arbres du voisinage des oiseaux assez beaux, je me décidai à planter là ma tente pour cette nuit. Le sable, au bord de l'eau, était fin et sec; depuis longtemps je n'avais dormi à terre; je me sentais à mon aise chez ces pauvres sauvages. Les moustiques n'étaient pas trop incommodes; je fis seulement apporter mon manteau; j'avais mes armes. J'envoyai mes hommes finir leur journée où ils voudraient, et je m'étendis douillettement sur ce lit moelleux, contre lequel j'aurais bien voulu échanger ma natte et mon bateau.

Une vieille Indienne m'apporta un coui plein de bananes; mon régime ordinaire me rendait plus précieuse encore cette nourriture fraîche, et j'y fis honneur.

Je dormis jusqu'à minuit : la lune me donnait en plein sur le visage. En m'éveillant, il me sembla voir s'enfuir plusieurs individus. Je me levai à la hâte, et prenant le même chemin que les fuyards, je dépassai le dernier et me trouvai en présence d'une femme qui paraissait avoir grand peur, mais aucune intention hostile. La pauvre créature avait sans doute, ainsi que ses compagnes, voulu voir de près, au clair de la lune, comment était fait un homme blanc, n'osant pas le regarder en présence de ses maîtres; car la femme indienne est bien réellement l'esclave de son mari et fait le plus souvent les corvées les plus dures.

Femme et enfant mundurucus

Je retournai à mon lit de sable, et au point du jour, pendant que mes compagnons portaient dans le canot tout ce qui était nécessaire, qu'ils buvaient de l'assayi et emmagasinaient des oranges et des bananes, je me glissai dans un sentier et je tuai un de ces oiseaux qui m'avaient séduit la veille.

J'allai ensuite serrer la main du bon chef et je reprends le cours de ma navigation.

Bien des journées se sont passées à peu près comme celle que je viens de décrire. Malheureusement je ne pouvais pénétrer dans ces bois où personne n'avait posé le pied, où j'étais probablement le premier à tenter de me frayer un chemin à l'aide de mon sabre. Il m'arrivait cependant de trouver quelques éclaircies. Dans une de ces rares excursions, je manquai un serpent de vingt pieds de long et je blessai légèrement un coati, qui vécut huit jours sur mon canot. Sa mort augmenta nos provisions de bouche, qui s'en allaient avec une rapidité effrayante. Parfois j'entrais dans une habitation, je montrais le portrait des chefs, je proposais un prix en tabac ou en colliers, je choisissais une tête tatouée, et je peignais une heure ou deux.

Si la chaleur m'accablait soit dans ma tente, soit dans le canot, sans m'inquiéter des caïmans, dont je connaissais maintenant les habitudes, j'imitais les Indiens, qui restaient le plus souvent accrochés au canot. Je me familiarisai tellement avec ces dangereux nageurs, que j'en ai vu souvent, sans la moindre appréhension, à une cinquantaine de pas de l'endroit où je me baignais, se glisser doucement en pêchant dans les herbes aquatiques.

Quand le soleil était bas, je faisais pousser le canot du côté déjà enveloppé par l'ombre des grands arbres; je dessinais ce qui se déroulait sous mes yeux. Puis je m'asseyais sur mon toit, je jouais avec mes singes; je tuais tantôt un martin-pêcheur, tantôt un héron, quelquefois un singe. La nuit venue, je tirais dehors mon manteau, ma natte et ma tente, et le lendemain, après m'être réchauffé et avoir séché la rosée de la nuit, je recommençais.

Mais peu à peu ma santé s'altérait, ne mangeant

Les caïmans.

presque plus et buvant beaucoup d'eau; je me sentais quelquefois bien faible, si faible que je passai plusieurs jours sans travailler. Déjà plusieurs fois j'avais éprouvé une sorte de lassitude provenant de la monotonie de ma vie. Enfin, comme depuis la correction que j'avais si justement administrée, un seul geste suffisait pour me faire obéir, je fis entrer le canot dans un bras de rivière qui se jetait dans le Madeira.

La végétation, au bout de quelque temps, avait subi de bien grands changements. Les arbres étaient immenses ; un jour à terre je mesurai un tronc brisé : il avait en diamètre cinq fois la longueur de mon fusil. Les palmiers, que j'avais toujours vus minces et élancés, avaient pris des proportions gigantesques. De tous côtés, de grands oiseaux de proie faisaient entendre leurs cris rauques et aigus. Un aigle à tête blanche vint payer son tribut et augmenter mes richesses. J'eus beaucoup de peine à le préparer; car, l'ayant tiré au vol, il était tombé dans la rivière et avait, en se débattant, endommagé son plumage.

Sur ces bords tous les arbres formaient, comme les mangliers, les plus étranges enlacements avec leurs racines.

Cette rivière, dont je n'ai pu savoir le nom, devait, quand ses eaux étaient hautes, être fort dangereuse : tous ses bords étaient emportés et la couvraient de débris.

Nous entrâmes un jour dans un grand lac, et nous découvrîmes au loin un amas de cases. A notre approche, tous les hommes vinrent sur le bord de l'eau, et je les vis s'asseoir en nous attendant. On ne pouvait méconnaître la tribu dont ils faisaient partie. On m'avait donné à Manaos des renseignements que je n'avais pas oubliés. Je savais que les Mundurucus se peignaient la figure d'un bleu verdâtre, qu'ils se traçaient une ligne partant de l'oreille et passant sous le nez pour aller rejoindre l'autre. Ce n'était pas du tatouage, mais une entaille très-profonde, puis des dessins sur le cou,

Femme mundurucue.

la poitrine et les bras. Le bon vieux chef était ainsi. Je savais également que les Araras se contentaient de se peindre un croissant passant du menton aux deux joues et allant se perdre près des yeux.

Je reconnus de suite que nous étions chez eux,

d'autant plus facilement que celui qui me parut le chef avait, outre le croissant tatoué, des plumes dans le nez, d'autres plantées dans des trous au-dessus de la lèvre supérieure, plus une au-dessus du menton.

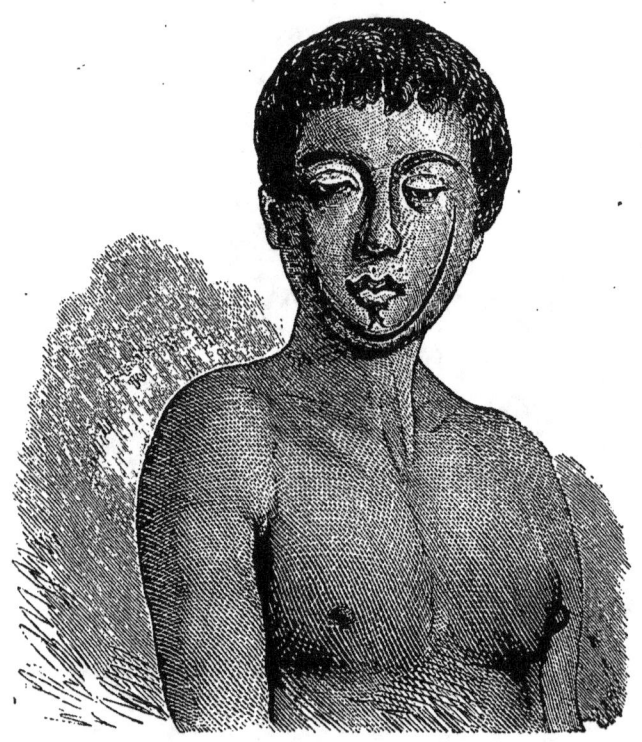

Indien arara.

Là, comme chez les Mundurucus, à l'aide du tabac et des perles, je décidai quelques Indiens à se laisser peindre, entre autres le chef.

Cependant, j'avais déjà fait une remarque, et, malgré moi, je me vis forcé d'y revenir de nouveau. Un jeune Arara, tout disposé à me servir de

Chef arara.

modèle, ne se retrouva plus quand j'eus préparé ma palette; on le chercha partout, il avait disparu. Ce fait se renouvela le lendemain. J'avais fait de grands projets, entre autres celui de peindre sur place un tableau que je terminerais plus tard. Je rêvais avec complaisance cet intermède à cette vie

Femme arara.

sur l'eau qui devenait fatigante. A terre on pourrait se procurer des fruits, des poules qu'on échangerait contre du tabac; le poisson frais ne manquerait pas; je pourrais passer dans ce lieu une quinzaine de jours, et ce temps bien employé serait plus fécond qu'un mois de navigation. Mais quand je voulus mettre mon projet à exécution, mes modèles s'enfuyaient dans les bois, et je voyais sur chaque figure un air de méfiance qui finit par éveiller la mienne. Le caractère indien m'était trop bien connu pour que j'hésitasse sur le parti à prendre. Je fis rentrer tout mon monde à bord sous un prétexte quelconque, et quand la nuit fut venue, je fis pousser au large.

Pendant que les rameurs se préparaient, j'étais resté debout sur l'arrière, mon fusil d'une main, mon revolver de l'autre.

Une heure après, tirant ma natte et mon manteau, je m'étendis dessus, tranquillement en apparence, mais le cœur bien oppressé; car au chagrin de voir avorter mes projets d'artiste, se joignit immédiatement le soupçon que cet éloignement subit des Indiens, à me servir de modèles, après s'y être prêtés d'abord volontairement, pouvait bien être le résultat des machinations de mes gens, hommes ignorants, poltrons et perfides, qui, pour me décourager ou me nuire, me représentaient aux Indiens comme un être malfaisant.

Puis, les souvenirs du bain des caïmans et du piége tendu dans le sable mouvant, brochant sur le tout, je passai du découragement à l'irritation, et ie ne songeai qu'à lutter de ruse et de dissimuation avec mes compagnons.

Quand je me laissais aller au courant, tout allait bien. Or, dans cette circonstance, où nous allions rentrer dans le Madeira, mes Indiens ignoraient si nous continuerions ou non le voyage; dans le doute, j'ai vu de mes yeux un phénomène bien inattendu : je les ai vus sourire.

Mais lorsque nous débouchâmes de la rivière, que je fis mettre le cap à l'ouest et orienter la voile, — car le vent nous favorisait pour remonter le cou-

Indien arara.

rant, — le sourire avait disparu. J'avais le cœur serré en me voyant obligé de recourir à la force chaque fois que je demandais une chose qui ne convenait pas à tout le monde. Alors je me levais, je me donnais l'air le plus féroce possible, tenant à justifier l'honneur qu'ils me faisaient de me craindre, subjugués soit par ce respect naturel que les gens de couleur ont pour les blancs, soit par la nature même de mon travail, auquel ils attachaient sans doute une influence magique (je reconnus plus tard combien la dernière supposition était fondée). Enfin, j'avais profité de leur crainte superstitieuse, et cette fois, si contrariés qu'ils fussent de remonter le fleuve, aucun d'eux n'avait bougé.

La première plage où nous abordâmes était composée d'un sable si fin, que je donnai l'ordre d'y camper, et de porter mon manteau à terre. Après avoir couru un quart d'heure, je revins avec la nuit, qui avait remplacé presque subitement le jour. Je me déshabillai complétement, m'étendis et me roulai dans le sable, laissant aux autres la liberté de s'arranger à leur guise. Je fus réveillé par leurs cris; ils avaient, pendant mon sommeil, profité d'un brillant clair de lune pour chasser aux tortues. L'un deux en avait blessé une, qui s'enfuyait, tout près de moi, du côté du fleuve, et bien plus vite que ne le font celles de nos rivières. J'avais déjà vu à Manaos comment on les arrêtait quand, par mégarde, on les laissait se remettre sur leurs pattes. Plusieurs fois la grosse Phylis m'avait donné ce spectacle sous ma fenêtre, et j'avais admiré comment elle les retournait lestement et sans paraître y mettre le moindre effort. Je ne fus pas aussi heureux : car à demi éveillé et sans doute fort maladroit, quand je me baissai pour faire cette manœuvre, je me sentis soulever et je tombai à la

La tortue.

renverse dans un sable si mou, que j'y laissai une forte empreinte de mon individu, fort humilié alors d'être vu dans une position si ridicule. L'Indien arrivait au pas de course, et, plus adroit que moi, il retourna la tortue, qui déjà était à moitié dans l'eau..

Le lendemain, dès que j'eus fait quelques clichés et pris un bain, nous continuâmes notre route, et au premier endroit propice on s'arrêta pour faire cuire la tortue.

A quelque temps de là, près d'une plage où nous nous arrêtâmes, il y avait un canot, mais personne dedans. D'où pouvait-il venir? On ne voyait nulle part trace d'habitation. Bientôt sortit d'un sentier un vieil Indien armé d'un fusil. Il avait attaché autour de son corps, en forme de baudrier, une liane à laquelle pendaient une douzaine d'oiseaux et un très-petit singe. Il parut fort surpris de nous voir dans un lieu où certainement n'affluaient pas, d'habitude, les visiteurs.

Depuis quelque temps je ne savais pas où nous étions, et comme mes Indiens n'étaient pas plus renseignés, j'avais pris mon parti là-dessus. Je fus donc bien content, je l'avoue, quand cet homme nous demanda en portugais qui nous étions et ce que nous allions chercher. Les Indiens rencontrés en dernier lieu ne connaissaient pas cette langue; ils s'entendaient dans un idiome nommé *lingoa géral*, dérivé de la vieille langue des Guaranis, et dont je ne savais pas un mot. Mon vieil Indien, décoré du nom de Joao et du titre de capitaine, avait autrefois habité un lieu nommé Abacatchi, sur un bras du Madeira; il était le chef d'une petite peuplade à quelques lieues de l'endroit où nous nous trouvions. C'était une bonne fortune sur laquelle je ne comptais presque plus.

Je le fis entrer dans mon canot, on amarra le sien à l'arrière, et je commençai mes bons rapports avec lui par l'infaillible libation de cachasse, dont il m'avoua n'avoir pas bu depuis longtemps. Il me fit espérer que nous trouverions à acheter quelques provisions dans sa tribu (notre farine et notre poisson sec étaient à peu près finis.); je devais pouvoir aussi m'y procurer du coton. Le mien était épuisé et la filasse qui me restait n'était pas assez fine pour préparer les petits oiseaux.

Il n'attendit pas que je le priasse de poser, après avoir vu mes portraits et celui du cacique qu'il connaissait; bien au contraire, il s'offrit à me prêter sa tête aussitôt que nous serions arrivés. J'acceptai, par calcul, car cette vieille tête n'avait rien de pittoresque; mais il fallait me la rendre favorable.

Je lui montrai toutes mes études et je le priai de dire d'avance aux hommes et aux femmes de sa tribu de n'attribuer ce que je faisais qu'au seul désir d'emporter dans mon pays la figure des gens que j'aimais. Je lui expliquai autant que possible les mystères de ma boîte de photographie. Il voulut toucher à tout, et je ne pus l'empêcher de mettre ses doigts sur un cliché, qu'il détruisit en partie. Je fis devant lui, tout en remontant le fleuve, le dessin d'un palmier qui penchait sur l'eau. Enfin, quand nous arrivâmes, nous étions d'autant meilleurs amis, qu'à l'exhibition des choses merveilleuses que je possédais et de ce que je savais faire, j'avais ajouté la préparation du petit singe tué par le ca-

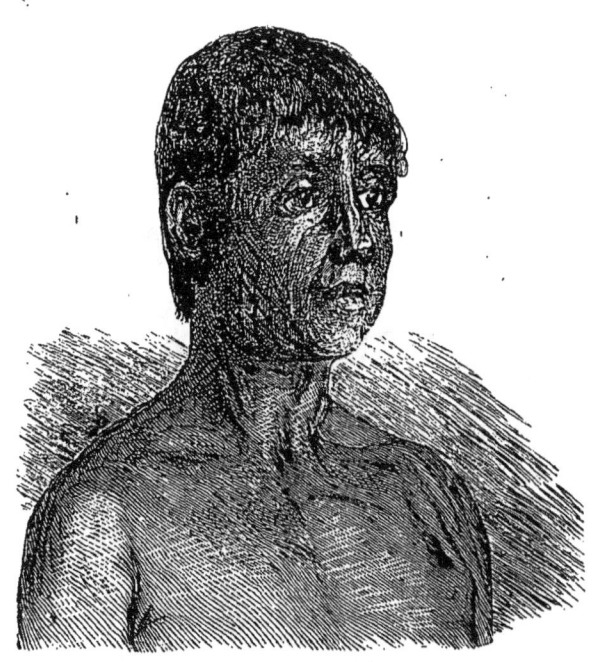

Le père de Zarari.

pitaine, en ayant toutefois bien soin d'expliquer à celui-ci le danger de toucher au savon arsenical.

Si on a bien compris le dégoût que m'avaient inspiré mes compagnons, on ne sera pas étonné du bonheur que me donna cette rencontre imprévue.

Mon nouvel ami descendit le premier de mon

canot, et je le vis s'éloigner en montant un sentier très-escarpé ; il allait prévenir sa tribu : c'étaient encore des Mundurucus. Ces braves gens ne m'inspiraient aucune crainte; toutes les fois que j'étais allé chez eux j'avais pensé ainsi.

Comme j'avais parlé au capitaine Joao de mon

L'Indien Zarari.

désir de peindre surtout des hommes tatoués, il revint avec deux Indiens qui l'étaient de fraîche date. La trace profonde qu'ils avaient au milieu du visage était encore saignante. C'étaient le père et le fils. La couleur bleue dont ils se peignent me faisait paraître leurs yeux tout rouges, c'est-à-dire plus rouges effectivement qu'ils n'étaient, je ne sais par quel procédé ; malgré cette étrangeté, ils avaient un air de douceur qui me prévint de suite en leur faveur.

Comme la nuit approchait, je ne voulus pas monter jusqu'à leur malloca ; je me sentais d'ailleurs le besoin de me réconforter avec du bouillon de tortue, qui était resté dans la panilla ; mon fromage touchait à sa fin.

Il était nuit close quand, ayant placé la marmite entre mes jambes, j'y puisai sans voir ce qui me tombait sous la main. Quelques heures après, j'eus la plus terrible indigestion que l'on puisse éprouver. Véritablement empoisonné, je souffrais non-seulement de l'estomac, qui n'avait plus la force de digérer, mais j'avais en outre la colonne vertébrale brisée comme si on m'eût infligé le supplice de la roue. Je me roulais sur le sable, car j'avais assez de la natte et du canot, et par moments il me semblait que j'allais étouffer.

Le lendemain, ne voulant et ne devant rien attendre de Polycarpe et de ses acolytes, j'acceptai l'offre du bon chef, qui fit transporter mon hamac, mon fusil et ma boîte à couleurs dans sa case, où moi-même je fus presque porté par mes deux visiteurs de la veille.

On pendit mon hamac sous des orangers, dont le feuillage me garantissait des rayons du soleil. Je pouvais voir de là mon canot, et mes gens se gorgeant comme des brutes de cette tortue qui m'avait été si funeste, à laquelle je devais ma chute et ma maladie, et qui à cette heure couvre de sa carapace un mètre du parquet de mon atelier. Au train dont ils allaient, j'étais bien sûr qu'une masse de viande, capable de les nourrir une semaine, serait dévorée en une fois, selon cet usage général qui ne permet pas aux Indiens de songer au lendemain.

D'un autre côté de ma case, j'avais la vue de la

Case de M. Biard chez le capitaine Joao.

malloca tout entière; j'éprouvais enfin au milieu de ces pauvres sauvages une tranquillité qui depuis longtemps m'avait abandonné.

Vers midi, éprouvant un peu de calme, et sentant bien à l'épuisement de mes forces que je ne pourrais pénétrer plus loin, je mis tout le courage dont je pouvais encore disposer à commencer le portrait du plus jeune de mes visiteurs; mais je ne pus le terminer; il fallut quitter la partie et me coucher à terre. On fit cercle autour de moi; chacun s'assit en silence, et ce ne fut pas sans une certaine émotion que je vis ces bonnes figures me regarder avec intérêt. Les femmes vinrent également, et, quand les enfants, plus curieux, faisaient un peu de bruit et voulaient s'approcher, elles les faisaient taire aussitôt.

C'est ainsi que je passai ma première journée. Mes hommes étaient allés se joindre aux autres Indiens, après avoir vu la fin de la tortue. J'avais, à tout hasard, prié le chef de jeter de temps en temps les yeux sur ce qui se passait du côté de mon canot.

Dans la soirée, au moment où je commençais à m'endormir, je fus réveillé par un bruit discordant et continu. Une grande lueur s'élevait au centre de la malloca. Tout malade que j'étais, la curiosité l'emporta; et me traînant comme je pus en m'étayant de mon fusil, j'arrivai pour voir un étrange spectacle, que je ne compris pas d'abord. En attendant, j'allai m'asseoir comme tout le monde.

La musique était composée de tambours et d'un instrument qui avait le son du flageolet. Tous les Indiens étaient assis en un cercle, au milieu duquel un jeune homme de dix-sept à dix-huit ans se tenait debout et était l'objet d'une attention particulière. Il n'avait rien de remarquable, sinon qu'il portait au bras droit, au lieu de manche, un *tiptip* ou étui fait en latanier, et qui peut se raccourcir ou s'allonger à volonté; les Indiens s'en servent pour pétrir la farine de manioc. Il y en a de très-grands; mais celui-ci ne l'était guère plus que le bras, et était attaché fortement à la hauteur de l'épaule.

Naturellement je fis comme tous les assistants, et, sans en connaître la cause, je me mis à regarder le héros de cette soirée, en me demandant où cela devait aboutir. Au bout d'une demi-heure, ce jeune homme, sur la figure duquel je n'avais vu aucune émotion, fut délivré de sa manche. Son bras était prodigieusement enflé, et je n'en fus pas surpris en voyant s'échapper du tiptip, où il avait séjourné une demi-heure, une grande quantité de fourmis très-grosses et de l'espèce la plus dangereuse.

On entoura le jeune martyr, on le conduisit dans une case voisine, au son de la musique, qui, passant près de moi, me permit de distinguer de quoi étaient composées ces flûtes dont le son doux et mélodieux m'avait frappé. C'étaient des os de mort; il n'y avait pas à s'y tromper; elles étaient ornées de grosses ailes de scarabées, et pendaient au cou des musiciens, attachées par des cordelettes.

Mon ami Joao m'apprit que ce jeune homme désirant se marier, venait de subir l'épreuve ordinaire. La patience qu'il venait de déployer dans la torture l'avait fait reconnaître bon pour le mariage.

Après trois jours de repos absolu, je voulus essayer de peindre une vieille femme, mais elle

Jeune homme à marier.

se sauva aussitôt que je l'eus regardée un peu attentivement.

Les deux Indiens dont j'avais commencé les portraits disparurent aussi quand je voulus les terminer. Cela m'était arrivé tant de fois, que ces disparitions me devinrent suspectes, et j'en parlai au

Joao, le vieux chef des Mundurucus.

chef. Il fit appeler les deux Indiens et la vieille, et j'appris d'eux, par l'intermédiaire de Juan, une chose à laquelle j'étais loin de m'attendre.

Polycarpe, n'osant m'attaquer ouvertement, avait, à Manaos même, commencé un système de méchanceté sourde dont j'avais éprouvé les effets sans soupçonner la cause. Quand un Indien paraissait disposé à me servir de modèle, si je ne le peignais pas de suite, Polycarpe lui disait que, dans le pays des blancs, devait sans doute exister une grande quantité d'individus sans tête, et que probablement j'étais chargé de m'en procurer le plus possible ; si bien que l'imprudent qui, pour un peu

Un nouveau tour de M. Polycarpe.

de tabac ou des colliers, se prêterait à ma demande, devait s'attendre à voir sa tête le quitter au premier jour, pour aller rejoindre le corps auquel elle était destinée.

Si je n'avais pas été forcément livré à ce mauvais drôle, je l'aurais dès ce moment traité comme je l'ai fait plus tard; mais j'avais à craindre d'être abandonné : déjà j'avais intercepté quelques paroles, échangées à ce sujet entre lui et les trois autres chenapans de mon équipage.

Le brave chef, qui, ainsi que tous ceux qui voyaient Polycarpe, l'avait pris en aversion, me conseilla de dissimuler. Je devais le ramener au Para; le président se chargerait de le punir.

Joao expliqua aux Indiens peureux qu'ils n'a-

M. Biard photographiant.

vaient rien à craindre; et pour leur donner, par un exemple, la preuve de ce qu'il leur disait, il me pria de faire son portrait devant eux.

Peu après, comme je voulais faire d'un seul coup une grande photographie, il harangua de nouveau ses sujets et leur dit tout ce qui pouvait dissiper la crainte de ces pauvres gens. J'avais fait venir mes quatre guides, et je leur ordonnai de se mêler au groupe.

Cela vint à merveille : tout le monde avait bien

posé. Polycarpe et les trois autres s'étaient arrangés de telle sorte que leurs sottes figures ne paraissaient pas. N'importe, j'avais profité d'une bonne occasion, une réaction s'était opérée, et l'histoire des têtes coupées était assoupie.

Quand, bien longtemps après, je fis le recensement de mes clichés, ce dernier se trouva malheureusement en partie effacé.

Les jours suivants j'éprouvai une rechute; décidément mes forces étaient à bout; et puisque enfin il fallait partir, je profitai du brave Joao pour avoir quelques détails sur les mœurs des Mundurucus, sachant bien qu'elles avaient déjà subi de grandes modifications. Un jour je m'étais traîné près d'une case d'où j'entendais sortir de petits cris de douleur. J'étais fort curieux de savoir ce qui s'y passait, et j'appris de Joao que la case d'où partaient ces cris contenait, dans son centre, une cage dans laquelle on avait enfermé une jeune fille venant d'entrer dans la période qui la séparait de l'enfance, et condamnée à supporter, selon l'usage, un singulier supplice : chaque membre de la tribu, après s'être enduit les doigts d'une espèce de glu, venait successivement lui arracher les cheveux brin à brin. A dater de ce moment, elle prenait place parmi les femmes.

Il me dit aussi que, parmi ceux qui n'ont point encore été instruits dans la religion catholique, — quant à lui, il avait le bonheur de l'être, — il remarquait encore avec horreur des usages que le

Jeune fille nubile.

temps n'avait pas détruits. Par exemple, ils pensent que Dieu, le soleil ou un être suprême, après avoir donné la vie, ne peut l'ôter sans iniquité. En conséquence, quand un homme meurt, ce ne peut être que par le fait d'un ennemi. La famille du défunt se rend chez celui qui joue le rôle de prêtre, de docteur, de devin (ils le nomment *playe* ou *plagé*). Il fait des exorcismes pour évoquer le Grand-Esprit, et finit par désigner, à son choix probablement, la victime qui tombera, n'importe comment, en expiation d'un décès dont elle est innocente. Mais le *playe* a parlé, il faut obéir. On peut juger de l'importance qu'un pareil homme prend dans une tribu dont chaque membre voit sa vie menacée, pour peu qu'il déplaise à ce pourvoyeur de la mort. Le chef même n'est pas exempt de la loi commune. Cette manie de venger un mort en retranchant aussi sommairement de la tribu un autre membre, m'expliquait pourquoi, sur une immense étendue de terrain, on trouvait si peu d'habitants. Joao me conta aussi que les Indiens qui habitent au delà des dernières cataractes du Madeira, adressent leur prière au soleil comme les anciens Péruviens.

La tribu avait fait, peu de jours auparavant, la provision de curare; j'étais arrivé trop tard. L'ami Joao me fit présent d'une petite panella à moitié remplie de ce poison. Voici, selon lui, comment on le prépare.

On sait déjà que dans toutes les cérémonies de ces peuples, les vieilles femmes jouent le premier rôle. J'ignore si c'est pour leur faire honneur. Je les avais vues danser devant saint Benoît ; ici elles sont chargées du soin bien plus important de fabriquer le curare ; leur vie dès lors est condamnée, elles doivent mourir.

Un jour toute la tribu s'assemble, on entasse autour d'un vaste foyer des amas de branches et de feuilles sèches ; plusieurs vieilles Indiennes doivent allumer le feu et l'entretenir pendant trois jours. Deux perches liées ensemble par le haut sont fichées en terre, et du sommet pend, accrochée à de fortes lianes, une grande panella. Quelques hommes, séparés en deux troupes, vont couper dans la forêt la liane vénéneuse dont le curare est en partie composé, et remplir à la rivière des vases qu'ils apportent solennellement, ainsi que les lianes, dans un cercle que les victimes ne peuvent plus quitter tant que dure la fabrication. Ils se jettent tous à terre en chantant à voix basse :

« Ainsi tomberont ceux qui seront frappés par nos flèches. »

Et chacun va prendre sa place dans le cercle formé le premier jour par les membres de la tribu, assez près du lieu où déjà les vieilles femmes ont jeté dans la panella l'eau, les lianes et des matières inconnues, dont Joao ne put ou ne voulut pas me dire le nom.

Le second jour le feu est plus considérable, les exhalaisons qui s'échappent de la panella font agrandir le cercle ; quand vient le troisième jour, c'est un véritable brasier.

Prière au soleil dans les forêts de l'Amazone.

Vers le soir le feu s'éteint peu à peu, les fumées vénéneuses se dissipent; l'œuvre mystérieuse est accomplie, le poison est bon, et les vieilles femmes sont mortes.

Chacun alors apporte son vase et prend une petite part, qu'il emporte soigneusement dans sa case.

Le curare, en refroidissant, devient dur et consistant. Pour s'en servir, les Indiens le chauffent doucement, et quand il est un peu ramolli, ils y trempent le bout de leurs flèches. Avant de partir, je voulus voir comment ils s'en servent à la chasse.

Nous allâmes avec Joao et le plus jeune des deux Zarari, qui avait oublié l'histoire des têtes coupées, faire une excursion dans les bois. Le jeune Indien portait une sarbacane longue de près de douze pieds et un léger carquois qui paraissait verni. Dans ce carquois était une douzaine de petits morceaux de bois très-durs, bien affilés par l'un des bouts, garnis de l'autre d'une pelote de coton. Nous suivions pas à pas un étroit sentier coupé dans la forêt, n'ayant de place que tout juste ce qu'il en fallait pour nous glisser entre les plantes qui débordaient de chaque côté. Mes guides mirent leur doigt sur leur bouche, et nous quittâmes le sentier pour aller nous asseoir ou plutôt nous coucher sous un grand arbre, dont les branches, en retombant jusqu'à terre, avaient poussé d'autres rejetons qui s'étaient replantés, formant ainsi une petite forêt où les lianes, montant et descendant de tous côtés, nous enfermaient dans des milliers de réseaux. Le jeune Indien se mit debout contre le tronc de l'arbre, en prenant le soin d'élever sa sarbacane et de l'assujettir entre les branches basses, car sa longueur démesurée eût empêché les mouvements qu'il avait à faire, s'il avait dû la tenir à bras tendu. Nous restâmes silencieux pendant une demi-heure, notre silence n'était interrompu que par de petits sifflements poussés par l'Indien, toujours immobile. Il entendit probablement quelque chose d'intéressant, car il fit un léger mouvement et nous regarda d'un air que comprit Joao. Un instant après je vis s'élancer d'un arbre voisin un joli singe tout rouge, de l'espèce *mico*; celui-ci fut suivi d'un autre, et ainsi de suite jusqu'à sept. Zarari souffla, et un des singes se porta vivement la main à la poitrine, à la tête, à la cuisse, se gratta à chacun de ces endroits, et tomba. Tous jusqu'au dernier eurent le même sort en moins de dix minutes et sans qu'un seul bruit se fût fait entendre.

De retour aux cases, j'achetai de Zarari son arme meurtrière, et je la fis amarrer sur un des bords du canot, car elle était trop longue pour être placée ailleurs. Elle figure maintenant, ainsi que son carquois, dans mon atelier, en compagnie de choses tellement disparates et si étonnées de se trouver ensemble, qu'un jour je pardonnai de bon cœur à un visiteur qui, en sortant de chez moi, dit à la personne qui me l'avait présenté :

« Tout cela est assez joli, mais n'a pas le sens commun, ce sont des ficelles d'artiste!... »

Fabrication du poison.

Hélas! ce bon monsieur ne s'est jamais douté le moins du monde du prix que *cela* m'a coûté.

J'eus bien de la peine à revenir de cette chasse à la sarbacane, et je ne pouvais maintenant me faire illusion sur l'état de ma santé. Il fallait partir; j'avais atteint cette fois les limites de mon voyage. Et en supposant que j'eusse voulu continuer, mes Indiens m'auraient probablement abandonné un jour ou l'autre. Au moment du départ, Joao me prévint qu'il avait entendu quelque chose qui l'inquiétait pour moi. Mes quatre canotiers ne se quittaient plus; ils paraissaient avoir pris une détermination, arrêté quelque complot.

Mais nous allions redescendre, j'étais sûr de leur bonne volonté; chacun brûlait de retourner où je l'avais pris. Polycarpe, dans ses récits, ne parlait que du Para; et chacun de ces hommes, en m'entendant dire que nous retournions, ne put s'empêcher d'exprimer son contentement. Ils ne furent pas longtemps à faire leurs préparatifs, et je vis cette fois que mon fusil et mon air féroce n'auraient rien à faire pour les stimuler.

Toute la tribu vint m'accompagner; j'embrassai de bien bon cœur le bon Joao et mon protégé Zarari, et de même que naguère, le jour de mon départ des bois d'Espirito-Santo, je me sentis profondément ému.

Le vent était bon pour mettre à la voile; je distribuai une double ration de cachasse, et rentrai bien vite sous ma tonnelle; puis fermant mes rideaux pour éviter le soleil, je m'endormis profondément.

Le temps changea vers le soir et nous fûmes tous mouillés jusqu'aux os par une averse qui dura une heure au moins. J'aurais reçu la pluie en plein si je n'avais eu mon parasol; l'eau entrait à flots par un large trou qu'avaient fait mes singes, sans compter une multitude de petits qui changeant mon toit en un immense arrosoir, eussent suffi seuls à inonder tout ce qui se trouvait dessous.

J'avais eu le soin de mettre mon biscuit dans une caisse d'où j'avais retiré les objets les moins casuels, ayant également fermé par prudence celle qui contenait le peu de provisions qui me restaient. Ce que je ne pouvais garantir, c'étaient les objets photographiques : la moindre humidité décollait mes châssis, ma chambre obscure. J'avais des provisions de clous, de la colle que je faisais chauffer à l'esprit-de-vin; il ne se passait presque pas de jours que je ne raccommodasse quelque chose, au grand contentement des moutouques, qui profitaient de ma préoccupation pour me dévorer les jambes et les amener à un état voisin de l'éléphantiasis, cette affreuse maladie dont j'avais vu tant d'exemples à Rio-Janeiro.

Mes Indiens étaient enchantés. Polycarpe racontait souvent, et toujours sa voix me produisait le même effet dont j'ai parlé.

Les journées suivantes furent monotones; je les passais presque toutes couché sur ma natte; la

Chasse aux singes à la sarbacane.

chaleur me tuait; ce que je buvais était incroyable. Faute de ma cassonade depuis longtemps consommée, ma limonade était bien acide; n'importe, il fallait boire.

J'avais acheté au Para quelques livres de chocolat, réservées précieusement pour le cas de disette

Mundurucus.

absolue. Quand je voulus m'en servir et que je le tirai d'une caisse dont j'avais prudemment serré la clef, il s'était changé en beurre, comme le beurre s'était changé en huile. Je fus encore astreint à un travail pareil à celui que j'avais entrepris pour le pain; car le papier qui enveloppait ce chocolat était aussi réduit en pâte.

Jusque-là le mal eût été réparable; mais après avoir remis les choses dans un état à peu près passable, avoir bien assujetti le beurre-chocolat dans un vieux coui servant à vider l'eau de notre canot, je fis la triste découverte qu'un flacon d'huile, mal bouché, avait coulé dessus, ainsi que sur mes chemises, dont heureusement je n'avais pas besoin pour le moment.

Je n'ai pu savoir combien de temps j'ai passé à la malloca de Joao et combien m'en a pris le retour. Mon état de faiblesse, la petite maladie que j'ai éprouvée ont laissé une lacune dans mon journal, et des doutes sur mon almanach. J'avais négligé de demander à Joao comment s'appelait l'endroit qu'il habitait, le nom de la rivière sur les bords de laquelle j'ai trouvé la tribu d'Araras. Il n'était plus temps de retourner sur mes pas quand cela me revint à la mémoire.

Une nuit, en cherchant à recueillir mes souvenirs, j'éprouvais une sensation de bien-être; ma santé s'améliorait; je reprenais l'énergie qui m'était si nécessaire; je calculais les heures, les jours et les étapes qui me restaient encore à traverser avant de rentrer au Para, d'où je comptais m'élancer vers le Nord, pour visiter l'Amérique septentrionale, avant de regagner l'Europe. Une fois sur cette pente j'éprouvai ce qu'éprouvent tous les voyageurs, qui loin encore de leurs foyers viennent à songer au retour.

On dit alors adieu à l'inconnu; on rentre dans

la vie ordinaire, et n'étant plus soutenu par la pensée qui pousse en avant, on voudrait être de suite arrivé. Les affections reprennent leur place.... Pour les uns les espérances se réalisent; pour le plus grand nombre elles se changent en déceptions. Pour ces derniers le proverbe sur les absents est une réalité.

Je fus arraché à mes pensées par un bruit semblable à celui du plus épouvantable ouragan. Il semblait que tous les arbres allaient être déracinés, que le tonnerre allait tomber sur nous, et cependant, en jetant les yeux autour de moi, je voyais l'eau du fleuve refléter le ciel dans toute sa limpidité ; tout dormait, et mes Indiens aussi. D'où venait donc cet étrange bruit d'orage?

Depuis l'affaire du gouffre aux sables mouvants, je ne demandais à Polycarpe que les choses de première nécessité, et par effort bien grand pour mon caractère, je ne l'interrogeai pas au sujet de ces terribles clameurs.

Elles recommencèrent la nuit suivante. Je cherchais dans mes souvenirs à quoi pouvaient ressembler ces bruits assourdissants, ces sons discordants, qui paraissaient partir du même point. J'avais, la veille, comparé cet étrange phénomène à un ouragan; mais, cette seconde fois, n'étant plus sous l'influence d'une première émotion, bien naturelle, je me rappelai avoir entendu les cris d'un porc à l'agonie. Je mis bien vite de côté la comparaison poétique d'un orage dans les bois, et j'écrivis :

« J'ai enfin trouvé à quoi ressemblent ces cris horribles dont je ne puis deviner la cause : c'est à ceux d'une douzaine de porcs égorgés simultanément. » J'eus, peu après, l'occasion de reconnaître qu'il n'y avait rien à changer à cette note. Au bout de quelques jours nous revîmes Canoma, et j'appris que ces sons, qui m'avaient tant étonné et préoccupé, étaient produits par des réunions de singes hurleurs (*alouates* ou *stentors*), auxquels la nature a placé un appendice singulier sous la mâchoire inférieure; cet organe donne à leur voix une puissance d'intonation qui, entendue au milieu des forêts solitaires du nouveau monde, effraye les voyageurs quand ils ignorent, comme je l'ignorais alors, la cause de ce tapage nocturne.

J'ai passé deux jours à Canoma, où, ainsi que je l'avais déjà fait ailleurs, j'ai payé l'hospitalité dont j'ai joui, par le don d'un portrait.

Le premier jour, en dessinant la charpente d'une case à peine commencée, et par laquelle je cherchais à étudier le procédé employé par les Indiens dans ce genre de constructions, j'ai été surpris par un orage, et il m'a fallu me réfugier dans un poulailler en feuilles de palmier et de la forme d'une cloche. S'il n'y avait pas de poules, j'y ai trouvé du moins des milliers de puces, dont les attaques m'ont forcé d'aller chercher un bain où je suis resté plongé plus d'une heure, sans crainte des caïmans.

On m'attendait pour dîner. Il y avait de la tortue, que je repoussai avec horreur ; mais je ne fis pas de même de deux aras rôtis et d'une bouteille de vin de Portugal, dont j'avais perdu le goût depuis longtemps.

Le lendemain je fis une grande promenade en suivant le bord de la rivière, qui formait un coude en cet endroit et s'enfonçait très-avant dans les terres. J'y tuai un serin à tête orange et deux

Vue du confluent d'un bras du Madeira.

tourterelles. Il y avait bien longtemps que je n'avais trouvé le moyen de marcher aussi commodément sur du sable et sous des arbres à troncs minces et lisses. Plus loin, j'entrai tout de bon dans des bois vierges bien différents de tous ceux que j'avais vus. Ici ce n'était plus cette végétation parasite montant de la base au sommet des arbres et retombant en cascades ou en rideaux impossibles à franchir, c'était ce que j'avais entendu conter sur les forêts de l'Amérique du Nord : des arbres immenses, mais dépourvus de feuilles, excepté au sommet, où une épaisse couche de verdure interceptait complétement les rayons du soleil, et privait de lumière et de vie la végétation inférieure. Le sol était humide et couvert de feuilles sèches; de loin en loin de grosses lianes nues ressemblant à des chaînes tombaient perpendiculairement. Là point d'oiseaux, plus de cris, un silence absolu; parmi ces colonnes vivantes qui semblaient supporter une voûte, j'aurais pu me croire dans une église. Pas de moustiques, aucun mouvement dans les feuilles, pas de serpents.

Après avoir parcouru, sans obstacles, une assez grande étendue de terrain, je me sentis comme étouffé : l'air lourd que je respirais, la monotonie de ces troncs, presque tous pareils, et surtout ce silence qui n'était troublé que par le bruit de mes pas sur les feuilles sèches, m'inspirèrent un sentiment d'effroi involontaire, et j'eus beaucoup de peine à trouver une issue pour sortir de ces tristes solitudes.

Nous partîmes à la tombée de la nuit; et le lendemain je commençai ma journée par tuer un grand martin-pêcheur et un héron. Leur préparation était un intermède utile à mes travaux ou à mes ennuis; j'en avais pour quelques heures, et il y avait double avantage pour moi : pendant que les moutouques s'attaquaient à la chair crue des oiseaux, elles épargnaient mes jambes.

Vue d'Abacatchi.

Ce travail achevé, je passai de nouveau aux croquis des deux rives du Parana-Miri, ou bras du Madeira, que nous descendions alors ; rives toujours intéressantes de forme, grâce aux éboulements, qui quelquefois ressemblent à de véritables chaos.

Quelques jours après nous touchions à Abacatchi, établissement nouvellement formé sur la même branche du Madeira. Ne me souciant pas d'aller remettre deux lettres qu'on m'avait données pour un certain Rodriguez, habitant de ce lieu, je restai dans mon canot, d'où j'avais fait descendre la voile pour servir de tente aux Indiens ; ils dînèrent dessous, et je fis un croquis de ce petit groupe, ainsi que d'un tronc d'arbre fort bizarre dont les racines étaient dans l'eau.

On poussa au large pour la nuit ; le lendemain je montai sur une élévation où se trouvaient les cases. Je vis de loin un individu qui ne me plut nullement : c'était l'homme aux lettres. Comme je n'avais rien à lui demander, que son air était fort disgracieux, que le pays, tout couvert de plantes épineuses, laissait peu de place pour la promenade, et qu'enfin les indigènes avaient un air de saleté repoussante, je fis présent à mes Indiens, pour allumer leurs cigarettes, des deux lettres de recommandation, et nous continuâmes notre navigation dans le Parana-Miri.

Dans la journée, des aboiements nous firent connaître qu'une habitation était proche. Nous accostâmes de ce côté.

Je montai le long d'un terrain rocailleux et fort glissant, au sommet duquel était une plantation de citronniers. Sous ces beaux arbres, contrairement à l'usage du pays, qui place les habitations dans des lieux découverts, une case était abritée.

M. Biard pose d'après une photographie.

Là étaient plusieurs femmes, qui, par extraordinaire, ne s'enfuirent pas quand je parus devant elles avec mes pantalons tachés, mon vieux chapeau, ma longue barbe et mon fusil. Déjà probablement quelques marchands portugais s'étaient aventurés jusqu'à Canoma. Notre canot s'était croisé la veille avec deux autres chargés de piraroco, denrée que ces gens viennent acheter à bon marché dans le voisinage des grands lacs, et qu'ils transportent sur l'Amazone jusqu'au Para, soit par les bateaux à vapeur, soit dans leurs canots, si ceux-ci sont assez forts pour résister aux lames de la baie de Marajo.

Les femmes, qui étaient seules dans leur case, m'y laissèrent entrer, et j'allai m'asseoir sur un hamac en attendant le garde, qui, tout mauvais serviteur qu'il fût, valait mieux que Polycarpe. Grâce à son baragouin, moitié portugais, moitié *lingoa geral*, et grâce aussi à l'offre de beaux colliers bleus et rouges que j'avais dans mes poches, je les déterminai à se laisser peindre.

Je fis d'abord une étude de l'une d'elles, jeune femme assez jolie, malgré son tatouage; elle n'avait pour tout vêtement qu'un morceau de natte formant jupon. Quand j'eus terminé son portrait, je remis celui de sa compagne au lendemain, et j'allai faire installer ma tente, comptant me reposer plusieurs jours en ce lieu.

Le maître parut au moment où je terminais mes arrangements. Je lui offris du tabac, qui, en cette occasion comme dans toutes celles où je l'avais employé, me fit accueillir parfaitement; si bien que non-seulement ma chambre noire braquée sur la case de cet homme ne l'offusqua pas; mais que, m'ayant vu poser moi-même, il alla se placer à quelques pas de moi, et il poussa des cris d'admiration quand il se reconnut dans le cliché tout aussi ressemblant que je l'étais moi-même.

Si je me servais de modèle à moi-même, c'est que j'avais besoin pour mes travaux d'un point de comparaison, d'une échelle de proportion, qu'une figure seule pouvait me donner, et que jamais ce monstre de Polycarpe, pas plus que les trois autres, effrayés par lui, n'avait voulu rester un instant immobile devant l'instrument. Il voulait bien consentir à ouvrir et fermer la lunette quand je toussais pour l'avertir; mais c'était tout. Décidément M. Benoît était d'un service plus agréable.

Je pénétrai assez loin dans les bois de cette localité, bois auxquels je trouvai de grandes analogies avec mes forêts du Sangouassou : les masses d'orchidées pareilles à celles que j'avais tant admirées autrefois, les temples, les grottes de verdure, les arbres géants, tout s'y retrouvait. Je pouvais marcher sans le secours du sabre, le sentier était fréquenté. Je fis une provision de belles feuilles de formes bizarres, ayant avec la santé repris tous mes goûts et toutes mes études. On sait depuis longtemps ma passion pour la nature vierge : je pouvais ici la satisfaire et oublier les heures où la vue d'inaccessibles rivages m'avait fait éprouver dans mon canot le supplice de Tentale.

Chaque soir je faisais pousser au large, pour dormir à l'abri des moustiques et sous le souffle d'air qui descendait de l'intérieur des terres avec le courant. Une nuit que j'étais étendu sur ma natte,

M. Biard se photographiant à Abacatchi.

jouissant de cette fraîcheur, je reçus un coup violent sur la joue, et au même instant une grande chauve-souris de l'espèce nommée vampire plana au-dessus de moi. Un peu après les singes hurleurs élevèrent la voix; de loin en loin leur répondaient d'énormes crapauds, pendant que le fleuve,

Plantes recueillies à Abacatchi.

resserré alors entre ses deux rives, ne reflétait que l'ombre des arbres centenaires.

Quand je voulus m'éloigner d'Abacatchi je n'eus pas besoin de donner deux fois à mes hommes le signal du départ : le fleuve descendait, les pagaies reposaient, Polycarpe contait, et, au bout d'une heure, tout le monde dormait.

Quand vint le matin, les Indiens montrèrent des signes d'inquiétude ; ils regardaient de tous côtés ; il s'établit un conseil auquel j'étais étranger, et comme ils avaient arrêté le canot, je voulus savoir pourquoi.... Ils avaient compté que nous arriverions de bonne heure à Maoes, le premier endroit un peu important que nous devions retrouver sur notre route. Pendant que tout le monde dormait, un courant rapide avait entraîné le canot, et nous avions de beaucoup dépassé ce que nous cherchions. Je n'eus pas besoin cette fois de me fâcher pour les décider à remonter ; car Maoes était un but pour tous. C'était, à ce que l'on m'avait dit, une petite ville dans le genre de celles qu'on trouve sur l'Amazone. On pouvait y faire des provisions.

Nous perdîmes douze heures pour réparer une erreur de quelques lieues. Il fut impossible de remonter au milieu du fleuve, le courant s'y opposait ; nous touchions presque la terre. Le garde prit une pagaie pour aider un peu ; quant à Polycarpe, il était toujours à la barre ; ce service inutile le dispensait d'un autre.

Arrivés dans un endroit où de très-grosses racines s'étendaient fort loin, nous remarquâmes un grand poisson pris entre une de ces racines et la terre. Nous agitâmes assez longtemps la question s'il était mort ou vivant ; il ne faisait aucun mouvement, et l'un des Indiens, affirmant qu'il était mort, écarta la racine avec sa pagaie. Hélas ! le poisson était bien vivant, car, d'un coup de nageoire, il fit

Visite au lieutenant-colonel de la garde nationale à Maoes.

jaillir une masse d'eau, et disparut, à notre grand désappointement : le dîner de plusieurs jours nous échappait....

Enfin nous arrivâmes devant Maoes. Je restai dans mon canot en attendant le retour du garde Zephirino, qui avait endossé les parties saillantes du costume officiel. Un homme placé sur un canot attaché près du mien, et auquel il demanda des renseignements, lui dit que dans la ville habitait le lieutenant-colonel de la garde nationale.

Je ne savais pas, en quittant Manaos, passer par Maoes, et je n'avais pas de lettre de recommandation. Mais le garde, par amour-propre, sans doute, m'ayant présenté comme un personnage, un ami du colonel même et, bien plus, du président, le lieutenant-colonel me fit dire qu'étant un peu souffrant, il ne pouvait sortir, mais qu'il m'attendait et me recevrait avec plaisir.

Je fis bien vite un bout de toilette : pantalon et habit, blancs cette fois ; malheureusement la chemise portait des traces de la moustiquaire, le devant était moitié bleu. Ce qui me coûta beaucoup, ce fut de chausser mes bottines : depuis plusieurs mois j'avais constamment les pieds nus et enflés. Enfin, je me présentai le plus décemment possible, précédé de mon garde, et sur mon chemin je fus plusieurs fois salué du titre flatteur d'Excellence.

Je fus reçu par un homme encore jeune, et un instant après par un de ses amis, tous deux parlant ou plutôt comprenant le français. Accablé de politesses, je fus retenu à dîner, et, aussitôt que j'eus dit ce que j'étais venu faire, on se hâta d'arranger une partie pour le lendemain.

Depuis peu de temps une tribu sauvage de Maoes (ils portent le même nom que la ville) s'était établie sur les bords de la rivière. On me donna un garde pour me protéger, et de plus on fit appeler un vieux Maoes civilisé, qui était capitaine dans la garde nationale. Il devait partir pour la malloca dans la nuit, et prévenir les Indiens de mon arrivée, afin que je n'eusse pas à attendre; car j'étais de nouveau souffrant, et je ne voulais passer là que quarante-huit heures ; il devait surtout leur dire que j'étais envoyé par le colonel.

En attendant la nuit, je me mis à courir le pays. Maoes, comme toutes les petites villes de l'Amazone, se compose d'un amas de cases sans régularité. Le colonel habitait dans une grande rue où plusieurs maisons pareilles à la sienne s'élevaient plus haut que les cases, et, de même qu'à Santarem, Serpa, Villabella, étaient enduites à la chaux et quelquefois peintes en jaune ou en rouge, bien que souvent elles n'eussent pour toiture que des feuilles de palmier.

Le colonel me conduisit près d'un tir à l'arc, où je vis de très-jeunes enfants toucher souvent le but sans avoir l'air de regarder.

Une grande plaine de sable blanc m'empêcha d'accepter l'offre qui me fut faite de dormir dans la maison. J'étais donc étendu douillettement au clair de la lune, quand j'entendis parler près de moi. Un

Musique à la lune.

grand coquin de nègre était venu se mêler avec mes gens; ils se passaient de main en main une bouteille de cachasse, et mon garde, au lieu de mettre de l'ordre, comme sa consigne l'exigeait, s'enivrait comme les autres.

Quand la cachasse fut finie, le nègre alla détacher une montarie, tous les ivrognes s'embarquèrent, et je les perdis de vue.

Le lendemain je laissai le garde Zephirino libre de courir où bon lui semblait, puisque j'en avais un autre qui connaissait la localité, et nous partîmes, faisant peu de chemin : les rameurs se ressentaient de la débauche de la nuit. Aussi, au lieu d'arriver dans le jour, comme cela aurait dû être si tout se fût passé dans l'ordre, nous n'atteignîmes que bien avant dans la soirée le but de notre course. La lune paraissait à peine, et j'eus beaucoup de difficulté à gravir le talus fort rapide de la berge; s'il y avait un sentier taillé, je ne pouvais le voir, non plus que le garde, à cause de l'obscurité.

Si mes yeux ne pouvaient alors me servir, il n'en était pas de même de mes oreilles. Depuis une demi-heure le plus étrange bruit se faisait entendre; à mesure que j'approchais, il devenait étourdissant.

Arrivé au sommet, le garde s'arrêta ainsi que moi. Nous avions sous les yeux le spectacle le plus inattendu. Toute la petite tribu, dans une bonne intention, donnait un charivari à la lune pour l'éveiller : car une éclipse l'avait cachée à tous les regards. J'ai su depuis que les Indiens se trompaient souvent en prenant ces immenses nuages noirs et immobiles, si fréquents sous l'équateur, pour des éclipses. Plusieurs musiciens frappaient avec une pierre contre un grand plat de fer destiné à cuire la farine de manioc; pour en obtenir un beau son on l'avait suspendu à un arbre. Les enfants s'escrimaient avec des sifflets en os; d'autres soufflaient dans de grands bâtons creux, immenses porte-voix avec lesquels on appelle les ennemis au combat; le reste de la troupe frappait à tour de bras sur des tambours formés d'un tronc d'arbre et recouverts d'une peau de bœuf ou de tapir.

La lune, en se montrant tout entière, fit taire tout ce monde; chacun rentra chez soi. Mais déjà mon temps avait été mis à profit : j'avais un croquis de la cérémonie. Puis, comme je n'avais rien à faire la nuit et que j'y voyais alors aussi clair qu'en plein jour, je redescendis dans mon canot plus facilement que je n'étais monté.

Le lendemain je revins près de la malloca; Polycarpe portait mon sac et moi mon fusil. Le capitaine de la garde nationale avait tenu parole; on ne fit pas la moindre objection à mon désir d'en peindre les habitants; et là, comme ailleurs, mon travail, dont les spectateurs voyaient le commencement et la fin, fut l'objet d'un enthousiasme général. J'achetai un de ces grands bâtons creux dont j'ai parlé, et je pris congé de la tribu, encore un peu souffrant, me promettant tout de bon de cesser de travailler.

En rentrant à Maoes je fis porter mon hamac

chez le colonel, et fort heureusement, car un orage épouvantable fondit sur la ville; des torrents de pluie remplirent les rues, envahirent les maisons, et rendirent impossible toute communication avec mon canot.

Le lendemain je trouvai Polycarpe couché sous ma tonnelle; le garde avait cherché un gîte quelque part; les rameurs avaient dû en faire autant. Polycarpe, éveillé, ignorait, disait-il, où était tout le monde, et probablement j'aurais attendu longtemps si un Indien Maoes ne fût venu chercher sa montarie, attachée la veille près de mon embarcation. La plage de sable s'étendait fort loin et en ligne presque droite; le pauvre homme ne voyait plus sa pirogue et se désolait. Les réponses embrouillées que fit Polycarpe à ses questions me donnèrent des soupçons. Je n'eus bientôt plus de doute; mes deux hommes avaient, de complicité avec ce drôle et le garde, fait le complot de s'enfuir; ils avaient volé un Indien d'une autre tribu et s'étaient sauvés avec sa montarie. Je pouvais d'autant moins en douter que peu de temps auparavant l'un d'eux m'avait demandé de l'argent à compte sur ce que je lui devais; mais, comme j'étais prévenu, j'avais remis la requête à un autre jour.

Pendant que j'étais à réfléchir sur ce que j'allais faire, car cette fuite me mettait dans un cruel embarras, le garde arriva. J'avais dissimulé, par nécessité, depuis longtemps; mais comme cet homme ne m'était utile à rien, je fis tomber ma colère sur lui, et jetant hors du canot tous les objets qui lui appartenaient, je les fis porter dans la maison du colonel, chez qui je me rendis de suite. Quand il eut appris la fuite de mes Indiens, il ne parut pas étonné le moins du monde.

« Ces gens-là, me dit-il, ne respectent rien, aussitôt qu'il leur prend fantaisie de s'en aller; chaque jour des gens du pays qui se servent d'eux sont également abandonnés. Ce sont des brutes dont on n'a jamais pu rien faire et qui ne feront jamais rien. »

Plusieurs personnes vinrent faire chorus; chacun avait une histoire à raconter, et toutes dans le même sens.

J'admire autant que personne le sentiment de l'indépendance, mais quand il s'allie au respect pour les droits d'autrui et les engagements contractés. Or, cette manière de voir me paraît tout à fait étrangère aux Indiens dits civilisés. J'aimais bien mieux un petit anthropophage qui nous servait à table, et dont je fis le portrait avec celui d'une femme, comme lui amenée à Maoes, quelque temps avant mon arrivée, par un officier chargé d'une mission moitié militaire, moitié commerciale.

Ce petit garçon était depuis peu de jours dans la maison, quand il disparut sans qu'on pût deviner où il était caché. En furetant partout, on vit un peu de fumée sortir par les interstices d'un hangar tout au fond d'une cour, et l'on arriva à temps pour empêcher ce jeune innocent d'égorger avec un couteau une petite fille de deux à trois ans, dont il s'apprêtait à faire des grillades, sans se douter de l'atrocité de son action. Quand je le vis, on n'avait encore pu lui faire perdre l'habitude de manger de

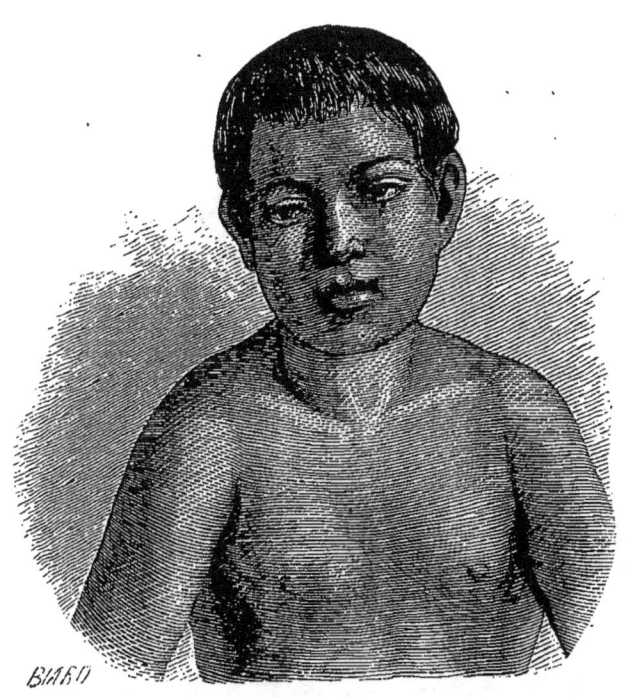

Mundurucu civilisé.

la terre ; ce qu'il faisait tous les jours, à la suite d'une correction que lui avait value son repas prémédité.

Quant à la femme, on n'avait rien eu à lui reprocher du côté de ses anciennes habitudes, et elle était d'une grande douceur, en dépit de ses grands yeux sauvages, dont la prunelle était si petite qu'ils semblaient presque blancs, quand ils n'étaient pas injectés de rouge.

Le colonel, à qui j'avais raconté tous les méfaits du garde, le fit conduire dans un poste, où il devait rester prisonnier jusqu'au moment où on trouverait

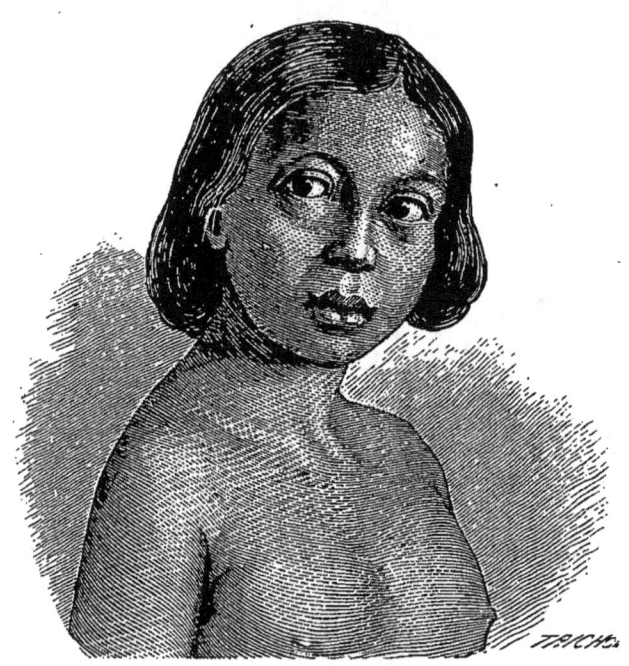

Indienne anthropophage.

l'occasion de le renvoyer à Manaos, où l'on se chargeait de le recommander. De mon côté j'écrivis dans ce sens, car si ce drôle eût contenu Polycarpe, les rameurs, et les eût surveillés, comme c'était son devoir, aucun des inconvénients que j'ai rappelés ne me serait arrivé.

Je n'en étais pas moins embarrassé, vu la presque impossibilité de me procurer des rameurs pour conduire mon canot. Le colonel fit demander de tous côtés deux hommes. Le premier jour il ne se présenta personne. Il s'agissait d'aller assez loin,

Rameurs sauvages et stupides.

à Villabella, sur l'Amazone, d'où les occasions de retour se présentent rarement.

Enfin, par bonheur, il arriva un grand canot monté par huit Maoes et sur lequel se trouvait le chef de police de Villabella, pour lequel j'avais une lettre, ainsi que pour tous les personnages importants des petites villes de l'Amazone. Il devait repartir dans une semaine, et il eut la complaisance de me prêter trois de ses hommes, à qui on fit bien la leçon, dans je ne sais quelle langue, car ils n'entendaient pas un mot de portugais. Ils écoutèrent en silence, sans répondre; et, pour profiter de cette bonne fortune inattendue et ne pas laisser la cachasse faire son œuvre, je ne les perdis pas de vue un seul instant.

J'ai oublié de dire que le colonel tenait une boutique, où je pus me procurer un flacon de vin de Porto, deux poules et une tortue. De plus, il m'offrit une coiffure indigène en plumes, et quand je voulus payer, son ami le docteur s'y opposa, en me disant que ce serait lui faire une injure. Comme j'avais emballé tout mon attirail de peinture, je ne pus même, cette fois, payer à ma manière l'hospitalité et les présents que j'avais reçus.

On me fit partir au plus vite, dans la crainte que je ne me trouvasse sans rameurs : on ne se fiait pas plus à ceux-là qu'aux autres. J'embrassai en partant le bon colonel et son ami le docteur, comme on le fait au théâtre, en nous pressant dans les bras l'un de l'autre et en détournant la tête. C'est la coutume au Brésil de s'embrasser ainsi.

Quelques minutes après, je me retrouvais sur l'eau, soulagé par l'absence du garde et des deux fugitifs. Mes nouveaux serviteurs avaient un air de douceur qui me convenait beaucoup; c'étaient le père, le fils et probablement un parent. J'espérais que je n'aurais pas à me plaindre d'eux. Effectivement, tout le temps qu'ils ont passé avec moi, je n'ai pas eu un seul reproche à leur adresser. Ils étaient, il est vrai, bien stupides; mais que me faisait l'apparence, s'ils maniaient bien la pagaie?

X

RETOUR

DU RIO MADEIRA AUX ÉTATS-UNIS

X

RETOUR.

DU RIO MADEIRA AUX TATS-UNIS.

Navigation. — Un réveil dans l'eau. — Une blanche un peu brune. — Une partie de pêche. — Rentrée dans l'Amazone. — Villabella. — Les amateurs de peinture. — Le bon Miguel. — Accès de colère. — Fuite de Polycarpe. — La Fréguezia. — Un serpent monstre. — Tempête. — Coup de soleil et ses suites. — Maladie. — Santarem. — Obidos. — Para. — Épilogue.

La nuit vint une heure après notre départ; je n'eus besoin que d'un signe pour faire comprendre qu'il fallait aller au milieu du fleuve, très-large au-dessous de Maoes, et filer notre câble avec la pierre. J'avais distribué la ration de cachasse; tout alla bien, d'autant mieux qu'avec ces pauvres sauvages le ministère de l'affreux Polycarpe était inutile.

J'aurais été à peu près satisfait si ma faiblesse, en paralysant mes mouvements, ne m'eût inspiré par moments des tristesses passagères que je m'efforçais de repousser.

Les carapanas, qui m'avaient donné un peu de relâche, avaient reparu en nuées, au-dessus de Maoes, et il fallait bien se garder d'aller près de terre. Cela me contrariait d'autant plus que je ne pouvais dessiner aucun détail des paysages qui filaient sous mes yeux avec une rapidité désespérante, le courant ne permettant pas d'arrêter le canot, malgré les efforts de mes pauvres et lourds Maoes.

Une nuit je m'étais étendu sur les bagages, accablé de lassitude; mon intention n'était pas de dormir, car je n'avais pas retiré ma natte, ni ma tente, ni mon manteau. Peu à peu je m'étais endormi.... je me réveillai en plongeant dans le fleuve.

J'avoue que de ma vie rien d'aussi désagréable ne m'était arrivé, depuis qu'à bord d'une corvette, ayant vu un homme emporté à la mer par un coup de vent, j'eus le cauchemar la nuit suivante, et me réveillai la tête en bas et les pieds en l'air. On avait mal accroché mon cadre. Je crus que tout se brisait, et me précipitant, m'accrochant de tous côtés, étourdi de ma chute, je montai sur le pont, où tout était calme. L'officier de quart fredonnait; il me crut fou, et je rentrai bien vite dans ma cabine réparer la faute de mon domestique.

Chute dans l'eau.

Mais, cette fois, au cri que je poussai en revenant sur l'eau, les Indiens arrêtèrent le canot et me tendirent la main; Polycarpe dormait ou feignait de dormir.

Ce petit accident, qui n'eut pas de suites, me tint pourtant éveillé le reste de la nuit. Quand, après avoir fait mon lit convenablement et avoir changé de pantalon, je pus m'étendre à mon aise, sans risque d'un autre bain, j'entendis de nouveau les alouates dans le lointain, puis des crapauds; mais d'autres cris leur répondaient : c'était encore le saci! Je ne suis pas superstitieux, heureusement : car avec mes faiblesses, mon bain forcé, l'isolement, l'étrangeté de la vie que je menais, les gens avec lesquels je me trouvais, et enfin ce cri strident de l'oiseau que j'appelais fantôme, j'aurais pu être impressionné péniblement. Il est bien vrai que l'habitude est une seconde nature, car le sentiment qui alors dominait en moi était celui du regret de ne pouvoir ajouter à mes collections cet oiseau diabolique, après lequel j'avais couru toujours infructueusement.

Le lendemain nous montâmes dans un défrichement déjà planté en cacao et en manioc. Plusieurs bananiers portaient des régimes, que je me promis bien d'acheter et surtout de conserver; car les fuyards en avaient laissé perdre un magnifique, pourri par l'eau du fleuve.

Une femme d'origine portugaise, mais tout aussi noire qu'une Indienne, vint à ma rencontre. Je la saluai profondément en lui disant : *Minna Branca*

(Ma Blanche). Les bananes avaient fait de moi un vil flatteur, rôle qui réussit toujours. Je fis l'emplette d'une poule bien maigre, que l'on me fit cuire immédiatement au sommet d'une perche; et comme je jouissais cette fois de quelques litres de vin, j'allai déjeuner sous mon toit et reprendre des forces, dont j'avais bien besoin.

Je passai une partie de la journée seul dans le canot; mes trois Maoes étaient restés dans la case. J'avais donné du tabac à tout le monde, et je consacrai le reste de la journée au repos, attendant le soir pour chasser, bien décidé à ne plus bouger jusque-là. Mais je changeai de résolution à la vue de quelques Indiennes, qui parurent sur la petite colline où était située l'habitation; elles tenaient chacune un de ces grands paniers plats avec lesquels elles vont à la pêche. Je les suivis sans leur causer ni étonnement ni frayeur. Elles entrèrent dans le bois, et au bout d'une demi-heure nous arrivions dans une grande prairie dont le soleil avait fait un véritable paillasson. De tous côtés s'étalaient de vieilles souches, des feuilles sèches et enfin de petites flaques d'eau, dans lesquelles ces femmes entrèrent. Deux d'entre elles tenaient leur panier perpendiculairement, et les autres battaient l'eau en se dirigeant du côté du panier. Elles prirent ainsi plusieurs poissons assez gros et beaucoup de petits.

Quand elles eurent fait le tour de ce lieu découvert et visité plusieurs mares, elles tinrent conseil pour savoir si elles entreraient ou non dans la plus grande, et je m'étonnais qu'elles n'eussent pas commencé par là, car j'y voyais parfaitement de très-gros poissons. Enfin elles prirent leur parti, et je compris alors leur hésitation : dans certains endroits l'eau passait au-dessus de leur tête et les for-

Case au rio Madeira.

çait à nager; il y avait là aussi une grande quantité de plantes aquatiques et beaucoup de boue, car en un instant l'eau cessa d'être transparente.

La pêche cependant s'annonçait bien; déjà on avait vidé plusieurs fois les paniers, dans lesquels s'étaient pris de gros crabes, quand tout à coup une des femmes poussa un cri, bientôt répété par une autre, et puis par toute la bande, malgré le décorum indigène, qui ne permet pas plus à une femme indienne, qu'à un homme, d'exprimer ses sensations. Chacun de ces cris était accompagné d'une grimace. Enfin, n'y pouvant plus tenir, elles sortirent de l'eau très-précipitamment et couvertes de sangsues des pieds à la tête. Je crus devoir les aider à s'en débarrasser : mes aventures avec les fourmis m'ayant rendu compatissant.

Nous rentrâmes à la case, au milieu d'interminables éclats de rire, malgré le sang qui coulait de toutes parts; j'achetai quelques poissons, et, comme la nuit approchait, je pris congé de mes compagnes de pêche et de leur patronne blanche.

J'étais fort embarrassé, en m'embarquant de nouveau, pour savoir le nom de la rivière sur laquelle nous naviguions; nous avions si souvent changé de canaux qu'il était bien difficile de distinguer le vrai lit de la rivière principale de celui de ses embranchements ou même de ses affluents. Chacun des bras du Madeira porte un nom différent. Polycarpe appelait *Ramo* celui que nous suivions alors; pour un même cours d'eau les noms d'ailleurs changent avec les localités; quand de Maoés je suis allé visiter les Indiens amis de la lune, on m'a dit que je remontais le *Limon*. L'artère mère de cet immense système fluvial change elle-même trois fois de dénomination entre sa source et l'Océan : *Amazone*, du Para à Manaos; *Solimoès*, de Manaos à Tabatinga; et de là à sa source, dans le Pérou, *Maranon*. Combien d'erreurs ont dû naître de cette multiplicité de noms.

Comme j'approchais de l'Amazone et que je n'avais plus beaucoup de chances de trouver des Indiens tatoués, je passai une partie de la journée à nettoyer soigneusement tous les ustensiles nécessaires à mes différentes industries, décidé à aller de suite à terre dans le cas où nous passerions près d'un endroit habité. Je nettoyai aussi mes armes.

Cette journée n'eut rien d'intéressant, mais le lendemain j'allai, faute de mieux, dessiner quelques plantes, et en retournant au canot, je cassai la patte à un jeune caïman, à moitié enfoncé dans le sable de la plage. J'aurais bien voulu pouvoir le rapporter vivant; avec l'aide des Maoes, je pus lui attacher le bout du museau; mais s'il ne pouvait plus mordre, il ne pouvait non plus manger, et le laisser libre dans le canot, n'était pas chose admissible. Nous lui enveloppâmes donc la tête avec des chiffons bien serrés par des lianes, et on le pendit à l'arrière; peu de temps après il ne bougeait plus. La préparation de ce nouveau sujet fut très-longue, la peau ayant presque la dureté du fer.

Après avoir passé devant la bouche de la rivière d'Andira, qui se jette dans le Ramo, nous rentrâmes enfin dans l'Amazone, derrière et au-dessous de Villabella.

Là, si je le voulais, mes fatigues étaient finies; je montais à bord d'un vapeur, et en huit jours j'étais de retour au Para. Mais je me sentais un peu plus fort et je voulais encore tenter la fortune, naviguer en canot jusqu'à Santarem, et tenter de remonter, si c'était possible, le fleuve Tapajos.

Ainsi qu'il avait été décidé, je laissai à Villabella les trois Maoes; je les payai, comme il était convenu, une pataque par jour; ils reçurent leur salaire sans rien dire, firent demi-tour, et je ne les vis plus.

A la difficulté de me procurer d'autres rameurs, se joignait l'obligation, bien grave pour moi, de reprendre le costume noir et de me présenter au promoteur, *chef de police*, pour lequel j'avais des lettres. Si ce travail avait été toujours bien pénible quand je pouvais le faire dans une chambre, c'était bien autre chose dans un canot, où je ne pouvais procéder à ma toilette qu'assis ou à genoux sous mon toit; et je maudissais d'autant les fuyards qui, en me mettant dans la nécessité de les remplacer, me forçaient à subir encore un supplice que je croyais terminé.

Le canot était assez éloigné du sable sec; il fallait sauter dans l'eau; j'y serais entré tout entier si cela eût été nécessaire, mais dans le cas présent, avec des bottines, quoique cette fois sans mon gant, je ne pouvais risquer ainsi Mon Excellence; j'appelai un nègre, et il me passa sur son dos sans endommager les objets précieux auxquels j'allais devoir une réception gracieuse et les hommes de rechange dont j'avais besoin. Mais la plage était large, le soleil bien chaud, et, malgré mon parapluie, quand je me présentai avec ma lettre, j'étais inondé de sueur.

Mais ce ne fut pas une petite affaire que d'avoir des rameurs; on me renvoya à un prêtre; celui-ci à un vendeur portugais, qui me renvoya à son tour au subdélégué; le subdélégué s'entendit avec le promoteur, et l'on me promit non-seulement deux rameurs, mais un garde jusqu'à Obidos. Ils devaient revenir par le vapeur; les frais de leur passage restant bien entendu à mes frais.

Comme la lettre de recommandation expliquait qui j'étais et ce que je faisais, je fus prié de montrer mes études à une foule de gens attirés par la curiosité de voir un Français. Me voilà donc faisant l'explication de chaque chose à une réunion d'amateurs des plus curieux. Un très-bel homme à favoris noirs me paraissait surtout prendre un grand intérêt à chaque feuille tirée de mon carton; il m'évitait souvent la peine de la tenir à la portée de tous les yeux; il est vrai que souvent aussi il présentait un paysage complétement retourné, le ciel en bas, le terrain en haut. On admirait et on passait outre. Un autre de ces connaisseurs, après avoir contemplé plusieurs portraits d'Indiens, parut embarrassé en voyant une étude de forêt qui se trouvait là par hasard, et il cherchait à se rendre compte de la différence. On lui expliqua bien vite que c'était un paysage. Il s'en était douté.... et la preuve, c'est que, apercevant de nouveau un Indien la tête en bas, il demanda si c'étaient encore des feuilles. Je retournai l'étude et lui dis en français, avec le plus gracieux sourire : « On t'en donnera comme cela des feuilles, animal! » Somme toute, j'avais eu plus de succès chez les sauvages, et après l'exhibition je me hâtai, un peu humilié, de reporter le carton à sa place ordinaire dans le canot.

Comme il y avait plusieurs hamacs dans la maison du promoteur, je passai la nuit dans l'un d'eux, et le lendemain on me présenta un Indien, en attendant l'autre, qui ne pouvait venir que l'après-midi; quant au garde, il était prêt.

Polycarpe restait toujours la nuit dans le canot. Quand il sut qu'un garde allait venir, il me dit :

« A quoi bon, non-seulement ce garde inutile, mais un autre rameur? Un seul suffit pour descendre jusqu'au Para si vous voulez. D'ailleurs, le vent règne toujours, dans cette saison, de l'ouest à l'est, et une fois à bord, on se servira de la voile. »

J'allai, d'après cette assurance, prendre congé du promoteur et le remercier de ses bons services. Quand il sut que je ne voulais ni garde ni second rameur, il me blâma fortement; d'autant plus qu'avec la connaissance de l'Indien en général, il savait la fuite de mes premiers rameurs.

J'achetai du piraroco et de la farine, je fis de nouveau une petite provision de vin de Porto, et je revins au canot faire des dispositions pour me servir de la barre sans sortir de ma tente; j'attachai pour cela une ficelle à portée de ma main. Polycarpe et Miguel, le nouvel Indien, pagayeraient.

Au moment de partir je reçus sur la plage la visite d'un habitant de Villabella, qui, de son côté, allait s'embarquer, suivi des trois Maoes, dont il s'était chargé, dans une embarcation armée de huit rameurs. Cet homme, ayant remarqué mon petit crocodile qui séchait au soleil, me dit:

« Puisque vous faites collection de ces sortes de choses, vous devriez vous détourner un peu pour aller voir un très-grand serpent que j'ai tué il y a quelques mois. Il est chez le padre d'une *Fréguezia* ou paroisse, centre d'une petite population sur le lac Jourouti. »

Quand j'eus dit adieu à la personne qui venait de me donner ce renseignement, je trouvai le fainéant Polycarpe assis à sa place accoutumée, et Miguel la pagaie à la main, qu'il quitta aussitôt pour aider son camarade à installer la voile, car le vent était fort et favorable. Nous n'avions pas précisément ce qu'on appelle en langage vulgaire une tempête; mais les lames étaient bien hautes pour notre petit canot où elles embarquaient, au point que Miguel et moi pouvions à peine suffire à l'étancher. Je ne pouvais me plaindre de Polycarpe : il était tout entier à la voile, et je dois dire qu'il évitait les lames assez adroitement. La journée et la nuit se passèrent à louvoyer, et le lendemain au soir, nous entrâmes dans le rio Jourouti.

Là, Polycarpe recommença ses grimaces de mécontentement. J'amassais peu à peu une colère qui devait éclater bientôt. J'avais fait une nouvelle imprudence en n'acceptant pas les hommes qu'on m'avait offerts. Cette fois-ci je me trouvais bien plus à la merci de ce misérable; mais aussi je me pro-

Le bon Miguel.

mis bien de l'observer, et surtout de mettre obstacle à toute camaraderie entre lui et Miguel, dont j'étais loin d'être content; car, avant de s'embarquer, il avait été prévenu de ce qu'il gagnerait, et quand il n'était plus temps pour moi de reculer, il m'avait demandé davantage, ce que j'avais accordé; d'après ce coup d'essai, je pouvais m'attendre à pire de sa part quand l'occasion se présenterait.

C'est avec cette tension d'esprit et ces pénibles préoccupations que je continuai ma route.

Polycarpe avait déclaré, en entrant dans le rio Jourouti, que le canot était trop grand pour aller à la Fréguezia; j'en avais conclu qu'il devait se trouver quelque passage étroit, bon seulement pour des montaries. Il avait donc été convenu que nous en emprunterions une. En passant nous en vîmes au moins une trentaine; mais quand je disais à Polycarpe d'en demander, il me répondait toujours : « Logo » (tantôt). Le temps n'était probablement pas encore venu de s'en servir; mais plus nous avancions, moins nous en rencontrions.

Je commençais à trouver que Miguel travaillait trop, qu'il se fatiguait, tandis que ce fainéant de Polycarpe, les bras croisés, se reposait. Je sentais ma colère fermenter, et je lui demandai d'assez mauvaise humeur à quoi il pensait en laissant échapper toutes les occasions de se procurer ce petit canot dont il prétendait avoir besoin; ce que d'ailleurs je ne comprenais pas, car le fleuve, loin de rétrécir, devenait au contraire de plus en plus large.

Depuis l'affaire des portraits, où il s'était senti deviné, mais où il n'avait pas été puni, Polycarpe avait repris ses anciennes allures, ne m'écoutant qu'à peine, et faisant, non comme Benoît par bêtise, mais par mauvaise volonté, tout le contraire de ce dont j'avais besoin. Cette fois la patience m'échappa et je l'arrachai brusquement du lieu où il était assis, je lui mis à la main une pagaie et, pour la première fois, je le fis travailler cinq minutes.

Au bout de ce temps j'aperçus trois montaries amarrées dans un tout petit port; j'attendis ce qu'allait faire Polycarpe. Il dit à son camarade de pagayer de ce côté. Quand nous fûmes près de terre, Miguel sauta le premier. Polycarpe revint à sa place accoutumée, et se mit à faire un petit paquet dans un mouchoir, sans s'inquiéter d'aller emprunter cette petite embarcation si nécessaire, d'après ce qu'il avait dit. Je le regardais tranquillement, ne me doutant pas le moins du monde de son intention; il passa le paquet à son bras, prit un énorme bâton qu'il avait taillé la veille et avec lequel j'avais moi-même repoussé le canot; — j'en connaissais le poids; — il sauta légèrement à terre et, sans rien dire, se dirigea du côté des bois. Quand il en fut à une quinzaine de pas, je lui demandai où il allait. « Promener dans les bois. » En style d'Indien cette réponse signifiait qu'il m'abandonnait.

Comme devant le gouffre de sable, il se passa quelque chose d'étrange en moi. Eugène Sue, dans ses *Mystères de Paris*, fait dire au Chourineur qu'il voit rouge dans de certains instants. J'ai probablement éprouvé dans ce moment quelque chose de pareil; car j'ignore presque ce qui s'est passé et comment je me suis trouvé le genou sur Polycarpe, mes cinq doigts pleins de sang sur sa gorge, et mon revolver, qui sans doute était sorti de ma poche, serré convulsivement et levé pour lui briser la tête; le bâton était à plus de vingt pas, et Miguel regardait sans bouger. Si je n'ai pas tué le misérable, si je n'ai pas payé d'un seul coup le mal qu'il avait essayé de me faire, c'est que sa pâleur cadavéreuse me fit penser qu'il était déjà frappé. Cet Indien cuivré, presque noir, était devenu méconnaissable et remuait à peine. J'eus peur un instant et me relevai précipitamment. Je crois que j'étais aussi pâle que lui. Il se jeta à genoux, me demanda pardon, me promettant que si je le ramenais au Para je n'aurais plus à me plaindre de lui. Que pouvais-je faire, sinon pardonner?... J'étais si heureux de n'avoir pas à me reprocher une action dont le souvenir m'eût toujours poursuivi!... Son sang coulait beaucoup. Je ne me coupais pas les ongles depuis longtemps; c'était encore un moyen de défense que la nécessité m'avait inspiré, et mes cinq doigts ainsi armés étaient entrés profondément dans la peau de ce misérable. Je le fis bien laver, et, pour cicatriser immédiatement ses plaies, j'y appliquai du collodion, après l'avoir prévenu qu'il souffrirait un peu au premier moment, mais que cela ne durerait pas. Je lui donnai ensuite une double ration de cachasse. Enfin, devant la faiblesse de mon ennemi, je n'eus plus de courage; et, ainsi que cela arrive souvent, je cherchai toutes les raisons pour justifier son mauvais vouloir. Son horrible figure, qui un instant auparavant était si pâle, ne m'inspirait plus que de la pitié, et je me promettais bien de réparer le mal que j'avais fait. Toutes mes idées sur ces hommes ignorants s'étaient modifiées, et je pardonnais alors bien sincèrement aux Indiens fuyards, même au garde Zephirino, les mauvais tours qu'il m'avait joués. Décidément l'organe du meurtre doit être peu développé chez moi, car longtemps après cet événement, je me sentais trembler quand je songeais au résultat de cette colère instantanée.

Cependant, comme la sensibilité ne conduisait à rien et qu'il fallait prendre un parti, j'envoyai les deux hommes demander à la case, que je supposais à quelques pas, la permission de prendre une des montaries pour continuer mon voyage avec Miguel que je ne connaissais que depuis deux ou trois jours, tandis que je laisserais Polycarpe, aussi intéressé que moi à revenir au Para, à la garde du grand canot.

M'étant étendu à terre et livré à des réflexions assez sérieuses, j'attendis le retour des deux Indiens un quart d'heure sans trop y prendre garde, bien que selon mes calculs ils eussent dû être revenus plus tôt; mais le temps s'écoulait et personne ne paraissait. Une heure se passa.... Personne. L'inquiétude commença à s'emparer de moi et, ne pouvant me résoudre à attendre davantage, je suivis les traces que ces deux hommes avaient laissées sur un terrain humide. Je marchai longtemps; peu à peu j'accélérai le pas au point de courir, sans savoir où

Polycarpe étranglé.

me diriger, car toute trace avait disparu, au moins à mes yeux, sans doute obscurcis par les gouttes de sueur qui coulaient de mon front et que je ne songeais pas à essuyer. J'arrivai ainsi en face d'un grand fossé, dans lequel je descendis. Quand je fus de l'autre côté, il fallut m'arrêter; aucun sentier n'était au delà. La crainte de m'égarer me ramena près de mon canot. Personne encore. Qu'on juge de ma position : seul, loin de tout secours, qu'allais-je devenir? Nul doute que Polycarpe n'eût débauché l'autre Indien.

Le temps s'écoulait et je ne voyais rien venir. Mes deux singes poussaient des cris perçants; il me semblait entendre des rugissements lointains. Je mis ma tête entre mes mains et, chose incroyable! un léger sommeil vint me faire oublier un instant mes tristes pensées. Un rayon de soleil m'éveilla subitement. J'étais toujours seul; mais ce moment de repos, ce sommeil qui m'avait vaincu venait de me rendre toute mon énergie : plus de faiblesse, il fallait lutter. Je n'avais pas à remonter la rivière en canot, c'eût été impossible : je me laisserais dériver jusqu'à la bouche du Jourouti et de là dans l'Amazone. J'irais tantôt à la voile, tantôt à la pagaie.

A la garde de Dieu! Je fixais mon départ à l'heure suivante, si d'ici là personne ne paraissait.

Mes singes criaient toujours. J'entrai dans le canot pour leur donner à manger. Quand je sortis de ma tonnelle, Polycarpe et Miguel étaient devant moi. Il était écrit là-haut que ce jour-là il me faudrait passer par toutes les émotions. Cette dernière fut si forte, que je ne trouvai rien à dire ; je restai assis, les bras croisés, attendant ce qui allait arriver.

Ils me donnèrent pour raison de leur retard que la case la plus prochaine était à plus d'une lieue ; que d'abord ils n'avaient trouvé personne, et qu'il avait fallu aller bien plus loin encore pour demander la montarié. Comme cela pouvait être, je m'étais contenté de cette explication.

Polycarpe détacha une montarie ; il y plaça mon carnier, mon plomb et ma poudre. Un instant j'eus la pensée de laisser là ce serpent et de retourner simplement en arrière. Un certain pressentiment me soufflait tout bas que c'était une imprudence de m'en aller après la scène qui venait d'avoir lieu. Mais je me disais toujours que Polycarpe avait autant de raisons que j'en avais moi-même pour revenir au Para, et je persistai.

Nous étions partis depuis quelques instants, quand Polycarpe m'appela ; il tenait mon fusil, que j'avais oublié. Cette attention seule m'eût donné de la confiance, et je partis cette fois complétement rassuré.

Miguel parlait portugais ; il me dit qu'il était père de famille et que, s'il m'avait demandé plus cher que les autres pour venir avec moi, c'était par nécessité. Nous fûmes bien vite bons amis, et je vis que si Polycarpe avait essayé de l'influencer, il n'avait pas réussi, car il ne cessa de faire tout ce qu'il pouvait pour m'être agréable. Il me savait chasseur et prenait autant d'intérêt que moi au résultat. Quand j'avais Polycarpe pour pilote, si je disais d'aller de suite de tel côté où je voyais quelque chose à tirer, il n'entendait mon ordre que quand l'objet était dépassé, et souvent feignait de ne rien entendre du tout. Au contraire, Miguel regardait de tous côtés, et aussitôt qu'il voyait un oiseau perché quelque part, il me le montrait et dirigeait adroitement la montarie. Cette façon de faire si nouvelle pour moi me fit prendre en peu de temps ce brave homme en affection. Cependant rien ne m'annonçait ce passage étroit qui avait nécessité un autre canot. Je ne fus pas longtemps à comprendre que la haine du travail avait encore en cette occasion inspiré un mensonge à Polycarpe : il avait redouté, non l'étranglement de la rivière, mais la nécessité d'aider Miguel à pagayer sur le canot. Je me repentis alors d'avoir été dupe d'une ruse si grossière; me promettant bien de ne pas recommencer au retour de ma petite campagne, et de le faire tout de bon travailler, puisque je le payais trois fois autant que le bon Miguel, qui faisait de très-bonne grâce l'ouvrage de deux hommes sans se plaindre.

Plus nous avancions, plus le fleuve s'élargissait; et pour la première fois depuis mon séjour dans le Sud, je revoyais des montagnes élevées, avec leurs arbres en amphithéâtre. Ceux qui se trouvaient le plus près de l'eau étaient couverts de détritus de toute sorte. Il me semblait quelquefois voir des villages entiers aux toitures de chaume, ou une suite de meules de foin. Ces amas de débris arrêtés sur les arbres, à une grande hauteur, donnaient une idée de ce que devait être le débordement des eaux à certaines époques de l'année.

Après avoir remonté pendant plus de trois heures, nous passâmes du fleuve dans un lac au bout duquel était la Fréguezia.

La nuit approchait; mais d'aucun côté on ne pouvait voir la moindre habitation. Miguel était fatigué; cependant rien dans ses manières ne montrait qu'il fût mécontent. Il n'est pas nécessaire de répéter qu'après tout ce que j'avais vu de mauvaise volonté, cette comparaison m'était sensible, et je reportais sur ce brave Indien tous les bons sentiments que j'étais disposé à avoir pour ses compatriotes avant d'avoir éprouvé leur perfidie.

Il est de ces souvenirs qui se gravent profondément dans la mémoire. Nous étions là tous deux, au milieu de ce lac, dans un tronc d'arbre creusé et si fragile qu'un mouvement un peu brusque pouvait nous faire chavirer. Le ciel était si pur et les eaux si calmes qu'on aurait pu se croire transporté dans un ballon et nageant dans le vide. Mais l'illusion était peu durable en présence des caïmans, qui, très-nombreux dans ce lac, faisaient jaillir l'eau en plongeant à notre approche. Nous avancions toujours et rien d'humain ne se montrait; la nuit s'épaississait, Miguel paraissait ne pas savoir où se diriger. Au moindre petit cap il disait avec joie :

Le lac de Jourouti.

« Là! là! » et quand nous étions au point indiqué l'espoir s'évanouissait. Il était nécessaire de prendre bravement la chose en riant, pour l'encourager; cependant je commençais à désirer un gîte pour la nuit. Ma position dans ce petit canot était fort incommode; j'avais les jambes cassées, et il me semblait qu'une fois arrivé il me serait impossible de marcher.

Enfin, nous aperçûmes au loin une lueur indécise, puis une autre : c'était le terme du voyage.

Le canot amarré, nous montâmes au milieu d'une vingtaine de cases, dont les propriétaires dormaient déjà. L'église était au sommet d'une colline.

Le padre me reçut fort bien quand je lui eus dit de quelle part je venais. Il fit chercher la peau du serpent, qui était en assez mauvais état; quant à la tête, elle ne put se retrouver; je pense qu'il l'a gardée comme curiosité; mais il eut la bonté de me donner la peau, en refusant toute espèce de rémunération.

Pendant le dîner il me dit que si j'avais le temps de perdre quelques jours avec lui, il me conduirait à un grand lac assez près de la Fréguezia, dans lequel, les eaux se trouvant sans doute encore basses, je verrais le plus grand serpent qui peut-être ait existé. Des Indiens avaient vu un jour au milieu du lac un objet immobile, dont il leur était impossible de deviner la nature. Ils auraient pu penser que c'était une de ces îles que les courants des grands fleuves font paraître soudainement. Mais ici point de courant, un lac tranquille, des eaux dormantes;

qu'était-ce donc?... Toute la petite tribu qui habitait les bords du lac s'était rassemblée; on regardait, mais personne n'osait approcher. Enfin, trois des plus hardis prirent une montarie, et avec toutes les précautions que la prudence indiquait, ils vinrent se ranger le long des flancs de l'objet inconnu, et l'un d'eux, en se tenant debout, ne put atteindre à la hauteur ou plutôt à l'épaisseur d'un serpent monstrueux échoué là depuis peu de temps. Les eaux, en se retirant rapidement, l'avaient laissé à découvert; on le mesura, il avait une centaine de pieds en longueur. Le padre tenait ces détails des Indiens qui avaient été forcés de quitter leurs cases, voisines du lac, à cause de la putréfaction du monstre.

Si mon canot eût été en lieu sûr, malgré la faiblesse que j'éprouvais encore et qui me faisait sentir de plus en plus qu'il était temps de terminer mes courses vagabondes, j'aurais bien certainement profité de l'offre du bon padre, qui me proposait de m'accompagner au lac en question, dont j'oubliai de lui demander le nom.

Ce fait extraordinaire et tout à fait en dehors de ce qu'il est permis de croire, avait déjà été raconté devant moi, au Para, par une personne fort digne de foi, à M. le consul Froidfond. Le narrateur, habitant alors Santarem, avait recueilli sur le reptile fabuleux une note qu'il eut même la bonté de m'offrir[1]. Nous avions tous plaisanté sur ce

---

[1]. Il est mort au lac de Craoary, district de Faro, un serpent qui, d'après le rapport de quelques Indiens qui l'ont vu surnager de quatre

phénomène, pendant du fameux serpent marin. On peut juger quel fut mon étonnement de me trouver à plusieurs centaines de lieues de Santarem, au fond d'une rivière et à quelques lieues seulement du lac où on avait découvert ce serpent. Car, en rapprochant tout ce qu'on m'avait dit au Para des assertions du padre, nul doute que ce ne fût le même. Je livre le fait sans commentaire au jugement de mes lecteurs.

J'étais trop inquiet de mon canot pour ne pas avoir hâte de le rejoindre. C'est sous l'influence de cette inquiétude, qui de moment en moment augmentait, que je pris congé du padre en le remerciant de sa cordiale hospitalité et de son présent. Il espérait me revoir, car quelques heures après mon départ il devait partir lui-même pour un sitio qu'il faisait défricher sur l'Amazone, à la bouche du Jourouti.

Nous nous embarquâmes, Miguel et moi, à quatre heures du matin, après avoir fait un rouleau de la peau de notre serpent, qui, sans la tête, mesurait dix-neuf pieds, taille déjà fort raisonnable, si on la compare à celle des boas du Jardin des plantes. Cette dépouille est une de celles que ce visiteur dont j'ai parlé croyait préparées avec plusieurs peaux cousues ensemble.

En redescendant le fleuve j'avais, ainsi qu'aux deux

---

pieds, avait environ cent pieds de long. Les Indiens le connaissent sous le nom de *Bouiarru* ou *Buiassu*. Il était de couleur sombre, avec quelques taches roussâtres.

époques du bain aux caïmans et du gouffre de sable, un pressentiment que je m'efforçais de repousser. Malgré moi, je frémissais en songeant que je ne retrouverais plus mon canot. A quoi alors me servirait cet or que je portais toujours en ceinture autour de moi?

Et mes collections, mes études, conquises par tant de privations et de dangers, que deviendraient-elles? Moi-même, qu'allais-je devenir?... Avec ce canot qui était devenu ma patrie, mon foyer, tout serait perdu pour moi, le passé et l'avenir! Et sous le chaos d'idées qui naissait de ces réflexions, je maudissais la curiosité qui m'avait poussé loin de mon embarcation, et l'imprudence qui me l'avait fait confier à Polycarpe.

A chaque détour du rio Jourouti, je disais à Miguel : « Nous voici arrivés. » Et reconnaissant que je m'étais trompé, mes craintes augmentaient. Plus j'approchais du lieu où j'avais laissé le canot, plus je me sentais oppressé. Je crois que si cet état se fût prolongé longtemps, le sang qui se portait au cœur m'eût infailliblement étouffé, car j'étais quelquefois obligé d'y appuyer fortement la main pour en comprimer les battements.

C'est dans cet état de crise que je vis de loin une montarie conduite par trois femmes. Mon sort allait dépendre de ce qu'elles nous apprendraient. Miguel leur demanda quelque chose que je ne compris pas, et j'entendis dans leur réponse le mot *macaque*. Elles avaient vu mon canot et les deux singes : un quart d'heure après nous serions arrivés. Maintenant que m'importait Polycarpe !

Je retrouvai alors la tranquillité dont j'avais grand besoin; avec la tranquillité revint un peu de gaieté, et je dis en riant à Miguel : *Vamos!* A quoi il répondit : *Vaomoos!* en appuyant sur chaque voyelle. Et en quelques coups de pagaie bien dirigés nous fûmes en vue du canot.

Les singes se mirent à crier; Polycarpe dormait sans doute. A la place où, la veille, j'avais attendu si longtemps son retour et celui de Miguel, étaient assises quatre personnes : un vieillard, un nègre, deux femmes, pour jouir sans doute du spectacle que mon désappointement allait leur donner;... mes pressentiments ne m'avaient pas trompé, Polycarpe s'était sauvé.

J'entrai dans mon canot, et, jetant rapidement les yeux sur les objets les plus précieux que je possédais, j'en fis en quelques secondes l'inventaire. Polycarpe m'avait volé un fusil acheté au Para exprès pour lui, ainsi que le sabre qui me servait à me tailler un chemin au besoin. Il m'avait également volé un sac de plomb, de la poudre, des capsules et une boîte dans laquelle il y avait du fil, des aiguilles, des boutons et des ciseaux.

J'étais si heureux d'avoir retrouvé mon canot, que cette fuite et ce vol me mirent complétement en bonne humeur; et pour que ce misérable Polycarpe apprît combien il s'était trompé en croyant me jouer un mauvais tour, je distribuai de la cachasse à la société, et je fis dire par Miguel que j'étais satisfait d'être débarrassé d'un fainéant bon à rien. Je soupçonnais qu'il s'était peut-être réfugié chez ces gens-là.

Sur ces entrefaites, le padre de la Fréguezia passa et me donna de nouveau rendez-vous à son défrichement ; et un peu après son départ, après avoir tâté Miguel pour savoir comment il prendrait ce petit événement, qui devait lui donner plus de travail, je dis adieu aux quatre individus et je pris une pagaie, décidé à ne plus la quitter jusqu'à mon arrivée à Obidos. J'allai m'asseoir à l'avant du canot, à côté de Miguel, et je lui dis en riant : *Vamos!* A quoi il répondit sérieusement, en allongeant chaque voyelle : *Vaaaamooos!* et nous descendîmes le Jourouti avec une grande rapidité. A la nuit tombante, nous rentrâmes dans l'Amazone.

Arrivé au défrichement du padre, l'endroit me parut détestable. Il n'y avait pas encore d'habitation ; les arbres, coupés de tous côtés, encombraient le sol et se mêlaient aux plantes grimpantes : impossible de faire un pas sans trébucher. On avait déjà installé le hamac du prêtre près d'un grand feu. Les carapanas étaient en si grand nombre qu'ils obscurcissaient la lumière de ce foyer. J'avais bien besoin de repos, et, ne voyant pas la possibilité d'en obtenir en ce lieu, je dis au padre que j'allais le quitter. Probablement préoccupé de son installation et de celle de tout son monde, il ne m'entendit pas, car, lorsque, du haut de mon canot, je lui réitérai mes adieux, il parut contrarié ; il avait, disait-il, pensé que je passerais la nuit près de lui. Ce digne homme ne comprenait pas qu'au milieu de ces terrains ressemblant au chaos, et dans lesquels il entrevoyait sans doute une fortune, un pauvre étranger malade, fatigué, ne pouvait espérer aucun repos.

Cette nuit je dormis sur l'Amazone, après avoir jeté à l'eau notre grosse pierre. Il était temps; mes forces ne pouvaient plus me soutenir.

Le surlendemain, après avoir pagayé pendant deux jours, nous faisions des efforts pour atteindre une île opposée au rivage près duquel nous passions; car un orage lointain se préparait, le tonnerre grondait, et il nous paraissait impossible de trouver un abri au milieu des arbres arrachés, qui de ce côté encombraient les approches de la terre. En peu d'instants, et avant que nous pussions gagner l'autre bord, la tourmente fondit sur nous; une pluie torrentielle, mêlée de grêle, nous fit craindre de voir remplir notre canot. Pendant que Miguel faisait descendre doucement la pierre, notre ancre de salut, de toute la longueur du câble, moi, avec cette panella qui servait à tant d'emplois différents, je me mis à égoutter le canot. Les pauvres singes mêlaient leurs cris à la voix de la tempête. Les éclairs, en s'éteignant, nous laissaient dans la plus complète obscurité. Quand Miguel eut filé le câble, il prit, de son côté, un vase pour m'aider à vider l'eau qui nous envahissait sensiblement. Ce n'était pas le moment de songer à mon état de faiblesse permanent; si je m'étais découragé, si j'avais laissé l'Indien livré à lui-même, il eût peut-être cédé à la fatalité, et nous nous serions noyés tous deux infailliblement; mais un blanc travaillait, il fallait l'imiter. Le canot fit un mouvement inattendu, il se jeta sur le côté, et nous sentîmes qu'une force irrésistible nous emportait. J'étais alors éloigné de Miguel et à l'autre bout de l'embarcation, quand, à la lueur des éclairs, je le vis qui retirait le câble : la pierre l'avait coupé, elle était restée au fond, et nous étions emportés à la dérive sans qu'aucune force humaine pût nous arrêter.

Il me serait impossible de dire combien de temps dura cette effrayante navigation : le canot, emporté par le courant et poussé par un vent violent, tournait sur lui-même, sans qu'il fût possible de le diriger avec nos impuissantes pagaies. Il vint un moment où nous crûmes apercevoir des terrains à fleur d'eau; mais ils disparurent bien vite. Cependant cela me donna quelque espoir; je pris cette grande perche dont j'avais fait usage avec tant de succès un certain jour, et je l'enfonçai dans l'eau, d'abord inutilement; mais je persistai, heureusement, car une fois je sentis le fond. Je poussai un cri de joie en appelant Miguel. Nous fîmes alors tous nos efforts pour l'assujettir en pesant dessus, et notre canot s'arrêta un instant. Nos efforts réunis firent pénétrer plus avant cette perche, notre seule espérance; la nuit entière se passa ainsi, et le jour

Ouragan sur l'Amazone.

nous trouva tous deux la tenant convulsivement entre nos bras.

Le danger avait à peu près disparu, mais le vent était encore très-fort. Nous tînmes conseil sur ce qu'il y avait à faire, le jour nous permettait alors de voir où nous étions. Le bonheur nous avait fait rencontrer une de ces îles nouvellement sorties des eaux ; et si nous avions pu résister à la force du vent et du courant, c'est que nous avions été abrités par une partie élevée qui, brisant les lames, les avait détournées et empêchées de remplir le canot pendant le temps employé par nous à peser sur la perche.

Comme il n'y avait pas d'abri commode au milieu de ces terrains inégaux semés de branches flottées, nous résolûmes de descendre dans une île qui paraissait éloignée de deux lieues et dont on voyait alors la plage blanche. Nous quittâmes notre abri, et en peu de temps, poussés par ce vent dont nous pouvions nous servir maintenant, nous touchâmes à une belle plaine de sable.

Le soleil était déjà si chaud que, pour arriver sous de grands arbres où je voulais me reposer, je fus obligé de courir pour n'avoir pas les pieds brûlés. Miguel, sur mon ordre, s'empressa de me donner un gros morceau de piraroco, acheté à Villabella, et un coui plein de farine ; — mon biscuit était terminé depuis longtemps ; — je fis également apporter du sel, de l'huile rance et des limons, dont je me servais, en place de vinaigre. Je partageai fraternellement avec lui ces raffinements gastronomiques, puis nous nous étendîmes sur le sable, où nous restâmes couchés une partie de la journée. Miguel y eût volontiers passé la nuit, et j'en aurais bien fait autant, mais j'avais hâte d'en finir avec cette navigation, qui d'ailleurs n'avait plus d'intérêt pour moi. Je ne désirais encore qu'une chose : trouver une plage et faire quelques clichés; puis j'emballerais tout, et je n'aurais plus à m'occuper qu'à faire porter sur le premier bateau à vapeur passant à ma portée mes malles fermées.

Le temps était redevenu calme; la lune nous éclairait; de gros poissons, jouant sous l'eau, faisaient peur à mes singes. De demi-heure en demi-heure, chacun à notre tour, nous vidions l'eau du canot.

Au point du jour nous touchâmes, par un bonheur inattendu, à une de ces plaines immenses coupées par de grandes flaques d'eau. Je fis bien vite mes préparatifs pour photographier encore une fois. Mais le soleil allait plus vite encore, et, quand j'eus installé ma tente, la chaleur était déjà si forte que je fus obligé de faire mes expériences dans un état complet de nudité, et j'y gagnai, malgré l'habitude de l'insolation, d'avoir, au bout de quelques jours, non-seulement la peau, mais des lambeaux de chair enlevés par un horrible coup de soleil, qui n'avait épargné aucune partie de mon corps.

Cette dernière tentative artistique ne réussit en rien. La cause en était-elle dans la tourmente des nuits précédentes? L'affreux Polycarpe avait-il, par un mélange, dénaturé quelqu'un de mes produits chimiques? Toujours est-il que je me décidai à plier mes bagages. Ma campagne était finie. Je laissai tout le jour Miguel ramer seul, et je fis mes paquets.

La nuit venue, le brave homme s'était endormi, laissant au courant le soin de nous emporter; mais moi je veillais. Tout le jour le vent avait varié; quand, vers dix heures, il devint favorable, j'eus beaucoup de peine à éveiller Miguel et à lui faire orienter la voile.

Après M. Benoît, qui se méprenait toujours, après l'affreux Polycarpe, qui voulait toujours se méprendre à ce que je disais, Miguel était bien l'Indien le plus lent, le plus difficile à émouvoir. Il fallut bien du temps pour que tout fût prêt, et le bon Miguel, cette fois encore à mon *vamos* ordinaire, répondit, quand le vent eut enflé la voile, par un *vaaomoos* infiniment plus prolongé que les autres, ce qui ne me donna qu'une confiance médiocre et me fit m'occuper sérieusement de la manœuvre, car déjà il se rendormait.

Dans cette navigation sur le grand fleuve il nous arriva une foule d'événements. Notre canot un jour fut poussé entre d'immenses racines, et il fallut un long temps pour le dégager; — une autre fois, malgré mon adresse, qui datait de loin, une lame s'abattit tout entière sur mon toit, en passant d'abord sur mes singes. Grâce à mon parasol, prudemment assujetti au-dessus de ma tête, je n'eus que des éclaboussures et l'inconvénient d'avoir à recourir à la panella pour vider le surplus du liquide. — Le reste de mon collodion s'évapora en partie, parce qu'en manœuvrant j'avais fait sauter le bouchon. — Je perdis une nuit l'un de mes pantalons et une chemise de rechange qui séchaient ordinairement sur la natte qui recouvrait mes bagages. — Le trou de mon toit, commencé par les singes, s'était perfectionné, grâce à eux, au point qu'on aurait pu y faire passer un chapeau. Aussi une foule d'indiscrétions, pas toujours réprimées en temps opportun, en avaient été la conséquence. Les deux queues avaient travaillé de concert, et plusieurs objets de première nécessité avaient disparu.

Un jour que nous virions de bord toutes les demi-heures je vis une chose bien inattendue au milieu de ces solitudes : sur le ciel bleu une croix blanche se détachait, sans qu'on pût comprendre qui l'avait posée là. Je passais alors assez près du rivage, et pour en faire un croquis il n'y avait qu'à virer de bord ; une fois cette petite manœuvre faite, je me mis à l'ouvrage, laissant à Miguel le soin de bien diriger le canot. Peu à peu cette croix blanche, qui d'abord se dessinait sur le ciel, laissa dominer, quand le canot s'éloigna, un rideau d'arbres gigantesques qui changeaient complétement l'aspect du paysage : maintenant elle se détachait en blanc sur les massifs qui lui servaient de fond. On avait incendié toute la base de la montagne sur laquelle reposait cette croix, et cet immense

Croix à Marocca.

soubassement, dépouillé de toute végétation, faisait, au milieu de cette nature imposante, le plus étrange, mais aussi le plus saisissant effet. Jamais lieu n'eût été mieux choisi pour un cimetière. Plus tard, en revenant en Europe sur le navire à vapeur *le New-York*, un jeune Allemand, mon compagnon de cabine, me demanda si j'avais entendu parler d'une croix qu'avait fait élever à ses frais un docteur allemand qui avait failli se noyer dans l'Amazone. Là s'arrêtent mes renseignements.

D'après les calculs de Miguel, nous ne devions pas être éloignés d'Obidos; mais il ne se reconnaissait plus et ne savait pas où se diriger, n'ayant jamais dépassé le lieu où nous nous trouvions. Nous continuâmes de descendre, comptant sur la rencontre de quelque canot de pêcheur pour obtenir des renseignements.

Vers le matin, je m'étais endormi, laissant la conduite du canot à mon compagnon; mais soit ignorance, soit négligence, il s'aperçut trop tard que nous étions au-dessous d'Obidos et malheureusement près du rivage opposé. La voile fut bien vite amenée et il fallut prendre les pagaies. Ce n'était plus le moment de s'endormir : remonter et traverser un courant très-rapide en cet endroit resserré de l'Amazone c'était bien fatigant; et cependant avec de la persistance et de la force nous accostâmes à Obidos.

Nous attachâmes le canot près de terre à côté de plusieurs autres, dans lesquels se trouvaient quelques Indiens. Mettant à profit cette dernière occasion, j'ai de suite ajouté à ma collection les portraits d'un Muras et d'une femme de la rivière d'Andira.

J'hésitais, comme toujours, à m'habiller et à aller faire des visites en ville, et je cherchais dans ma tête de bonnes raisons pour me dispenser de

Indienne du rio Andira.

cette atroce corvée. On attendait le bateau à vapeur pour le lendemain, je n'avais pas besoin de faire de nouvelles connaissances. Mais il s'agissait d'une chose bien autrement importante, de me débarrasser de mon canot, puisque je ne pouvais le conduire au Para.

En ce moment une vieille mulâtresse, sautant de

canot en canot, vint s'asseoir à côté du mien et me demander s'il était à vendre, ajoutant que dans ce cas elle irait chercher son maître pour qu'il s'entendît avec moi. Ceci tombait à merveille, et je n'eus garde de manquer une pareille occasion. Effectivement, un quart d'heure après le départ de la vieille un gros marchand portugais vint à son

Indien Muras.

tour s'asseoir devant moi et me demander le prix du canot, ou plutôt il m'en offrit de suite une somme, inférieure seulement de trente francs au prix d'achat. J'acceptai bien vite ce marché, très-bon pour tous deux; car, si je me trouvais débarrassé d'une chose dont je n'aurais su que faire, de son côté mon acheteur faisait une affaire excellente, les bois du haut Amazone étant très-estimés. Je ne conservai que ma voile, destinée à envelopper les objets pour lesquels je n'avais pas de caisses.

Cette fois je m'habillai lestement pour aller terminer l'affaire chez mon Portugais, et en passant je remis une de mes dernières lettres de recommandation; mais je m'aperçus que l'individu à qui elle était adressée ne paraissait pas trop se soucier de ma personne; je pris bientôt congé de lui et je déchirai une autre lettre, destinée au capitaine commandant la citadelle.

La chaleur me fit rentrer au canot. Il avait été convenu que j'y laisserais mes effets jusqu'à l'arrivée du vapeur, et je vis avec plaisir que j'inspirais la plus grande confiance à mon acheteur, car il plaça en sentinelles des esclaves, qui ne me perdirent de vue ni le jour ni la nuit.

A côté de nous il y avait un grand bateau plat dans lequel on avait amené des chevaux; le fond en était très-sale. Miguel y avait accroché mon hamac. Ma dernière insolation me faisait tellement souffrir qu'il me fut impossible de garder le moindre vêtement, et je passai cette nuit à m'arracher de petits lambeaux de chair et à faire la chasse aux moustiques, attirés là en très-grand nombre par la proximité du rivage et par les ordures dont le grand bateau était plein. Le soleil, en se levant, me força de rentrer dans mon canot, sous ma tonnelle.

J'allai, en attendant le vapeur, aux environs de

la citadelle, regrettant d'avoir déchiré ma dernière lettre. Mais quand je fus à la porte, je vis qu'elle eût été inutile : il n'y avait ni poste, ni soldats, ni factionnaire; je pus y entrer facilement.

J'y remarquai surtout les canons, placés, avec leurs affûts à roues, sur une petite esplanade en demi-lune; chacun d'eux est aligné près d'un mur d'un mètre à peu près de hauteur. Ce que je n'ai pu comprendre, c'est qu'en avant de ces canons, et comme pour les empêcher de tirer bas si c'était nécessaire, on a fait apporter une grande quantité de terre pour établir un jardin d'agrément.

Cependant le bateau à vapeur n'arrivait pas, et pour le voir plus tôt je m'en allai promener sur la plage, jusqu'en face d'une île qu'il devait contourner pour entrer à Obidos. Des falaises de pierre blanche, repoussant les rayons du soleil, rendaient cette plage tellement brûlante, que je me vis forcé de marcher dans l'eau. Mes forces étaient épuisées; je dus m'arrêter; je pris un bain, et j'y restai plus d'une heure, ne pouvant me décider à en sortir. Il le fallut pourtant; il pouvait être midi, la chaleur me suffoquait, et aucune ombre n'était à ma portée. Je voyais bien, à une assez grande distance au bas de cette muraille blanche, quelques arbrisseaux. Quand je les eus atteints, à grand peine, je ne trouvai que des feuillages écartés, pas d'abri complet, ainsi que je l'avais espéré. J'allai cependant m'asseoir contre la falaise, sous ces branchages au milieu desquels passait le soleil; mais je n'avais plus le courage d'aller autre part. Entre les interstices de la falaise des gouttes d'eau tombaient et formaient de petits ruisseaux. Je quittai de nouveau mes vêtements et je m'appuyai contre ces pierres humides, sachant bien que je me faisais du mal. Là je voulus essayer de dessiner, ce fut impossible; écrire mes notes, pas davantage. Mes yeux ne voyaient plus, ma tête se brisait, je ne savais que faire : rester, ce n'était pas possible ; revenir, c'était bien loin! Et le vapeur ne paraissait pas! Je me remis à l'eau, mais je n'y pus rester. Mon premier bain m'avait semblé tiède, le second me parut froid, je tremblais. J'eus bien de la peine à m'habiller, et je revins au canot dans un état pitoyable.

Deux heures après une fièvre brûlante me forçait de recourir au hamac et au bateau, ma nouvelle chambre à coucher. J'eus le délire toute la nuit.

C'est dans cet état que j'attendis trois jours le vapeur, auquel il devait être arrivé un accident, car le temps de son passage à Obidos était expiré, et on ne savait que penser de ce retard inusité. Enfin un matin Miguel vint me dire qu'il était en vue. Il était temps, car la maladie et la chaleur du rivage où j'étais retenu, me tuaient.

Sur le point de quitter Miguel, j'ai eu de nouveau la mesure du désintéressement de l'Indien. Je lui avais, outre ce que je lui devais, donné d'assez grosses étrennes; de plus, payé le prix de son passage, d'Obidos à Villabella, sur le vapeur; je lui avais fait présent, en outre, d'une quantité d'objets dont j'ai perdu la mémoire. Bien loin de me remercier, il me réclama le payement des deux derniers jours passés à mon service, jours supplémentaires, mais pendant lesquels je l'avais nourri. Mais l'Indien se retrouve partout. J'acceptai sa réclamation ; je fis de nouveau son compte et le priai de jeter dans le fleuve tout ce que je lui avais donné. Une réaction s'opéra immédiatement en lui ; il préféra garder mes dons.

Quand il fallut embarquer les deux singes, ce fut très-difficile : ces malheureux, habitués aux solitudes, poussaient des cris perçants et s'accrochaient de tous côtés. On pendit de suite mon hamac sur le pont, et j'y restai tout le temps du trajet, jusqu'à Para.

Quand nous entrâmes dans la baie de Marajo nous essuyâmes un coup de vent assez fort ; ce qui m'expliqua les craintes qu'on m'avait exprimées lorsque j'avais pensé revenir au Para avec mon canot. Il est certain qu'il n'eût pas résisté.

Je restai un mois couché. M. Leduc m'avait donné de nouveau l'hospitalité, et je suis heureux de pouvoir dire ici que je n'ai pas oublié les soins qu'il n'a cessé de me prodiguer pendant ces accès de fièvres intermittentes, qui m'ont accompagné jusqu'en Europe, et qui, après un long temps de diète forcée, au moment où je pouvais reprendre des forces par une nourriture plus substantielle que les bananes, le fromage et le poisson sec, me condamnaient encore à un régime qui acheva ce que la vie du canot avait bien avancé.

Pendant que je me débattais sur mon lit de douleurs, en proie au plus affreux délire, le *vomito negro* faisait de nombreuses victimes. De tous côtés on ne voyait que des enterrements. On attendait en vain la pluie depuis longtemps. Cette terre rouge dont j'ai parlé voltigeait de toutes parts, comme le sable que soulève le simoun du désert; cette poussière s'introduisait partout dans les maisons, couvrait les meubles, pénétrait dans les lieux les mieux fermés.

Quand je n'avais pas le délire, et bien que sous la garde d'une négresse, je me roulais par terre pour échapper à l'horrible chaleur qui me tuait plus encore que la maladie. Mais aussitôt que j'entendais rentrer M. Leduc, je me remettais bien vite au lit; car il était terrible. Il me grondait; mes draps rougis me trahissaient; il n'y avait pas moyen de tromper la surveillance de mon tyran.

Je serais heureux que l'expression de ma reconnaissance, enregistrée dans ce volume, lui parvînt à travers l'Océan.

ÉPILOGUE

ÉPILOGUE.

Niagara, 25 janvier.

Mon cher Louis,

Vous allez être bien étonné en voyant de quel lieu cette lettre est datée, surtout si vous avez reçu la dernière que je vous écrivais du Para, entre deux accès de fièvre. Je vous disais qu'aussitôt guéri je reviendrais en Europe en prenant d'abord le bateau à vapeur qui fait le service des côtes du Brésil et qu'à Fernambouc je passerais sur l'un de ceux qui vont à Southampton. C'était le procédé le plus commode et en même temps le plus sûr à l'entrée de l'hiver; mais il fallait attendre quelques jours. J'étais, ou plutôt je me croyais guéri, et puisque je me trouvais en Amérique, j'ai profité d'un navire, *le Frédérico-Domingo*, qui devait faire voile pour New-York; j'ai voulu visiter ainsi les États-Unis et ajouter quelques types à ceux que je rapportais déjà.

Oui, mon cher ami, parti d'une ville sous l'équateur, je suis arrivé, au bout de deux mois à peine, vers la fin de janvier, sur le territoire canadien. Mais là, cette fois, c'est bien le terme de mon pèlerinage à travers les deux Amériques.

Quel spectacle maintenant pourrait m'intéresser? J'ai vu hier les fameuses cataractes du Niagara, je les ai vues dans les plus admirables conditions : un vent très-violent, un brouillard épais, des glaces et des neiges et un froid qui ne m'a pas permis de tailler mon crayon quand j'ai essayé de faire un croquis.

En revenant à l'hôtel il a fallu me mettre au lit : la maudite fièvre était venue me reprendre au plus fort de mon enthousiasme. Mon pauvre Louis, je suis vaincu. Il faut revenir au plus vite.

Je n'écris pas à ma fille. Laissons-la croire que je suis installé bien confortablement dans un de ces magnifiques steamers dont je lui ai fait, il y a deux ans, une si merveilleuse description.

Quant à vous, je ne crains pas de vous dire que dans ma traversée sur ce petit bâtiment à voiles, malgré mon expérience de la mer, j'ai plusieurs fois pensé qu'il fallait se décider à faire le plongeon. Je n'avais pas précisément tort, car j'ai su que beaucoup de navires, soit de France, soit de l'Angleterre, s'étaient perdus vers la fin du mois de décembre. A cette même époque, nous étions entraînés dans le grand courant, le *Gulf-Stream*, qui du Mexique passant à Bahama, longe les côtes de l'Amérique jusqu'au delà des bancs de Terre-Neuve. De ces eaux tièdes s'échappent des nuages de vapeur au contact de l'air froid. Nous avons été neuf jours sans voir le soleil : impossible de faire des observations. Le capitaine et le second appréciaient notre position d'une façon bien différente : ils étaient dans leurs calculs éloignés l'un de l'autre de cent cinquante lieues. Nous avions toujours le vent contraire; le navire était à la cape, plus de voiles et constamment entre deux eaux. Les provisions de bouche, faites trop économiquement pour une traversée probable de vingt-cinq jours, s'étaient, comme vous le pensez bien, épuisées aussitôt que ce temps avait été dépassé, et il l'était presque de moitié.

Adieu, à bientôt. Que de choses j'aurai à vous conter quand nous nous reverrons! Je rapporte des souvenirs et des matériaux de travail pour le reste de ma vie.

Votre ami,

BIARD.

Forêt de l'Amazone.

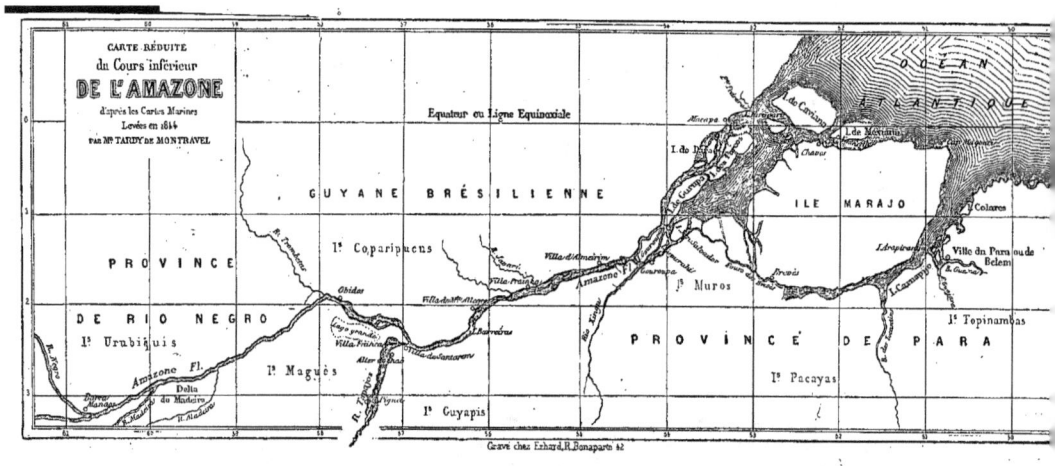

TABLE DES GRAVURES.

	Pages.
Musiciens allemands à bord du *Tyne*	19
Port de Fernambouc	31
Une rue de Bahia	39
Le Pain-de-Sucre, à Rio-de-Janeiro	45
Négresses, à Rio-de-Janeiro	47
Maison de campagne près de Rio-de-Janeiro	53
Montagne de la Tijouka, vue de la route de Saint-Christophe	59
Cascade de la Tijouka	65
Vêtu de blanc	68
Portrait de l'impératrice du Brésil	69
Une clef du palais de Rio-de-Janeiro	76
Vêtu de noir	79
Dames brésiliennes, à Rio-de-Janeiro	85
Nègre gandin, à Rio-de-Janeiro	87
Nègres gandins, à Rio-de-Janeiro	88
Les sapeurs de la garde nationale de Rio-de-Janeiro	89
Nègre portant des provisions, à Rio-de-Janeiro	90
Déménagement d'un piano, à Rio-de-Janeiro	91
Négresses, à Rio-de-Janeiro	93
Nègre portefaix, à Rio-de-Janeiro	94
Une vente d'esclaves, à Rio-de-Janeiro	95
Retour d'une vente d'esclaves, à Rio-de-Janeiro	99
Portrait de l'empereur du Brésil, d'après le tableau de Biard	103
Une lutte nocturne dans le palais de l'empereur du Brésil	107
Nègre commissionnaire, à Rio-de-Janeiro	110
Incendie en mer	117
Le drapeau de *la Fortaleza* dans le port de Victoria	121
Le naturaliste à cheval	127
Bain dans une auge	132
L'église de Santa-Cruz vue de face	135
L'église de Santa-Cruz vue de profil	137
Entrée de la rivière de Sangouassou	143
La rivière Sangouassou	147
La chambre que m'a réservée mon hôte	151
Mon hôte	154
Mon installation	156
Une rencontre dans la forêt	167

TABLE DES GRAVURES.

	Pages.
Autre rencontre．	171
Première excursion dans une forêt vierge．	173
Opération désagréable．	189
Présages d'une invasion de fourmis．	193
La fête de saint Benoît dans un village indien	199
Incendie dans la forêt vierge．	205
Chacun de nous coupait, taillait à droite et à gauche．	213
Le croquis incommode．	217
Le souroucoucou．	221
L'Indien Almeida．	224
L'Indien Almeida mort et la vieille Rosa sa mère．	227
Le petit Manoël, mon cuisinier．	233
Victuriano, parent d'Almeida．	238
Femme Caboel, civilisée．	242
Un Botocudos．	244
Le chat sauvage．	251
La buveuse de cachasse．	254
Mari de la buveuse de cachasse．	255
Réception dans les forêts vierges．	257
Moyen d'écarter les moustiques．	260
La moustiquaire．	261
Désespoir．	262
Costume contre les moustiques．	263
Mon compagnon de chasse．	268
Les dindons domestiques．	273
Je pris alors mon fusil par le canon．	277
Le hamac．	283
La poule．	284
Retour de l'auteur à Rio-de-Janéiro．	288
Vue de l'île Santo-Domingo, aux environs de Rio．	289
Pour les âmes du purgatoire, s'il vous plaît！	292
Le sacristain de l'église de Parahyba du nord．	300
Le moine bleu．	301
Un tableau de l'église de la Parahyba du nord．	302
L'officier mélomane．	307
Le grand lit de l'Amazone．	311
I a paye des commissionnaires, au Para．	315
Une boutique au Para．	319
Place à Nazareth．	323
M. Benoît．	330
M. Benoît fuit quand on l'appelle．	333
Attention délicate de M. Benoît．	335
Jardin de la fazenda, à Ara-Piranga．	341
Vue du rio Tocantins, prise d'Ara-Piranga．	345
La mulâtresse．	348
Portrait et tic de Polycarpe．	358
La dunette du vapeur le Marajo．	365
Fabrique de caoutchouc．	371
Indien chassant le poisson à l'arc．	373

TABLE DES GRAVURES.

	Pages.
Le capitaine prudent	379
La ville de Prayna	387
Santarem, dans la province du Para	391
Les caïmans	395
Obidos	399
Villabella	403
Plantes aquatiques du bassin de l'Amazone	405
Serpa	407
Orchidées du bassin de l'Amazone	409
Orchidées du bassin de l'Amazone	410
Maison du président de Manaos	415
Case dans un défrichement près du rio Negro	421
Salle à manger à Manaos	423
Forêt du rio Negro	429
La cascade du rio Negro	435
Promenades avec mes guides dans la forêt	437
Cascade au rio Negro	440
La case des palmiers	442
Forêt près du rio Negro	443
L'épine dans le pied	445
Plantes aquatiques du rio Negro	448
Forêt. — Rio Negro	452
Retour au logis, à Manaos	454
Une rue de Manaos	457
La grosse Phylis (portrait)	459
La grosse Phylis et les tortues	461
Défrichement	464
Défrichement. — Rio Negro	465
La forêt près de Manaos	466
Flore des bois	467
Le canot devant Manaos	471
Le garde Zephirino	474
L'intérieur du canot	475
Le revolver	480
Bords du rio Negro	486
Bords de l'Amazone	489
Les tortues	491
Chasse au jaguar	493
Bords du rio de Madeira	497
Entrée du Madeira	499
Un bain dangereux	507
Petit bras du Madeira	509
Bords du Madeira	510
Case au rio Madeira	512
Les arbres suspendus	515
Le gouffre de sable	521
Les singes du canot	525
Canoma	527
Bords du rio Madeira	530

TABLE DES GRAVURES.

	Pages.
Indien mundurucu	531
Flore du bassin de l'Amazone	532
Flore du bassin de l'Amazone	533
Les singes des bois	535
Le vieux cacique	541
Femme et enfant mundurucus	543
Les caïmans	545
Femme mundurucue	547
Indien arara	548
Chef arara	549
Femme arara	551
Indien arara	553
La tortue	554
Le père de Zarari	559
L'Indien Zarari	560
Case de M. Biard, chez le capitaine Joao	562
Jeune homme à marier	565
Joao, le vieux chef des Mundurucus	567
Un nouveau tour de M. Polycarpe	568
M. Biard photographiant	569-571
Jeune fille nubile	573
Prière au soleil dans les forêts de l'Amazone	575
Fabrication du poison	579
Chasse aux singes à la sarbacane	583
Mundurucus	585
Vue du confluent d'un bras du Madeira	589
Vue d'Abacatchi	591
M. Biard pose d'après une photographie	594
M. Biard se photographiant à Abacatchi	597
Plantes recueillies à Abacatchi	599
Visite au lieutenant-colonel de la garde nationale, à Maoes	601
Musique à la luno	605
Mundurucu civilisé	611
Indienne anthropophage	612
Rameurs sauvages et stupides	613
Chute dans l'eau	621
Case au rio Madeira	625
Le bon Miguel	632
Polycarpe étranglé	637
Le lac de Jourouti	643
Ouragan sur l'Amazone	653
Croix à Marocca	659
Indienne du rio Andira	662
Indien Muras	663
Forêt de l'Amazone	673

FIN DE LA TABLE DES GRAVURES.

TABLE DES MATIÈRES.

Pages.

I. LA TRAVERSÉE. — Avant-propos. — Les conseillers au départ, questionneurs au retour. — Motifs de ce voyage. — Londres. — Le palais de Sydenham. — Le steamer *the Tyne* et ses passagers. — Lisbonne. — Madère. — Ténériffe. — Saint-Vincent. — Le Pot-au-noir. — Fernambouc....... 3

II. RIO-DE-JANEIRO. — Bahia. — Arrivée à Rio. — Aspect extérieur et intérieur de cette capitale. — Ses hôtelleries. — Le consul de France. — L'empereur du Brésil. — L'impératrice. — Sa bienfaisance. — Le château de Saint-Christophe... 37

III. PROVINCE DE SPIRITO-SANTO. LA RIVIÈRE SANGOUASSOU. — Les Indiens. — El senhor X.... — Traversée de Rio à Victoria. — Le navire incendié. — Victoria. — *Tenho patiencia!* — Nova-Almeida. — Santa-Cruz. — Un portique de cathédrale vu de face et de profil. — La rivière Sangouassou. — Scènes et paysages... 113

IV. PROVINCE DE SPIRITO-SANTO. LA FORÊT VIERGE. — Le crapaud. — Le crabe. — Ma première journée dans l'intérieur des bois. — Les Indiens. — Le nègre fugitif. — Le bœuf deux fois vendu. — Le *pulex penetrans*. — L'araignée migale. — Une émigration de fourmis. — La fête de saint Benoît. — Incendie de forêt. — Le croquis incommode. — Le souroucoucou. — Mort d'un Indien. — Tribus indigènes de la province. — Une soirée dans les bois. — Le chat sauvage. — Les onces. — Retour à Rio............ 165

V. L'AMAZONE. DE RIO AU PARA. — Le navire brésilien *le Parana*. — Fernambouc. — Parahyba du Nord. — Les tableaux allégoriques. — Le cap Saint-Roch. — Aspect du littoral. — Céara. — San Luis de Maranhao. — Para ou Belem. — L'interprète. — Le consul. — M. Benoît. — La banlieue de Para. — Marajo. — Ara-Piranga....................... 295

VI. L'AMAZONE. DE PARA A MANAOS. — Navigation sur le *furo* de Brevès. — Les villes du Bas-Amazone. — L'arbre au poison. — Les Indiens Muras. — Le grand bras de l'Amazone. — Pragua. — Santarem. — La rivière Tapajos. — Les villes d'Obidos, de Villabella et de Serpa. — Le rio Negro. 363

VII. L'AMAZONE. MANAOS ET LE RIO NEGRO. — Courses dans Manaos et dans les bois. — Cascade. — Le nègre hospitalier. — Une ménagerie. — Installation dans les bois du rio Negro. — Solitude. — Travaux. — Indiens Muras. — Achat d'un canot. — Les vautours. — Les tortues. — Apprêts de départ.. 413

VIII. L'AMAZONE. DU RIO NEGRO AU RIO MADEIRA. — Une tempête sur l'Amazone. — Les œufs de tortue. — Un jaguar. — Repas dans une île. — Un bras du rio Madeira. — Les moutouques. — L'intérieur du canot. — Polycarpe et ses compagnons. — Un bain dangereux. — Bords du Madeira. — Le colon blanc. — Le gouffre de sable. — Colère. — Ses résultats. — Canoma. — Les Indiens Mundurucus.............................. 485

IX. L'AMAZONE. LES RIVES ET LES RIVERAINS DU RIO MADEIRA. — Les Indiens du Bas-Madeira. — Mundurucus et Araras. — Les portraits interrompus. — Le capitaine Joao. — Un jeune homme bon à marier. — Un nouveau tour de Polycarpe. — Croyances et coutumes des Indiens. — Les devins. — Le curare et les vieilles femmes. — La sarbacane. — Retour. — Maoes. 539

X. RETOUR. DU RIO MADEIRA AUX ÉTATS-UNIS. — Navigation. — Un réveil dans l'eau. — Une blanche un peu brune. — Une partie de pêche. — Rentrée dans l'Amazone. — Villabella. — Les amateurs de peinture. — Le bon Miguel. — Accès de colère. — Châtiment et fuite de Polycarpe. — La Fréguezia. — Un serpent-monstre. — Tempête. — Coup de soleil et ses suites. — Maladie. — Santarem. — Para. — Épilogue.............. 619

TABLE DES GRAVURES.. 675

FIN DE LA TABLE DES MATIÈRES.

Paris. — Imprimerie de Ch. Lahure et Cie, rue de Fleurus, 9.

www.ingramcontent.com/pod-product-compliance
Lightning Source LLC
Chambersburg PA
CBHW050101230426
43664CB00010B/1400